先秦时期的社会发展与变迁研究

XIANQIN SHIQI DE SHEHUI FAZHAN YU BIANQIAN YANJIU

吴礼宁　张金良　冯　涛/著

中国水利水电出版社
www.waterpub.com.cn
·北京·

内 容 提 要

先秦时期的社会发展与变迁在整个中国社会的发展史上具有重要的地位和价值。本书分别对先秦时期政治制度发展、先秦时期社会生活、先秦时期战争与军事制度、先秦时期思想传统的奠定、先秦时期科学文明的发展、先秦时期的民族关系、先秦时期的女性进行了深入的研究,以期广大读者对先秦时期的社会形成一个基本的了解与认识,同时以史为鉴,更好地建设当代社会。总体来说,本书内容准确翔实,结构清晰,逻辑严谨,语言简练,具有较强的科学性、学术性和可读性。相信本书的出版,能够为先秦时期社会的爱好者与研究者提供一些新的思考方向。

图书在版编目 (CIP) 数据

先秦时期的社会发展与变迁研究 / 吴礼宁,张金良,

冯涛著 . -- 北京:中国水利水电出版社,2016.10(2022.9重印)

ISBN 978-7-5170-4732-2

Ⅰ. ①先… Ⅱ. ①吴… ②张… ③冯… Ⅲ. ①社会发

展史 - 研究 - 中国 - 先秦时代 Ⅳ. ① K220.7

中国版本图书馆 CIP 数据核字(2016)第 220564 号

责任编辑:杨庆川　陈　洁　封面设计:马静静

书　　名	先秦时期的社会发展与变迁研究 XIANQIN SHIQI DE SHEHUI FAZHAN YU BIANQIAN YANJIU
作　　者	吴礼宁　张金良　冯　涛　著
出版发行	中国水利水电出版社 (北京市海淀区玉渊潭南路 1 号 D 座　100038) 网址:www.waterpub.com.cn E-mail:mchannel@263.net(万水) 　　　　sales@mwr.gov.cn 电话:(010)68545888(营销中心)、82562819(万水)
经　　售	全国各地新华书店和相关出版物销售网点
排　　版	北京鑫海胜蓝数码科技有限公司
印　　刷	天津光之彩印刷有限公司
规　　格	170mm×240mm　16 开本　15.5 印张　201 千字
版　　次	2016年10月第1版　2022年9月第2次印刷
印　　数	1501-2500册
定　　价	46.50 元

前　言

　　中华民族有着数千年的优秀传统。在悠久的发展历程中,中华民族创造了浩如烟海、昌盛发达的中华文明。这些文明对生活在世界各地的亿万华夏儿女而言,不仅是一笔值得骄傲的精神遗产,更是深奥无比的智慧宝库,因此,研究中华历史具有十分重要的意义和价值。

　　先秦是中国历史上最长的一个时段,其下限为公元前221年秦始皇统一全国,其上限则至史前,具体到哪里,是难以说清楚的。史家一般将先秦分为两个阶段:一是史前时期,指有文字记载以前的时期,亦称古史传说时代,其大部分处于原始社会阶段,这一阶段的研究"文献不足征",主要依靠田野考古发掘资料,属于史前考古学的范围;二是史籍所载夏商周(包括西周、春秋、战国)时代。这一阶段的研究,虽然在很大程度上还要依赖历史考古学,包括其分支古文字学,但由于已有系统的文献记载,属于有文字记载的历史,因此,先秦史的研究一般都以第二阶段为重点,研究方法为传世文献与出土文献相印证,有文字记载的历史研究与田野考古相结合。作者撰写这本《先秦时期的社会发展与变迁研究》也主要是以先秦的第二阶段为研究对象,以期通过有限的努力,为广大读者了解和研究先秦时期的社会提供一定的依据,进而唤起广大读者无限的理性和认知,不断地发现历史的真相,不断地接近历史的本质。同时,先秦时期是中华文明的源头,不但创造出了光辉灿烂的历史文明,而且为整个中华民族的发展做了很好的铺垫。研究这一时期的社会发展,对于当代中国社会的发展也具有重要的借鉴价值。

　　本书共分为七章。其中,第一章对先秦时期政治制度的发展进行了系统的研究；第二章对先秦时期的社会生活进行了深入的探究；第三章对先秦时期的战争与军事制度进行了客观的分析；第四章对先秦时期思想传统的奠定进行了深刻的探讨；第五章对先秦时期科学文明的发展进行了详细的阐述；第六章对先秦时期的民族关系进行了专门的研究；第七章对先秦时期的女性进行了具体的研究。从整体上来看，本书内容丰富，结构清晰明了，叙述逻辑严谨，语言简明扼要，集科学性、规范性和实用性于一身，从多个角度对先秦时期社会的发展进行了系统且深入的分析与探究。

在本书的撰写过程中，作者广泛参阅了大量的相关学术成果，并引用和借鉴了其中一些观点，在此表示由衷的感谢！由于各方面条件所限，书中难免会存在一些疏漏、谬误之处，希望广大读者和专家学者们不吝指正，以便于日后对本书进行进一步的修改与完善。

作　者

2016 年 7 月

目 录

第一章　先秦时期政治制度发展研究

政治制度的发展历史从某种意义上来说就是国家的发展历史。国家并不是从来就有的,它是古代社会发展到一定历史阶段的产物。其中,社会政治制度的发展对国家的产生及发展影响非常之大。在先秦时期,政治制度的发展从氏族社会就开始了。从氏族社会到夏、商、周,到春秋战国,政治制度发生了较大的变化。本章就专门对先秦时期的政治制度发展进行一定的探讨。

第一节　氏族社会的原始民主制

一、氏族社会的组织形式流程简介

原始社会最为典型的社会组织形式就是氏族公社。氏族公社以血缘关系为纽带,由母系氏族公社和父系氏族公社构成,同族内部禁止通婚。它是社会生产力发展的必然结果。

（一）母系氏族公社

公元前 4 万—5 万年,也就是山顶洞人时期,我国进入了母系氏族社会阶段。距今约六七千年以前,历史上出现的仰韶文化是母系氏族公社繁荣发展的重要标志。母系氏族公社时期的特点主要有以下几个方面。

1. 以农业为主的生产部门是社会生产的主流

人类告别古猿类时,所面临的最大问题就是生存。为了生存下去,人类以群体方式生活在一起,共同劳动,共同抵御野兽的攻击,共同获取生活必需品。当然,在这一过程中,人们也形成了自然分工。一般青壮年男子主要负责出外狩猎、捕鱼,妇女主要采集植物、看守住所、烤炙食品、加工皮毛、缝补衣服、养老抚幼等。由于狩猎、捕鱼所受自然条件的影响较大,而采集等受自然条件的影响较小,因此,在长期的采集活动中,妇女通过无意地观察植物的发芽、生长、开花、结果,开始认识到了一些种植作物的经验。在这些经验的基础上,她们有意识地种植作物,因而逐渐成了农业耕种的发明者。在这种情况下,妇女的劳动相较于男子的劳动更有保障。这就使妇女的社会地位高于男子。尤其是采集业逐渐被种植农业所代替,以农业为主要生产部门的社会形成后,妇女较高的社会地位更为牢固。母系氏族社会不但已经有了农作物的栽培,农业经济也有了较大的发展。北方黄河流域的磁山、裴李岗文化的新石器时代早期遗址发现的储存粟类的窑穴,南方长江流域的河姆渡文化遗址的居民开始栽培水稻,就是充分的证明。总之,母系氏族公社时期,社会生产不再以狩猎、捕鱼和采集为主,而是以农业为主,以狩猎和采集为辅。

2. 妇女是婚姻关系中的主角

恩格斯说:"氏族制,在绝大多数场合下,都是从普那路亚家庭中直接发生的。"又说:"不过我们既然看到氏族不仅是必然地,而且简直是自然地从普那路亚家庭发展起来的。"[①] 这里的"普那路亚"是夏威夷语,意思是亲密的伴侣。与原始群婚制不同,氏族公社这种婚姻的显著特点是:排除了父母与子女、祖与孙之间的两性关系,也排除了直系嫡兄弟姊妹之间,甚至母方旁系亲属之间的婚姻关系,主要实行一个集团兄弟与另一个集团姊妹之间的相互群婚。在群婚家庭的一切形式下,孩子的父亲往往是不确定的,但母亲却是明确的。

① 马克思,恩格斯:《马克思恩格斯选集》(第4卷),北京:人民出版社,1972年,第36~37页。

3. 氏族成员的思想观念是原始平等的

在母系氏族公社中，成员彼此依靠、相互合作而求生存。也就是说他们秉持的思想观念就是平等共存。产生这种思想观念的原因有三个方面。第一，人们面对洪水、雷电、地震等自然灾害，以及毒蛇、猛兽等危害生命的动物时没有办法抵抗。第二，氏族内部不存在利害冲突。人与人之间要么是兄弟姐妹关系，要么是"亲密伙伴"关系，成员是平等的。第三，处在人类未开化的状态下。氏族内部成员之间充满着团结合作友好的感情，共同遵守氏族的习惯，因而在氏族中不存在剥削人和压迫人的现象。

（二）父系氏族公社

大约四五千年前，随着生产力的发展，农业、畜牧业、手工业得到较大的发展，它们越来越要求男子在生产活动中发挥重要作用。因此，男子在生产中的地位越来越高，成了主要力量，而妇女在生产中的地位越来越低，慢慢从辅助劳动退回到家内劳动。于是，父系氏族公社形成，其代替了母系氏族公社。龙山文化标志着我国进入了以父系为中心的氏族公社阶段。父系氏族公社时期的主要特点有以下几个方面。

1. 生产力获得了较大进步

生产力主要由劳动者、生产资料和生产工具三个要素构成。其中，生产工具是生产力发展水平的重要尺度。在父系氏族公社时期，就出现了一些新的生产工具。黄河中游龙山文化的庙底沟二期发现的挖土工具木耒就是代表。它是一种双齿木叉形的工具。王湾和大河村遗址出土的可绑木柄的扁平长形平头石铲也是一种新的生产工具。它是在母系氏族公社时期人们所使用的石刀基础上改造而来的，既可以发挥石刀的作用，又可绑木柄，扩大了人们劳动的工作面。后来，氏族中还出现了长条半月形石刀和石镰。生产工具的进步促进了农业的发展，农业的发展又为畜牧业的进步提供了可靠的饲料来源，这又促使牲畜的种类增加，数量加大。据考古和文献资料记载,父系氏族公社的居民不但饲养猪和狗,而且还饲养牛、羊、鸡。从根本上来说,生产工具的发明与发展是劳动者的生产经验与劳动技能相结合的结晶。所以说,在生产力的三个要素中,劳动者具有决定性的因素。

2. 社会分工的日趋显著,贫富现象出现

随着生产力的不断发展,剩余产品越来越多,社会分工日趋显著。这使得父系氏族公社中出现了贫与富的现象。这从山东宁阳县发掘出的氏族社会末期的公共墓地——大汶口墓中的情况就可以看出。在墓地中,有大、中、小三类不同的墓葬,每一类墓葬中的随葬物也有明显的差别。在当时的社会中,一部分富有者占有剩余生产品,逐渐积累了大量财富用以奴役贫穷者。此外,在这一时期也出现了奴隶。畜牧业、手工业等部门都有使用奴隶。有了奴隶之后,战俘不再全部被杀死而将其中一部分作为奴隶。

父系氏族公社内部成员之间贫富差距的扩大,促进了个体家庭经济的发展,使得婚姻关系中父系家庭的一夫一妻制取代了母系家庭的对偶婚制。

3. 氏族内组织链仍以血缘为纽带,但特点不同

首先,母系氏族公社时期以母系计算血缘,而父系氏族公社时期以男系确定血缘。这一纽带是由若干个体家庭组成父系家长制家族,通常是一位老年男子和他们的几代子女组成。在家族内,老年男子(父系家长)领导其他成员共同生产、消费。男子娶妻、女子出嫁,女子所生子女属于男子,血统以男系计算。

其次,父系氏族公社由血缘相近的若干父系家长制家族组成。公社的首领由选举产生,首领一般是公社内权势最大、最富有的父系族长担任。

最后,由若干共同祖先的父系氏族公社联合为“胞族”,由若干“胞族”组成部落联盟。例如,《史记·五帝本纪》中的“才子八人”就是说颛顼、帝喾各由八个氏族组成。黄帝部落最初由二十五个胞族构成,进入父系氏族公社时期后缩减为十四个胞族。

二、原始民主制

在氏族社会时期，我国各地都有氏族、部落组织。氏族组织虽然规模较小，但也有很多公共事务需要处理。因此就必然产生一定的管理机构和管理制度。我国古代有很多关于三皇五帝的传说，如神农、伏羲、黄帝、炎帝、尧、舜等。事实上，在夏代以前，并没有称"皇"称"帝"的传说。部落或部落联盟的首领称"伯"或"大人"。而一些经验丰富的长老协助首领处理公共事务，主要掌管火、天时、祭祀等事务，也负责调解氏族成员间的纠纷。

至于以血缘为纽带的氏族社会所采取的管理制度，恩格斯在《家庭、私有制和国家的起源》中认为是"原始的自然产生的民主制"[①]。这一制度的内容主要包括以下几个方面。

（一）民众大会

氏族社会时期，社会的公共事务，如应付自然灾害、协调生产过程、处理内部纠纷以及宣布对外战争等，都由成年氏族成员共同管理，重大事务由民众大会讨论决定。在西安半坡氏族村落遗址中，居住区有一座规模很大的长方形房屋，这被认为是氏族社会时期人们的公共活动场所，民众大会、节日和宗教活动等都在这里举行。这个房屋位于居住区的中央，结构和建筑方法与半地穴的房屋相同，门是向东开的，复原这个房屋，面积大约是160平方米。由于是母系氏族社会，因而在这里主持活动的大都是辈分较高、年龄较大的妇女。在决定一些重大事件（如战争、迁都、选举首领等）时，氏族一切成年男女都有权参加并有发表言论的自由。

这种古老的民主制度一直到春秋时期还有所遗留。我国一些后进的兄弟民族地区，如云南省贡山县独龙河两岸的独龙族和广东省海南岛五指山中心区的黎族，民众大会的制度甚至以相当完整的形态保存到新中国成立前夕。

---

① 马克思，恩格斯：《马克思恩格斯选集》（第4卷），北京：人民出版社，1972年，第101页。

根据我国的一些调查,民众大会的情景大致如下:族里有事发生,需要让大家来决定时,头领会通过一定的方式召集民众开会。等到各处的民众都聚集在一起后,吹芦管,让大家肃静,然后由头领宣布开会的原因,接着一起讨论提案,到会者均有发言权和表决权。最后大家对某种提案的赞成度最高,则选择这种提案。至此,民众大会结束。

(二)首领选举

氏族首领是由氏族民主议事会选举产生。在母系氏族社会,如果氏族内的妇女年长又有能力,或者具有某种对氏族发展有功的专长或发明,则常常被选为氏族的首领。当然,如果男子具备以下三个条件,也可以担任氏族首领:第一,女族长提名;第二,氏族议事会全体通过;第三,被提名的人要么是女族长的兄弟或儿子,要么是女族长姐妹的儿子。需要明确,当上氏族首领的男子属于母系氏族的人,他们的"父亲"被看成是另外氏族成员,不能担任公职。氏族首领没有任何特权,只有管理事务,协调氏族成员之间的关系,代表氏族处理与其他氏族之间的关系。在这一时期,也出现了军事首领。军事首领一般由男子担任,临时选举产生。也就是说战时为军事首领,平时为氏族内的普通成员。

在父系氏族社会时期,原始民主精神尚未殆尽。部落联盟酋长的产生是通过"四岳"的商议产生。现在人们将其称为禅让制。尧的继承人是舜,舜就是通过"四岳"推荐、讨论和慎重考察之后才成为首领的。《尚书·尧典篇》比较真实地反映了古代各部落长老(四岳)和首领(十二牧)推举部落联盟领袖的传说。"四岳"在《汉书·百官分卿表》中解释为四方诸侯,在《史记·五帝本纪》中解释为羲和四子,分管四方的诸侯。按照后来的一些学者的说法,"四岳"就是联盟议事会。

在氏族社会,首领的选举也有这样的情形,即如果氏族成员有高尚的品德或特殊的贡献,受到人们的尊敬,就会自然而然成为首领。这从一些文献中的记载可以看出。例如,《孟子·万章上》说："天下诸侯朝觐者，不之尧之子，而之舜；讼狱者，不之尧之子，而之舜；讴歌者，不讴歌尧之子，而讴歌舜。夫然后之中国，践天子位焉。"很显然，舜不是尧的儿子，由于他有很高的威望，被人们讴歌，所以自然成了首领。《左传·文公十八年》也说："尧崩，而天下如一，同心戴舜，以为天子。"此外，在彝族的家支管理制度中，也可以窥见这样的情形。彝族家支头人有"德古""苏易"两种，"德古"就是善于辞令的人，"苏易"就是替大家办事的人。这两种人都不是选举和任命的，而是因为他们平时阅历深，见识广，办事公正，能公正调解纠纷，能取信于众，自然形成的。

在氏族社会中，首领和大家一样过着极为简朴的生活，没有私产和特权。如果氏族首领做了严重危害公共利益的事，要受到驱逐的惩罚。《尚书·尧典》和《孟子·万章上》都说："流共工于幽州。"

（三）长老辅佐

在氏族社会里，长老处在非常重要的位置上。他们不仅直接掌管火、天时、祭祀、调解诉讼等重要事务，而且是首领的老师、辅佐和保护人。在古代典籍中，长老常常被称为"四辅""四邻""师保""三公""三老""火师""火正""四岳"等。氏族首领往往非常敬重长老。商代的伊尹、傅说、甘盘等，都是商王的师保（古时辅佐帝王和教导王室子弟的人），他们的身份就是长老。周代的三公、三老和卿士执政的制度，也是从氏族社会的长老辅佐制发展而来的。

氏族社会中有一种很隆重的礼仪——"飨礼"或"乡饮酒礼"，实际上说的就是长老议事会。当遇到重大事情时，首领就把长老请来，共同饮酒聚餐，并在这种场合共商大计。长老的经验非常丰富，在处理重要事务时有较大的发言权和表决权。

（四）舆论监督

在氏族社会，舆论是一种非常强大的社会力量。每个氏族的公共场所，既是会议室，又是学校，更是氏族成员集议之地。氏族内的成员可以自由议事,一般是在劳动之余聚在一起议论公共事务。当首领出现过失之事时,氏族成员会对其进行批评。

《左传·襄公十四年》记晋师旷述古制说:"天子有公,诸侯有卿……以相辅佐也。善则赏之,过则匡之,患则救之,失则革之。自王以下各有父兄子弟以补察其政。史为书,瞽为诗,工诵箴谏,大夫规诲,士传言,庶人谤。"杜预注:"庶人不与政,闻君过则诽谤。"孔颖达疏:"(庶人)闻君过不得谏争,得在外诽谤之,谤谓言其过失使在上闻之而自改,亦是谏之类也。"这里出现的"谤""诽谤"表示民众对首领的作为可以进言。相传当时还有"诽谤之木",就是民众用来写谏言的木板。由此可以看出,原始民主制中有舆论监督一说。通常情况下,氏族首领对众人的批评、议论会非常重视,会主动加以提倡。

(五)采集歌谣以观民风

部落联盟的首领不仅重视民众在公共场所的批评、议论,而且还会派人到各部落采集民间歌谣,以便获知民间的风尚、风气,民众的呼声、意见。这是我国古代氏族时期的一项特殊制度。很显然,氏族时期的首领们非常重视群众的呼声、意见。采集来的歌谣,一般会谱成曲子,经常由乐工演唱。

氏族社会的原始民主制是国家出现之前的氏族社会的管理制度。它是一种单纯、质朴、伟大的制度。它对抑制君主的专制倾向,发挥下层贵族、自由民在政治上的主动性,调整贵族的内部关系,都起到了十分积极的作用。当然,原始民主制的成分毕竟是有限的,而且它主要存留于贵族内部,因而所发挥的作用也是有限的。

三、氏族公社的瓦解

随着生产力的不断发展,社会结构逐步发生了变化,生产关系越来越重要,并取代了血缘关系的位置。在这样的情况下,氏族公社逐步走向瓦解。

　　社会生产的发展主要表现为三次社会大分工。第一次社会大分工发生后，畜牧业与农业分开来，人的劳动能生产出比维持其生活所必需的更多的生产品，劳动力成了人们向往的事情。这就为人剥削人这一现象的产生提供了可能。在过去，由于生活用品的缺乏，人们直接会把俘虏杀死，而后来则将其变成奴隶，于是，人类社会中出现了主人与奴隶、剥削者和被剥削者。进入父系氏族社会时，男子在生产中的作用越来越强，男子成了畜群的所有者，在氏族中跃居主导地位。随之也便出现了对偶婚，出现了家长制家庭。家长制家庭的主要特点有两个：一是父权制；二是把非自由人包括在家庭内。这就使得家庭的财产包括奴隶归家庭所有和父亲的财产由其子女继承，女性的财产不能叫外氏族继承。这种财产和奴隶的个体家庭私有，从根本上冲击了氏族制度，使氏族制度出现了一个裂口。

　　第二次社会大分工发生后，手工业从农业中分离出来。这次大分工很好地巩固与发展了奴隶制。奴隶的使用不再是零散的现象，已经发展成为社会制度的一个本质组成部分。此外，奴隶已不是简单的助手，他们成了农业、手工业的主要劳动力。社会经济单位开始变为个体家庭，也开始出现贫富两个阶层的人。旧的共产制家庭公社、共同耕作制等被毁，土地过渡为私有财产。部落联盟、军事酋长的出现更是奠定了世袭王权和世袭贵族的基础。氏族制度的机关就逐渐挣脱了自己在氏族、胞族和部落中的根子。

　　第三次社会大分工产生后，出现了商人阶级。这是一个寄生的阶级，他们不从事生产而只从事交换，他们拥有大量的财富，对生产的统治权也愈来愈大。金属货币的出现，使非生产者统治生产者和生产获得了新手段，于是，产生了高利贷的剥削和土地的买卖与抵押，财富更加集中在少数人手里，穷人的数量越来越多，奴隶的数目也越来越多。由于商业活动、土地的买卖与变化，人们为谋生而流动，原来的氏族与部落的居民杂居起来，自由居民中住有奴隶，本地居民中有外乡人。这就使得人与人之间的关系发生了变化,人们不再靠血缘关系进行联结,而是靠生产关系进行联结。面对这样的变化,氏族社会的制度再也难以发展下去了,逐渐走向了瓦解。

从上述可以得出,什么样的社会结构决定着什么样的社会制度。社会生产发展变化之后,社会结构发生了变化,氏族社会的制度不能适应这种变化,必然就会被新的社会制度所代替。

第二节 夏商时期的神权政治

一、国家的产生

随着社会生产力的提高,氏族制度的瓦解,奴隶制产生了。奴隶制的产生促使了夏王朝的诞生。它是我国历史上的第一个奴隶制国家。

国家的产生通常需要具备两方面的条件:一是社会公共事务的需要;二是社会生产力发展到一定的水平,也就是说人类除维持最低限度的自身需要外,能够提供一定数量的剩余生产物。夏国家的产生就具备了这两个方面的条件。

国家的产生是一个历史过程。除了上述两个方面的条件外,其他一些社会职能也能够促进国家的产生。我国在夏代以前,有两方面的社会职能促进了国家的出现。

第一,治水。我国古代黄河流域的中部地区(今河南北部、山西南部、陕西东部),土层厚而松软,肥力足,气候温和,最适于原始农业的发展,但黄河一到雨季经常泛滥,对人们的自身安全和农业生产造成了严重的威胁。因此,治水成为许多部落的共同利益,正是基于这一点,较大范围的部落都联合在了一起。

第二,战争。为了争夺较优越的土壤条件,一些部落联合起来,共同对三苗(古族名,分布在洞庭湖和鄱阳湖之间)进行战争。经过艰苦的斗争,中原地区的部落联盟取得了治水和作战的双重胜利。

部落联盟的领袖禹就是在治水和战争中建立了不朽功勋的英雄人物。关于禹治水的功绩，古籍中有很多赞颂的话。例如，《诗·小雅·信南山》中的"信彼南山，维禹甸之"；《诗·大雅·韩奕》中的"奕奕梁山，维禹甸之"；《诗·大雅·文王有声》中的"丰水东注，维禹之绩"；《诗·商颂·长发》中的"洪水芒芒，禹敷下土方，外大国是疆"；《孟子·滕文公上》中的"禹疏九河，瀹济漯而注诸海，决汝、汉，排淮、泗而注之江，然后，中国可得而食也。当是时也，禹八年于外，三过其门而不入"。从这些颂扬声可见，禹的确是一位治水高手。禹也是一位卓越的军事首领。在大举进攻三苗的时候，他英勇作战，最后射中了三苗的首领，致使苗师大乱，取得了对三苗战争的决定性胜利。

治水和军事上的胜利，大大加强了禹的地位和权力。例如，《左传·哀公七年》中记载："禹合诸侯于涂山，执玉帛者万国"；《国语·鲁语下》中记载："昔禹致群神于会稽之山，防风氏后至，禹杀而戮之"。其中，"执玉帛"开了夏代贡赋制度的先声，斩"防风氏"意味着禹已有强制权力了。禹促使氏族开始向国家转变。

治水和对外战争的胜利，从某种程度上来说也为中原地区的农、牧业发展创造了前所未有的好条件。因而生产力水平越来越高。社会中出现了更多的剩余生产物，财产私有现象出现，使用奴隶劳动的现象增多。战争是获得奴隶的主要手段，禹的儿子启在打败有扈氏以后，就把俘虏变为了奴隶。

生产力水平的提高，奴隶制经济的发展，为国家的出现奠定了良好的物质基础。约在公元前 21 世纪，在黄河流域中部（今河南西部、山西南部）初步形成了我国历史上第一个奴隶制国家——夏。夏朝是在部落联盟的基础上建立起来的。参加部落联盟的有十多个部落，部落称州，故统称"九州"。"九州"就是夏王朝的管治范围。

商族作为一个古老的部族，一直臣服于夏。但是当夏朝衰落之时，商族乘机发展自己的势力，开始兴旺起来。由于商族的首领汤非常得民心,很多诸侯都归顺于汤之下。因此,约在公元前16世纪,商汤经过周密的准备,推翻了夏朝,建立了商国家。

商族在灭夏的过程中,向四方征伐,大大扩展了奴隶制王朝的统治区域,也大大提高了君主的权威。商王常自称"一人"或"予一人",以表示其唯我独尊的地位。从《诗经·殷武》中所载的"莫敢不来享,莫敢不来王"就可以看出,商王汤已经稳定了与周边民族的联盟关系,势力较为强大。

二、夏朝的社会变化

从夏代开始,国家就逐渐形成并巩固起来了。国家的出现促使社会发生了诸多深刻的变化。这主要体现在以下几个方面。

（一）世袭制代替了民主选举制

在前面已经讲到,在氏族社会中,氏族或部落联盟的首领是由氏族民主议事会或是掌管天时、祭祀的长老和各部落的首领共同推选的。在禹之前一直如此。禹死后,按照传统的民主选举制度,决定推举东夷族的首领皋陶为继承人。但是皋陶却先他而逝,无奈,又推举东夷族的伯益继任。然而,部落联盟中一些有权势的大家族,拥立禹的儿子启即位,反对伯益继任。这遭到东夷族中有扈氏的激烈反对,爆发了夏初最大的一次战争,结果有扈氏被打败。启趁动乱之机杀了伯益,继任了王位。禅让制被打破。之后,王位一直在一家一姓中传承,世袭制确立并巩固起来,"公天下"变为了"家天下"。

（二）政治上的统治关系代替了平等的联合关系

在夏代以前,氏族组织的最高形态是部落联盟,参加联盟的各部落都是独立的、平等的,相互之间没有臣属关系。部落联盟的首领由民主选举产生,称"伯",其对各部落没有自上而下的强制权力。

从禹的儿子启开始,国家的最高统治者称"后"而不称"伯"。

"后"是之前各氏族的共同始祖。这就意味着夏王朝开始以家长的身份来进行统治。当然,这里的家长是政治关系而不是血缘关系。

夏的统治者又进一步称王,王是武力和最高权力的象征。夏王对不听从命令的部落,会以武力进行讨伐,直到消灭或臣服为止。很显然,在夏朝,各部落与王平等的联合关系不存在了,在王的统治下,各部落仅仅是夏国家中的一个地区组织。

（三）土地神（社）代替了图腾

在氏族社会,每个氏族、每个部落都有自己的保护神——图腾。图腾原是北美印第安人的用语,意思是"它的氏族"。当时的人们主要以动物和植物为生,因而对某种动物或植物产生崇拜的心理。在母系氏族社会,人们不知道生育子女的道理,以为是某种动物或植物的精灵（图腾）进入母体内的结果,因而开始崇拜它们。图腾其实是生产力水平低下,人对自然界存有依赖而又恐惧心理的反映。每个氏族都有自己的图腾。图腾就是他们的保护神。

禹所在的部落以龙为图腾。龙是以蛇图腾为原型发展出来的水神。从禹开始,出现了超出氏族、部落的地区性的保护神——社。社不是自然界的土地之神,而是人对土地进行治理的智慧与力量的化身。禹是最早被尊为这种保护神的人。《礼记·祭法》:"共工氏之霸九州也,其子曰后土,能平九州,故以为社。"《史记·夏本纪》:"禹……为山川神主。"《淮南子·氾论训》:"禹劳天下而死为社。"总之,以禹为象征的社神成了夏国家的国神。在夏国家中,祭祀社神成了最重要的国事。

至于龙,本是禹部落的图腾,后来成为夏国家以至整个中国的象征。如今,很多人还自称"龙的传人"。从对禹的神化来看,世袭制度的确立,除了经济上、政治上的原因,还有文化上的原因。禹成了神,他的子孙自然不同于凡人,他的子孙成王自然容易被社会所接受。

（四）出现了设防城市

根据被挖掘出的遗址和一些典籍可知,夏代已有宫殿和设防城市。

设防城市见于典籍:"鲧作城郭","昔者,夏鲧作三仞之城,诸侯背之,海外有狡心"。设防城市中的城楼标志着社会已经进入文明时代。此外,有了设防城市,就必然有守卫的军队。据考古挖掘及文献记载,夏朝已有青铜制造的兵器和战车。可见,设防城市的出现有着极其重要的意义。

（五）出现了法律和监狱

夏代还有了法律和监狱。法律和监狱是国家权力机构运行的重要保障。

相传曾担任过舜的"士"的皋陶,向舜提出了许多有关如何治理社会的建议,并做出了"皋陶之刑"。夏王朝建立后,制定了刑法。《左传》记载:"夏有乱政,而作禹刑",后来发展为"夏刑三千"。可见,当时的刑法已经非常多了。《昭公十四年》记载:"《夏书》曰:昏、墨、贼、杀,皋陶之刑也。"当时还形成了奴隶制时期的"五刑":大辟、膑辟、宫辟、劓辟和墨刑。其中,大辟就是死刑,有二百条;膑辟就是砍脚或砍去膝盖骨,有三百条;宫辟就是男子去势,女子幽闭,有五百条;劓辟就是割去鼻子,有一千条;墨刑就是在额头上刻字涂墨,有一千条。"五刑"是一种野蛮的、不人道的、故意损伤受刑人肌体的刑罚。

刑罚主要对付的是犯罪的奴隶,当时已有拘禁罪犯的监狱。《竹书纪年》载,"夏帝芬三十六年作圜土"。"圜土",根据《释名·释官室》的解释,是指在地下挖成圆形的土牢,或在地上圈起圆形的土墙,以监禁罪犯,防止其逃跑。夏在都城阳城还设有中央直辖的"夏台"。相传夏桀时,曾把商的首领汤"囚之夏台"(《史记·夏本纪》)。夏代官吏犯罪也要受到惩治,《尚书·尧典》有"鞭作官刑",这里说的就是治官之刑。《史记·夏本纪》中就记载了中康时掌天地四时的官吏和羲因嗜酒而受到惩治的事。夏代执法治狱的官叫大理。

（六）出现了国家官吏

《礼记·明堂位》记载："夏后氏官百。"这说明夏王朝已经出现了官吏集团。与氏族社会的首领不同，夏代的官吏完全脱离了劳动，依靠贡赋过活。这些官吏有的掌管中央、地方官吏和宗教事务，有的掌管军队，有的掌管畜牧业，有的掌管奴隶耕作及作物收获，有的掌管王室膳食等。

（七）出现了最初的国家赋税——贡

为了祭祀社神——禹，各部落需要交纳一定数量的农、牧产品完成祭祀。这就是最初的赋税来源。在夏代，国家又把土地分给农民耕种，农民向国家缴纳一定的贡赋。《汉书·食货志上》说："禹平洪水，定九州，制土田，各因所生远近，赋入贡棐。"《孟子·滕文公上》说："夏后氏五十而贡。"《史记·夏本纪》说："禹乃行相地宜所有以贡。"这些都说明夏代已经出现了贡赋。征收贡赋的官吏叫作"啬夫"。

三、神权政治

与氏族社会相比，我国夏、商时期的农、牧业和手工业已经有了较大的发展，但总的生产水平还是很低的。商代后期，大量俘虏被用于人牲的现象其实正说明了奴隶制经济的不发达。强制奴隶进行劳动，实质上显示出的就是人的劳动价值的低廉。此外，夏商时期，人们对于很多自然灾害依然无可奈何。因此，农业收成的好坏在很大程度上取决于天气的好坏。祈求天神降雨就成了夏商时期国家的一件大事。商初七年大旱，汤亲自以身祷于桑林之野，祈求天神降雨。

夏、商时期的最高统治者声称他们是上帝的后裔。商王说他们的始祖契为玄鸟所生，而玄鸟又受之于天命。这就是《诗·商颂·玄鸟》说的"天命玄鸟，降而生商"。既然王者都是上帝的子孙，那么他们的权力、他们的一切行为都是上帝意志的体现。夏后启讨伐有扈氏，有扈氏的第一条"罪名"就是"威侮五行"。五行指天上五星的运行，用以代表整个天象。威侮五行自然就成了大错，上帝必然不会放过。因此，启伐有扈氏是在执行上帝的命令。如果人们不服从王者的命令，那么就是在违抗上帝的命令。商汤在征伐夏桀时也宣誓说："有夏多罪，天命殛之。……予畏上帝，不敢不正（征）。"很显然，夏商时期，王者的权力来自神授，所以王者往往只考虑天意。这种君权神授的思想促使夏商时期的政治主要为神权政治，即通过神权形式来实现统治目的。这种神权政治主要有以下两大特点。

（一）祭祀是最重要的国家大事之一

在夏、商的政治生活中，有两件最重要的国家大事：一是祭祀；二是战争。祭祀显然被放在了最突出的地位，很难有其他事超越于它的位置。所谓祭祀，就是尊敬、信仰上帝和各种神灵，祈求上帝和神灵的恩赐和保护。作为一种特殊的宗教仪式，祭祀起着维护奴隶主统治的作用。

商代的祭祀活动非常频繁，也非常隆重。祭祀的对象主要有上帝、社神、河神、岳神、祖先神、著名的巫史等。祭典的形式非常之多，最主要的有以下五种。

（1）"乡"，伐鼓而祭。

（2）"翌"，舞羽而祭。

（3）"祭"，献酒肉而祭。

（4）"壹"，献黍稷而祭。

（5）"叠"，综合各种祭典，历代祖先合并祭之。

在祭典仪式中，贡献的祭祀物品往往非常丰盛，除牺牲、食、粮酒外，还有大量的人牲。一次祭祀，牛、羊、猪等牲畜，少则几头，多则几十头甚至几百头；酒，经常是几卣（商代酒器），甚至几十卣、一百卣；人牲，少则几人、十几人，多则几十人、几百人，也有达到千人的。被作为祭祀品的人牲，主要是战争中的俘虏，杀害的手段非常残酷。夏、商时期的赋税,都是在祭祀的名义下征收的。夏代将征收的祭品叫"贡"。商承夏制,也有贡赋的制度。臣服于商的各族,都要向商王交纳贡献。商代又有族人共耕的藉田,藉田又叫公田,其也是因祭祀而设。

在祭祀中,钟鼎是最重要的礼器。这一礼器是国家权力的象征。谁掌握了国家的主要权力,谁就是拥有这一礼器的人物。钟鼎的转移意味着权力的转移。"桀有昏德,鼎迁于商。……商纣暴虐,鼎迁于周"。(《左传·宣公三年》)

夏商时期,统治者的祭祀在国都中进行,场所主要是宗庙社稷等,它们既是祭祀的中心,又是政治中心和文化中心。王处理政务、出征誓师、举办学校等,都在这些场所进行。

（二）巫史是王之下的最高执政官

夏商时期,国家的祭祀之事主要由巫史掌管。巫史是王之下的最高执政官。如果怠慢或欺侮了巫史,那么就是犯下了大逆不道之罪。商代著名的执政官如伊尹、巫咸、傅说、甘盘等都是巫史一类的人物。卜辞中的史、大史、卿史等官称,所掌管的也都是占卜、祭祀之类的事务。

巫史的地位之所以被认为是王之下的最高执政官,主要有以下两个方面的重要原因。

第一,商代政事的决定,既不是由商王个人专断,也不是由贵族会议议定,更不是民主大会讨论决定,而是通过占卜这种特殊的方式请示神来决定。据人们挖掘整理的殷虚卜辞来看,商王的一切活动,包括祭祀、战争、田猎、农事、天象、吉凶预测、官员任免、建立都邑以至生育等事,都要占卜。有时候一件事还会反复占卜,最多达二十多次。占卜的方法一般如下:先在甲骨上凿一个椭圆形的臼穴,然后用炭火在臼穴处灼热,甲骨受热后出现裂纹,这就是显示神意的"兆",根据兆的形状(如⼅、卜等)可以判断吉凶,然后统治者就可以决定是否该做某件事了。巫史的一个主要职责就是察看兆璺,一般由三个巫史共同看一个兆,如说法有分歧,服从多数。很显然,巫史的看法非常关键,具有非常大的权威性。

第二,在夏商的国家机构中,巫史实际上还控制着军事、司法、教育、历法、记事、保管档案等方面的大权,甚至直接掌管王室事务。商朝第23位国王武丁的老师甘盘就是巫史,他不仅仅是王的老师,还是军事将领以及王室档案的保管者。羲和、大理、道人、作册、守藏史、师保等职官的名称也都是从巫史分化出来的。可见,巫史的权力之大、地位之高。

夏商时期的"神判法"也是值得一提的。在夏商的神权政治之下,不仅侮辱、亵渎神灵是极大的犯罪,要受到上天的惩罚,而且判断一个人是否有罪,也要根据神的旨意来确定。相传夏初的法官皋陶就用有神灵的犀牛触人的办法判定被告人是否有罪,犀牛触人则证明有罪,不触人则证明无罪。

在人类进入封建社会以前,神权曾有过约一千年占统治地位的时期,对后来中国历史的发展有着十分深远的影响。神权政治之所以存在,主要是因为当时的生产力发展水平低下,文化极端落后。商代晚期,由于生产的发展和阶级矛盾的激化,神权统治发生了动摇。不仅王权和神权出现了矛盾,商王越来越不能忍耐神权对自己的束缚,民众对神权的抵触也越来越明显。这就奠定了商王朝灭亡的政治基础。

四、神权政治下的夏代职官

夏朝刚从氏族社会发展而来,因而有一些职官都是氏族时期的巫史、长老职务的分化,主要有以下一些。

(1)"伯""后""王"。鲧、禹在当部落联盟首领的时候,只称"伯",很多文献中都称为"伯鲧""伯禹",鲧、禹很少和夏连称。从禹的儿子启开始,称"后",启有"夏启""夏后启"或"夏后伯启"等称谓。在征服东夷之后,夏代的君主称"王"。有的文献中对夏代的君主以帝称,这可能是受了三皇五帝传说的影响,而三皇五帝之类的传说和人君称帝的事情是在战国中期以后才有的。

（2）"四辅臣"。《史记·夏本纪》有"敬四辅臣"这样的话。裴骃集解引《尚书大传》说："古者天子必有四邻：前曰疑，后曰丞，左曰辅，右曰弼。"可见，"四辅"也称"四邻"，他们是夏代君主身边的重要谋臣和顾问官，相当于后世的"公""师"。当君主遇到重要的国事时，都会咨询他们的意见，与他们一起商定解决的方案。

（3）"羲和"。这是夏代掌管历法的官。夏代的历法已较为完善。羲和的工作主要是准确地报告农时，以便让农业生产顺利进行。如果羲和失职，则会受到讨伐。

（4）"太史令"。这是夏代记事的史官。《吕氏春秋·先识篇》说："夏太史令终古出其图法，执而泣之。夏桀迷惑，暴乱愈甚，太史令终古乃奔如商。"大概意思就是，夏朝在即将要灭亡的时候，太史令抱着典籍投奔了商族。

（5）"瞽"。夏代有供祭祀和君主娱乐用的音乐，如大夏、九辩、九歌等。这些音乐的演唱者和管理者就是"瞽"。瞽就是乐师。由于夏代乐师多为盲人，因而称为瞽。《左传·昭公十七年》引《夏书》说："辰不集于房（日食），瞽奏鼓……"

（6）"官占"。这是夏代的宗教职官，主要掌管卜筮。《左传·哀公十八年》引《夏书》曰："官占，唯能蔽志，昆命于元龟。"在奴隶社会中，占卜扮演着极其重要的角色，因而官占的地位是非常高的。

（7）"官师"。这是指夏代的教师。由于对政事有规谏的责任，因而也是一个职官。官师多由长老担任。

（8）"大理"。这是调解诉讼、掌管刑狱的官。

（9）"遒人"。这一官职主要负责宣示政令，广泛搜集庶民对政事的意见、呼声。

除了上述由巫史、长老职务的分化而来的职官外，夏朝还有以下一些主要职官。

（1）"六事之人"。在夏王朝中，战争是头等大事。夏王会亲自率兵外出作战。"六事之人"则是协助王带领军队的职官。

（2）"啬人"或"啬夫"。这是夏朝征收贡赋的职官。《大戴礼记·夏小正》记载："十有一月，王狩，啬人不从。"从这句可以看出，啬人与夏王的关系很密切，平时跟随王外出打猎，但是在收获季节过后，因忙于征集农产品，所以不跟从王外出打猎。

（3）"臣"。其主要管理王家事务。《山海经·海内南经》说："夏后之臣曰孟涂。"又《左传·哀公元年》说："使女艾谍浇。"杜预注："女艾，少康之臣。"

（4）"牧正"。其主要掌管全国的农业和畜牧业。史载夏王少康在流亡期间，担任过有仍氏的牧正。

（5）"水正"。治水的官职。据《今本竹书纪年》记载，少康即位后，任命商侯冥为水正。冥勤勤恳恳治水，最后淹死于水中。

（6）"车正"。这是专为夏王管理车辆的职务。《左传·定公元年》云："薛之皇祖奚仲居薛，以为夏车正。"

（7）"御龙"。这是专为王养蛇的职务。龙的原型是蛇，御龙就是养蛇。张澍《姓氏寻源》说："关龙氏即御龙氏，亦即豢龙氏。"

五、神权政治下的商代职官

商代的政治主要表现为神权政治。在神权政治下，巫史的权势非常显赫。他们对政事往往具有实际的决定权。巫史在职务上有不同的分工，从权力来看，师、保、尹的权力最大。商初，伊尹是汤的老师，又是太甲的太保（又称阿衡、保衡）。太甲即位后，"不遵汤法"，伊尹将太甲放逐于桐宫，自己代行王权。

卿史是执掌朝政的官称，文献中也写作卿士或卿事，他们掌管祭祀、占卜、历法，也掌管军事等。

太史是太史寮的主官，既是神职，也是史官，地位十分重要。

太师、少师是掌管音乐的官。商即将要灭亡的时候，太师、少师抱着祭祀用的乐器投奔周族。

守藏史又叫内史，是商代专门保管典册的官。孔子特别尊敬的老彭即彭祖,姓篯名铿,就做过商代的守藏史。

上述的卿史、太史、太师、守藏史等,都属于巫史一类的职务。这些职务大都是世袭的。除他们以外,王的妻妾、子弟、族老、姻戚等也掌握着重要的权力。王的妻妾在卜辞中称帚(妇)。帚可以参与祭祀,管理农业,甚至可以领兵出征。王的子女在甲骨文中都称子,如子央、子渔、子奠等,他们也能参与祭祀、征伐等国家事务。王族的长老往往也担任很重要的职务。商末,纣的叔父箕子、比干,也都以王师的地位辅助国政。商王又以外戚辅政,如以九侯为三公。王婿称"亚"。亚主要担任王宫警卫的武官,常带领士兵出使商的臣属部落。

商王身边还有一些负责侍从警卫的官吏。例如,"宰"或"冢",是王室事务的总管,武丁即位以后,在没有委任主管政事的辅佐之前,曾以冢宰暂理国政。"臣"是王的仆役。其中,"小臣"是商王的近侍,与商王的关系最为密切,经常服侍在王的左右,参与祭祀、征伐、田猎、监农等事,有时传达王命,有时受王命管理某些具体事务,如管理藉田、监狱等。"尹"是服侍王吃、宿等的人,尹不止一个人,有时称"多尹",在"尹"当中,地位最高的就是阿衡、保衡或太保。他们有时受王命领兵出征、管理藉田或出使等。"服"是为商王管理车马的人。"司工"是为商王管理百工的人。"犬"或"兽正"是为商王管理猎区的人。"牧正"是为商王管理放牧的人。"啬"或"廪人"是为商王管理粮仓的人。"覃"是为商王管理酒的人。

商代有内服与外服之分。"内服",是指在商王左右的中央政府官员(包括巫史、王族及外戚担任的官职)和王的侍从警卫以及管理贵族居住区的里君等。"外服",是指商王所属的各部落的首领,也就是商代的诸侯,主要包括侯、甸、男、卫、邦伯。由于商代还没有分封制度,因此侯、甸、男、伯都不是爵位名称,只是表示职事上略有不同。

学者张亚初曾在研究商代的职官时,附了甲骨文中所见殷商设官系统示意图(图1-1),可对商代的职官进行一个大致的了解。

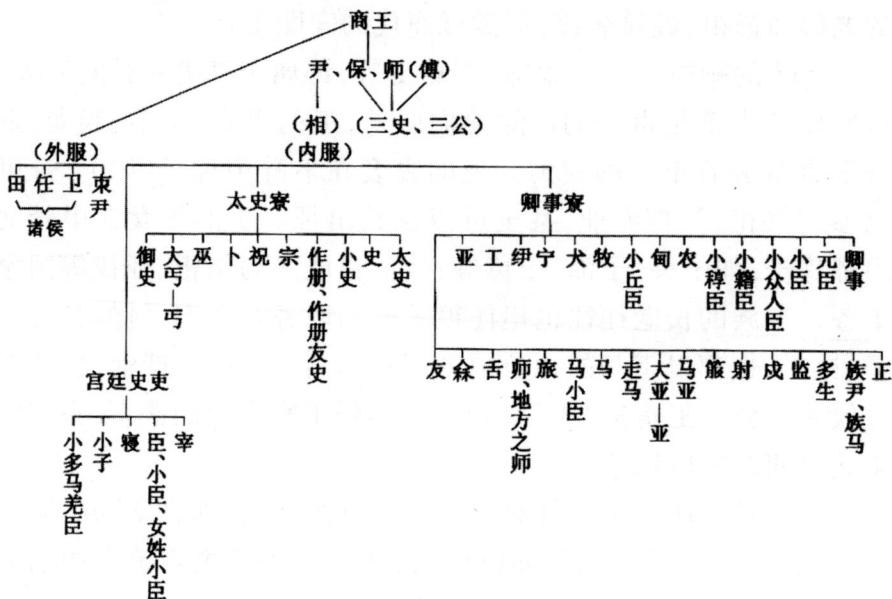

商王

尹、保、师（傅）

（相）（三史、三公）

（外服）　　　　　（内服）

田　任　卫　束
尹
诸侯

太史寮　　　　　　　卿事寮

御史　大丏—丏　巫　卜　祝　宗　作册、作册友史　小史　太史

亚　工　纾宁　犬　牧　甸　小丘臣　农　小耤臣　小众人臣　小臣　元臣　卿事

宫廷史吏

小多马羌臣　小子　寝　臣、小臣、女姓小臣　宰

友　緕　舌　师、地方之师　旅　马、马小臣　走马　大马亚　马亚　箙　射　成　监　多生　族尹、族马　正

图 1-1

第三节　西周时期的贵族政治

商代后期，虽然农业经济有了较大的发展，但政治腐败，朝廷不断发动掠夺战争，大量的俘虏和奴隶被用于人牲、人殉，社会生产遭到严重破坏，各种社会矛盾尖锐。在这样的情况下，人民的反抗情绪日益滋长。其中，周族的武王不堪忍受压迫和剥削，于公元前1046年联合其他友邦，以劣势的兵力向商王朝发动了进攻。在逼近商都进行决战的关键时刻，商纣王的徒卒倒戈反击。在内外夹攻下，商王朝顷刻土崩瓦解，走向了灭亡之路。

周族在灭商之前，也经历了奴隶制发展时期，但是在古公室父的带领下迁居周原以后，由于有很多外族人口，不可能都吸收到本族来，因而萌发了封建制的生产方式。武王灭商以后，周族成了人口比本族多得多的异族的统治者。原商族统治下的奴隶制已没有存在和发展的余地了，封建制的生产方式占据了支配地位,中原地区从此也就进入了封建制时代。在封建制时代下,封建主完全占有生产资料和不完全占有生产工作者,农奴有了一定的生产工具、经济和人身自由。这促进了生产的发展。作为一种社会制度,西周封建制下的政治主要为贵族政治。

一、贵族制政体

所谓贵族制政体,就是指由世袭贵族的代表人物掌握政权的政治体制。

在西周初期,周天子将土地和人民分封给诸侯,以拱卫王室,形成了以宗周为中心的"封邦建国"的宗法分封制。这种制度使得西周形成了以周天子为首的封建等级关系,血缘纽带和政治权力联系非常紧密。在这种制度下,名义上,天下的土地都归周天子所有,一切贵族、平民、农奴都是周天子的臣民。实际上,周天子只将京都附近的一部分土地直接留给自己,叫作"王畿";其余的土地都分封给子弟亲属,叫作"国"。在诸侯国内,国君也留下都城附近的一部分土地直接归自己所有,把其余的土地再分封给子弟亲属,受封的叫作"大夫",封地叫作"邑"。大夫的土地也留下一部分直接属自己所有,把其余的土地再分给子弟、亲属和家臣,封地叫作"禄田"。这样从周天子到诸侯、大夫、士,就是土地的所有者和占有者。

诸侯除了接受封地外,还接受周天子赐予的官属、奴隶、礼器和仪仗等。土地财产的分配与政治权力的分配是一致的。天子、诸侯、大夫是三个等级的领主,同时又是三级政权的核心人物。他们共同构成了统治阶级。统治阶级掌握着土地,具有管理国家的政治权力。

在西周时期,财产和权力的分配依据主要是血统。各级领主的财产和权力由嫡长子继承,嫡长子又称太子、宗子、世子,处于独尊的地位。嫡长子之外称为庶子,有参政与受封的权利,地位较低。贵族与非贵族的界限非常严格,主要表现在姓氏、名字、财产权利、政治权利、受教育权利、通婚,以及服饰、居住、礼仪等方面。国家的官吏和军队的骨干(武士)都由贵族组成。贵族身份的取得,要经过天子的策命,而且要举行一定的仪式。

在贵族政权体制中,君主的权位是终身的、世袭的。周天子是最高的君主,其他的大小官员都是他的臣,都要服从他,效忠他。在同级政权中,君主也居于领导的地位,其他官员也都是他的臣。当然,这种君臣关系是相对的。君主要尊重和维护臣的经济权利和政治权利,重视臣的意见,以维护贵族内部的平衡关系,以免出现矛盾,或是矛盾被激化。

在贵族当中,宗族长老(通常称为"三公")担任君主师保。他们的权力最大,君主一般都得听他们的话。如果君主年幼,他们甚至可以代君摄政,如西周初期的周公。卿士(诸侯国单称卿或称正卿、宗卿等)权力也很大,其主要执掌朝政,可随时向君主提出自己的政见,最后由君主决定,如果君主不听劝谏,其有权废旧君、立新君。有的世卿长期控制朝政,从而架空了君主,使君主成了有名无实的傀儡。总之,贵族中的长老和执政的卿拥有更多的实权。

除了上层的贵族外,下层贵族和自由民的政治影响也是很重要的。他们主要通过两种途径参与政治:一是由君主或卿召集的国人会议,讨论和决定重要国事;二是通过舆论批评朝政,以引起掌权者的重视。[1] 如果他们的意见受到压制,或者当权者使用暴力手段进行镇压时,他们会用起义暴动的方式杀死或赶走统治者来挽救和稳定政局,如厉王时的国人暴动。下层贵族和自由民虽有一定的政治权利,但他们并不占据主导地位,因而政事的决定权主要操纵在少数大贵族手里。

---

[1] 左言东:《中国政治制度史》,杭州:浙江大学出版社,2009年,第46页。

二、贵族政治下的政权机构

（一）王室

王，也称天子、天君、辟王、辟君、后等，是周朝的最高统治者。概括而言，王的权力主要包括以下几个方面：一是主祭权；二是分封诸侯权；三是国事的最后决定权；四是军队的统帅权；五是任命官吏的权力；六是授予臣属爵禄和对官员进行赏罚的权力；七是巡狩与接受诸侯朝觐的权力。

西周的王位实行嫡长子继承制。王位的继承人称为"太子"，也称"宗子"或"东宫"。如果太子年幼，尚不能即位或即位而不能亲理政事，那么由宗室长老或世卿代行王的权力。

王的正妻称"后"。西周王室事务与政事是分开的。王后有权过问王室内部事务，政事则一般不参与。王室事务设宰（也称太宰）为总管，有时以宗族长老兼管，如周公也担任过太宰的职务。

（二）三公

西周时期，在王的左右设有"三公"。所谓三公，即太师、太傅、太保。他们都是宗族的长老，对王负有辅佐、监护的责任，对中央政府的各项事务、各诸侯国、王族和王室的事务，尤其是对王畿的治理，负有全面的指导责任。《史记·周本纪》说："武王即位，太公望为师，周公旦为辅，召公、毕公之徒左右王，师修文王绪业。"在西周的政府文件中，王与三公训诫的话都称"诰"，具有同等的效力。王一般都非常敬从三公的话。如果太子年幼不能即位或即位后不能亲政，可单独或共同代行王的职权的就是"三公"。

由于"三公"权力过大，直接威胁到周天子的权力和统治，因此很容易引起周天子的疑惧。甚至连功勋卓著的周公旦也不得不"走而奔楚"。因此成王后，西周对"三公"的监视也越来越强，其职能也逐渐在西周后期被"两寮"所代替。

（三）卿事寮

在西周时期,起源于商代的内服官署卿事寮与太史寮有了进一步的发展。卿事寮与太史寮是西周中央政府的行政和神职机构。

卿事寮是军政司法部门,以卿事为首长,多由诸侯或畿内国君、大夫担任,通常为二至三人。卿事既是中央政府的最高行政长官,又是军事将领。

卿事之下,主要有三个政务长官,即司徒、司马、司空,合称"三有司"或"三有事"或"三事大夫"。

（1）司徒。司徒又称"司土",负责管理公田、山林及征发役徒。西周的役徒主要耕种公田,也担负筑城、修路等劳役。有战事时,役徒充任士兵,所以司徒有时也是军事将领。司徒之下,有司民、司甸、司场、司廪、司虞、司牧等,掌管一些具体的事务。例如,司甸具体负责公田的耕种;司民掌户籍;司场掌管场圃及瓜果蔬菜的种植、收藏;司廪掌管谷物的收藏与支出;司虞掌管山林川泽;司牧掌管牲畜的放牧等。

（2）司马。司马授命统率军队,管理军马及军事行政,负责征收军赋。西周时期的军队主要由战车组成,驾御战车和战车上的勇士都由贵族充任。贵族会从公田收入中拿出大约十分之一作为饲养军马和制造战车的费用。饲养军马和制造战车的费用叫作"赋"。司马会定期进行征收。司马统一管理战车、军马和作战的武器、甲胄等,还掌管低级武官的选拔。司马之下有虎臣、亚旅、走亚、司戎、司射等。

（3）司空。司空又称"司工",掌管手工业及工程建设,并兼管有司寇,掌刑狱。西周时期每封一个诸侯,都要建筑设防城市,那时所谓建"国",就是建"城"。城的建筑,由司空负责。从京师到各诸侯国之间以军用为主的大道,以及公田灌溉、排水用的沟洫,都由司空率领役徒修建。司空之下有陶正和工师,陶正管理制陶,工师掌管各种工匠。

在卿事寮中，还有"司寇"，是西周掌管司法的官；有"相"，是辅佐王掌管礼仪的官；有"大行人"，掌管天子与诸侯之间朝觐聘问等事务的官。"大行人"之下有"行人""候人""关尹""舌人"等，受王命出使的叫"行人"（也称"行理""行李"）；在边境迎接宾客的叫"候人"；掌管关隘的叫"关尹"；负责语言翻译的叫"舌人"。

（四）太史寮

太史寮是掌管历法、祭祀、占卜、文化、教育等事务的部门。这一部门在西周时，地位有所下降，但是仍与卿士寮处于并列的地位。

在这一部门中，主官是太史。太史掌管历法，起草政府文件，记载王、三公的言论和国家大事，把政府官员对朝政的批评、谏议汇成简册呈报周王等。西周非常重视农业，每年春耕、除草、秋收等关键时节，太史都要提前把节令通知主管农事的官，天子每年要亲自参加藉田（即公田）的典礼。除此之外，祭祀、战争、太子即位等重要活动，太史都要参加，祝辞、誓辞、王命等大都由太史起草并宣读。因此，太史的言论、著作常常作为贵族学习的课本，甚至当作经典加以引用。西周初年的太史尹佚，与周公、召公、太公并称"四圣"，太史的职务是世袭的。

在太史寮中，除太史之外，还有很多官职，以下是一些较为重要的官职。

（1）太宗。其又称为上宗、宗伯、太祝、宗祝，掌管王族的祭祀事宜。周公长子伯禽就在周初任中央政府的太祝。

（2）太卜。其掌管占卜吉凶之事。与商代相比，西周神权地位下降，国家的重要事务多由王及三公决定，但有一些大事仍要通过占卜向神请示吉凶，如武王病危、营建洛邑等。

（3）司商。其掌授氏姓。西周只有贵族才有氏，氏是姓的分支，表示一个独立的小宗。有的以封地为氏，有的以官职为氏等。姓氏的命名要经过司商。《国语·周语上》说："司商协民姓。"诸侯国没有司商,赐族授姓直接由太史掌管。

（4）丧史。其掌贵族的丧葬礼仪。

（5）内史。其又称作册内史、作命内史、内史尹等,是掌管策命卿大夫的官。天子任命诸侯卿大夫时,一般都由内史写简策,并举行一定仪式正式宣布。

（6）眚史。其主要监察军士的过失。

（7）御史。其又称中史、中御史、柱下史等,负责保存官府档案。

（8）乐师。其又称乐正、太师,掌音乐及教育国学贵族子弟。

（五）地方机构

西周按血缘亲疏分封诸侯。诸侯的封地称"国",大夫的封地称"邑"。因此,地方行政由国、邑两级组成。

诸侯国的官制与中央政府的官制大致相同,不过规模要小得多,名称也有一定的差别。诸侯国执掌军政大权的官叫"卿",或称"正卿""政卿",但一律不称卿事(卿士)。诸侯国一般有司徒、司马、司空、司寇、行人、太史、太宰这些主要官职,但大都没有内史、御史等官。邑更为简单,一般由家臣进行管理。大夫的家务总管和管理私邑的都称"宰",另外还有些家臣分掌军赋、工匠、驾车、祭祀等,称为"马正""工师""御骖""祝宗"。

西周在地方实行乡遂制。这是指在王畿之内划定区域,置建乡遂机构进行有效的统治。西周的王畿包括京城及城郊地区,在王畿之内,以京城王宫为中心,半径一百里之内为"乡",乡之外再划百里,以内为"遂"。乡遂交界称为"郊",也就是说郊内为乡,郊外为遂。

乡为贵族的集中居住区,基本上是按血缘关系划分的。乡内的组织系统一般为乡—州—党—族—间—比六级。其中,五家为比,五比(即25家)为间,四间(即100家)为族,五族(即500家)为党,五党(即2 500家)为州,五州(即12 500家)为乡。

遂是农奴的居住区。遂内的组织系统为遂—县—鄙—酂—

里—邻六级。其中,五家为邻,五邻为里(即 25 家),四里为酂(即 100 家),五酂为鄙(即 500 家),五鄙为县(即 2 500 家),五县为遂(即 12 500 家)。

第四节　贵族制向君主制的过渡

在周王室统治的时期,国家实行的一直是贵族世袭的制度,即依靠血缘关系来获取相应的权力。随着周王室的衰落以及世袭制弊端的暴露,各诸侯国纷纷进行变法,贵族世袭制度逐渐没落,为了加强君王的权力,实行高度集中化的管理,各国在中央和地方的官制设置上都进行了一系列的改革。最终,公元前221年,秦王嬴政统一各诸侯国后,确立了君主专制的中央集权制度。至此,中国完成了贵族制向君主制的过渡。

一、周王室的衰落

西周时期,中原地区最强大的共主就是周王,他的权力在其他国家的首脑之上。公元前 770 年,周幽王被犬戎所杀,西周灭亡。诸侯立周平王为一国之主,迁都洛邑,建立了东周。东周时期的周王,也称天王、天子,名义上还是诸侯的共主,但是实际上也只是挂了一个虚名。都城东迁的最开始,周王室的土地面积已经相比之前小了很多,几乎是所剩无几。周王的命令,在其他的诸侯之间也几乎丧失了号召力和影响力。诸侯朝觐天子的旧礼,在当时已经极为罕见。周王室的军队也被诸侯的军队战败。周天子的"命官"制度也逐渐废弃。一些强大的诸侯开始显示出自己的野心,不断地吞并小国,企图控制别国,发号施令。有的原来受周族压迫的"蛮族",更不把周天子放在眼里。楚国在春秋初年就称王了。楚庄王时,问周王室鼎的轻重,就已经显示出当时楚庄王的野心。春秋末年以后,大国相继称王。公元前 249 年,周王室为秦所灭。周王室的衰亡，历经了一个非常漫长的过程，它意味着以宗族关系为基础的政治实体的瓦解，为新的以君主集权为核心的统一国家所代替。

战国以前，周王是被多个诸侯国所拥戴的，一些强国的霸主以"尊王攘夷"为号召，团结中原地区的国家。为区别并排斥后起的王，周王被尊称为"天王"。《左传·隐公元年》："天王使宰咺来归惠公、仲子之赗。"杜预注："贾逵云，畿内称王，诸夏称天王，夷狄称天子。"战国时期，大国君主都称王，甚至有称"皇"称"帝"的，而周王连名义上的共主地位也不存在了，常常被称为"君"，如《战国策·西周》："司寇布为周最谓周君曰……"

二、诸侯国的变法

西周初年，周王分封了几十个诸侯国，大都是文王、武王、周公的后裔，重要的有管、蔡、霍、鲁、卫、毛、聃、郜、雍、曹、滕、毕、原、酆、郇、邗、晋、应、韩、凡、蒋、茅、胙、祭、燕等。姜姓与姬姓世代通婚，封国也较多，重要的有齐、纪、许、申、吕等国。另外还分封了其他一些诸侯，包括商和商以前的古国或古老部族的后裔，如宋、杞、陈、祝、焦，以及与周族关系密切的某些部族首领，如楚、秦等。

春秋以后，周天子的地位逐渐丧失，各诸侯国的势力逐渐发展起来，各自相继为王，各国的发展道路呈现出不同的情况，有的在变革之中变得强大起来，有的则因很少变革而逐渐走向衰弱，甚至被强国兼并。下面以变革中最为强盛的两个国家齐国和秦国为例进行阐释。

（一）齐国的变法

齐是周开国功臣兼外戚吕尚的封国。西周初年，齐国非常强大。春秋初年，齐国国君开始贪图享乐，疏于管理政事，襄公"高台广池，湛乐饮酒，田猎毕弋，不听国政。卑圣侮士，唯女是崇。九妃六嫔，陈妾数千。食必粱肉，衣必文绣，而戎士冻饥，戎马待游车之弊,戎士待陈妾之余。倡优侏儒在前,而贤大夫在后。是以国家不日益,不月长"(《管子·小匡》)。当时的齐国王室已经出现了严重的内乱,无知把襄公杀掉,自立为王;无知即位不久,又被渠丘大夫所杀;接着又发生公子纠与公子小白武力争夺君位的斗争。而当时由于内乱,农奴都纷纷逃离自己的土地,导致田地荒芜,领主经济维持不下去。齐国面临着严重的经济危机与政治危机。

齐桓公在世卿高子、国子的支持下,战胜了公子纠,夺得了君位。由于近臣鲍叔牙的大力推荐,齐桓公任用管仲为相,总理国政。这对齐国的政治制度而言具有重要的意义,是中国宰相制度的开始。管仲执政以后,又对齐国的政治制度进行了一系列重要的改革。

第一,调整国家机构。在相之下,设立大行掌外事,大司田掌农业,大司马掌军事,大司理掌刑罚,大谏掌谏议。对这些官员的任用,主要依靠的都是才能。

第二,改革赋税制度。取消公田、私田的界限,鼓励开垦荒地,"相地而衰征",按土地好坏分等收税。

第三,改革军事制度。"作内政而寓军令",兵农合一,把农民作为军队主要的吸收对象,改变以前那种以贵族武士为军队主体的情况,扩大了兵源。

第四,调整地方行政组织,城区和近郊分乡,郊外分属。城内和郊区居民的主要成分是士、农、工、商,个体的工商户和服兵役的农民分别编乡,乡和属的编制主要按地区划分,并选择贤能担任地方官吏,血缘联系趋于松弛。

第五,建立荐举贤才的制度。各乡、属长官应该向国家推举才能出众的人,不应该将有才能的人隐藏起来,否则会受到相应的处罚。

第六,建立自上而下的监督制度。里尉要监督居民的出入。乡、属长官要把本乡本属内不听管教的人统计出来,并报告给上级,如果有瞒报或者是漏报的人,会受到相应的惩罚。

第七,提高君主的权威,严格执行君令。君令发出以后,乡、属长官必须立即向所属官吏传达,然后派使者向君主报告,不得迟延,不得拒不执行,执行中亦不得增损,违者处死。

第八,为了增加军事装备,允许以甲兵(武器)赎罪。

第九,设立"啧室之议"。鼓励对君主的过失提出批评,由大谏主管啧室之议。

管仲改革之后,齐国迅速强盛起来,成为春秋时期中原地区的第一个霸主。

(二)秦国的变法

秦的祖先非子在周孝王时是周王室掌养马的小官,因马养得好,周王分给秦邑,使它成为周的一部分。周宣王时,秦仲被封为大夫。平王东迁的时候,秦襄公领兵救护有功,被平王封为诸侯,并赐给已被犬戎占领的原周族发祥地岐、丰一带。秦开始建国的时候,领土面积十分狭小,且处于戎、狄包围之中。当时的秦国,在各个方面都非常落后。秦文公十三年(前753),开始对秦国的史实进行记载,并开始制定简单的法律,"初有三族之罪"。秦的宗族势力很强,当时朝政的大权都落在了大庶长(相当于其他诸侯国的卿)手中,他独断专行,废立国君。秦武公杀掉贵族三父等,又"伐邽、冀戎,初县之",初步建立起君主集权的政府。秦穆公时,任用百里奚、蹇叔、公孙枝、由余、孟明视、西乞术、白乙丙等异国人执掌军政大权,君主的权力进一步加强。东面战胜晋国,扩地到黄河边上;西面"益国十二,开地千里,遂霸西戎"。秦成为西方的一个强国。

秦国在西方的势力虽强,但与东方大国相比,仍显得比较落后,一些制度的存在仍然是不合情理的,如殉葬制度,武公死时,有六十六人殉葬,穆公死时,有一百七十七人殉葬,又如灭三族制度等。秦国被东方诸侯看作戎狄国,不让它参与盟会。穆公以后,直到春秋末战国初,宗室贵族仍有很强的势力,逼怀公自杀,杀出子及其母,立简公、献公等,秦国多次更换君主,大臣们又发生内乱,晋国乘机夺秦国的河西地。

战国初期,东方出现了六个大国,秦国内忧外患,面对着严峻的形势,秦献公开始实行一些改革,但是秦国的形势没有出现根本性的转变。孝公即位后,决心实行大的变法。商鞅受到孝公的重用,于是秦国开展了轰轰烈烈的社会改革,史称"商鞅变法"。

商鞅变法中,属于政治制度的内容主要有以下几个方面。

第一,建立按军功授爵的制度。西周以来爵位的分封,主要根据宗法关系的原则。春秋时期不再按宗室贵族进行分封。战国时期各国的爵制不尽相同。秦国实行变法之后,主要是按军功授爵,普通的战士也有了获得爵位的机会。宗室无军功的,不得授爵,还要除去属籍。

第二,整顿地方组织,健全户籍制度。"并诸小乡聚,集为大县",共四十一县,县置令。把全国人民都编入什伍组织,五家为"伍",十家为"什"。每伍各家互相监视,告发"奸人"者,与前线杀敌一样有赏;隐藏"奸人"者,同降敌一样要受到刑罚。凡外来的客人必须有凭证,没有凭证的,主人不得留宿。

第三,按政府的法令办事。即使是太子也不得例外。为了维护君主的专制统治,对人民的言行实行严厉的控制。

第四,向农民征收军赋。西周时期的军队主要由贵族的武士组成,军赋也由贵族负担。商鞅变法以后,秦国军队的主要成分是自耕农民,军赋也由他们交纳。

秦国的变法是比较彻底的一次改革。秦孝公死后,出现过几次反复,但是总的来说,商鞅变法的成果被保存下来了,某些方面后来还有所发展。

三、官制的演变

(一)春秋官制概况

春秋时期,王已不是独尊的称号,楚、吴、越三国的君主,也先后称王。

在诸侯国当中,世卿执政的制度基本上维持不变。楚国的莫敖、秦国的庶长与卿的性质相近。宰相执政的制度逐渐在诸侯国建立起来。

西周以司徒、司马、司空、司寇、行人等分掌各类政务。司徒原是掌管公田和征发役徒的,春秋各国也多采用了这一制度,只是在具体的职务上还存在一些出入。齐国另设大田(亦称大司田)管理土地和税收,而司徒变为军中职务,且有锐司徒、辟司徒之分。锐司徒掌领作战士兵,辟司徒掌管军事营垒等。司马原是掌管军赋与军事行政之职,而统兵之权归王、侯、公、卿,春秋时期各国司马的名称、职权和地位不尽相同。楚国司马的地位与令尹并列,为最高武官,作战时可担任总指挥。晋国的司马专掌军法。宋国的司马专职统兵。春秋后期,将军的称呼开始在吴越等国出现。司空原为掌管工程营建之职。晋国的司空为军事职务,掌营垒及其他军事后勤,秦国的司空与辟司徒的职责相近。司寇原为掌刑罚之职,主要的惩罚对象是农奴和百姓。春秋时期的司寇职责基本上不变,但是惩罚对象的范围扩大到贵族。司寇之外,有的国家还另设掌管审讯的官职,如周王室的尉氏,鲁国的士师,齐国的大理,楚国的廷理。行人原为掌外事之职,春秋各国多沿置,唯楚国称连尹,秦国亦称行李。郑国于行人之外,另设执讯之官。

除上述职官之外,春秋时期还有一些新设的官职,如晋国的中大夫为谋议近臣,郑国的令正掌辞令,齐国的大谏掌谏议,晋国的执秩掌爵禄,齐国的职计掌财务,卫、宋、郑等国的褚师掌市,齐国的虞候掌薪柴,衡鹿掌山林等。

县本是天子、诸侯直属领地中的邑,属于遂,管理县的长官称作"县人",春秋时齐国属地中还存在县。晋、楚、秦等国又有一种新的县制,封邑或小的侯国被兼并之后也称作县。《左传·昭公二十八年》载:"魏献子为政,分祁氏之田为七县,分羊舌氏之田为三县。"这是晋国的情形。县的长官称大夫,也称守。楚国的县多兼并附近小国而设。《左传·庄公十八年》:"初,楚武王克权,使门缗尹之。"县的长官称县尹或县公,与晋国不同。秦立国较晚,本无分封之制,兼并的土地皆置县。

春秋时期的爵位名称也在发生变化。侯本是各封国君主的通称,齐桓公时出现的"关内侯"比较特殊。这种爵仅有侯之名,实际上并无封地。战国以后的关内侯的来源大多是因为此。卿本是诸侯国执政官的名称,而非爵称。春秋时秦、晋、齐等国开始出现了爵称,并且对卿按照不同的等级进行分类。士在西周为贵族爵位的最低一种。春秋时期士的含义逐渐由武士变为文士,读书之士是四民之一,不是爵称。

（二）战国官制概况

战国时期,各个国家基本上都建立起了君主集权制,大国的君主先后都称王,齐、秦还一度称帝。

战国时期,宰相制逐渐取代了世卿制。各个国家对宰相的称呼有所不同,有丞相、相邦、相国、相室、相、令尹等。宰相是君主制下执政官的通称,初见于《韩非子·显学篇》和《庄子·盗跖篇》。宰相由君主任命,直接代表君王的意思处理政事,地位很高。《荀子·王霸篇》说:"相者,论列百官之长,要百事之听,以饰朝廷之下百吏之分,度其功劳,论其庆赏,岁终奉其成功,以效于君,当则可,不当则废。"

宰相以下的行政长官,各国设置不大一致,除司徒、司空、司寇、行人沿用旧称外,出现了一些新的官称,包括田部吏(赵)掌收租税,廷尉(秦)掌司法,主客(齐)掌接待宾客,中尉(赵)掌选任官吏,内史(赵)掌财政等。

战国时期战争频繁,因此各国都很重视武官的设置。将军是统领整个军队的将领,大将军或上将军则为军队的总指挥。将军或者是大将军都是由国君亲自任命的。有的国家还要举行隆重的仪式。《史记·魏公子列传》:"魏王……以上将军印授公子。"《吴子·图国》:"(魏)文侯身自布席,夫人捧觞,醮吴起于庙,立为大将。"《七国考》:"魏制,立大将,君自布席,夫人奉觞,亲醮于庙,乃授斧钺,自立吴起始也。"齐国于将军之外,任命身残而又精通兵法的孙膑为军师,职主谋议。秦、赵两国设国尉掌军事行政,有的国家还设置警卫首都的高级武官,如楚国的柱国(也称上柱国)、秦国的中尉。

随着君权的加强,君主的秘书、警卫和生活服务的职务逐渐增多。秦国的秘书称为长史。其他的国家还有御史、主书、掌书、御书等不同称呼。掌管宫廷警卫的称卫尉(秦),掌管谋议的称中大夫令(秦),备君主顾问的称博士或博闻师(齐、魏、赵等),掌管车马的称车府令(秦),掌管宦者的称宦者令(赵),掌引见宾客的称谒者(齐、楚、秦等),掌管君主私有财产和制作宫内所用器物的称少府(韩),另外还有典冠(韩)、典衣(韩)、侍医(秦)等。

地方行政机构逐步健全。秦国的县制逐渐建立起来,长官称令,唯齐国的邑相当于县,长官称大夫。秦、赵、韩、魏等国县上置郡,以郡统县,长官称守。秦县以下有乡、里、伍等组织。

与西周相比,战国时期的爵制发生了根本性的变化。旧的封国封邑制度基本上废除了,按功授爵的新爵制逐渐形成,当然也存在一些按亲属关系授爵的,只是这一时期的性质已经发生了明显的变化。

公元前 221 年,秦王嬴政一统天下,确立了统一国家的君主称号——皇帝。从此,中国古代的政治制度进入了以皇权为代表的君主专制时期。

第二章 先秦时期的社会生活研究

作为我国历史开端的先秦时期已非常久远,但由于任何一个社会的产生与发展都与人民群众有着密不可分的关系,而且从某种程度上可以说,一个时代的人民群众生活的基本面貌可以将这一时代的社会生活面貌生动地反映出来。因此,在本章内容中,将通过分析先秦时期人民群众的生活面貌,对这一时期的社会生活进行深入研究。

第一节 先秦时期的社会习俗

据相关考古和研究发现,先秦时期有着丰富多彩的社会习俗,其中较为重要的有服饰习俗、饮食习俗、居住习俗、交通出行习俗、婚嫁习俗和丧葬习俗。

一、先秦时期的服饰习俗

对于人类来说,服饰经历了一个从无到有的过程。而服饰自产生后,便成为人们不可或缺的重要物品,并越来越丰富多样。

（一）史前时期的服饰习俗

在史前时期,先民最开始是不穿衣服的,后来才用兽皮和树叶制作简单的衣服,以遮蔽身体和取暖。到六七千年前仰韶文化时,先民已经开始用一些简单的布料遮蔽身体,将采来的野麻纤维用陶纺轮或石纺轮捻制麻纱并用简单的织布机织成麻布,从而出现了原始的衣服。这在仰韶遗址出土的陶器中得到了认证。另外,在这一时期的考古挖掘中,从北京周口店山顶洞人遗址等多个洞穴遗址发现了缝制衣物用的骨针,这表明先民已经学会了制造和使用骨针了。

在史前时期,先民也已经开始养蚕、纺织丝织品了。考古学家在郑州青台距今 5 500 年的遗址中发现了一块丝帛残片,这不仅是迄今为止发现的最早丝织品,而且表明先民已经开始了丝织品的生产,并出现了以丝为原料制成的衣服。

有关史前时期衣服的具体样子,依据考古发现可以这样进行描述:出现于黄河中上游地区的服饰,套肩、穷裤、长裙带尾襟、无沿圆帽、翘头靴;出现于长江中下游地区的服饰是上衣下裤足蹬木屐,其中上衣开衫、对襟、无袖,裤有腰带,用带钩相系。

在史前时期,先民也开始佩戴一些饰品,如用贝壳、石珠、兽牙等制成的项链等。这表明,史前时期的先民除了注意衣服的实用价值外,还日益重视衣服的美观。

（二）夏朝时期的服饰习俗

在夏朝时期,人们越来越重视服饰的美观,同时服饰日益成为财富和等级地位的象征。另外,这一时期人们的日常衣服是较为简单、朴素甚至可以说是破旧的,但对于礼服和礼帽十分讲究。而礼仪服饰的一个重要作用,就是对上下尊卑等级进行区分。

在这一时期,丝织业获得了进一步发展,但是丝织品仍然是十分贵重的。因此,这一时期的服饰衣料以麻布为主,以丝织品为衣料制成的衣服很少,且只有贵族能够穿得起。

（三）商朝时期的服饰习俗

在商朝时期,随着人们生产能力的不断提高,贵族对于服饰有了越来越高的要求,并有了越来越严格的服饰等级限制。

商朝时期的服饰在衣料方面,仍然以麻织品和丝织品为主。另外,在河北藁城台西村商朝遗址的一座房基中发现了若干山羊绒毛。这表明,当时的人们已经懂得羊毛可以作为纺织原料了。

有关商朝时期服饰的形态,文献中很少有记载。不过,透过商朝时期的人像和塑像,可以大致得出这一时期的服饰形态,即"交领右衽短衣、交领右衽素长衣、交领右衽素小袍、交领长袖有华饰大衣、直领对襟有华饰短衣、高后领敞襟长袖短花衣、圆领长袖短花衣、圆领窄长袖花大衣、圆领细长袖连裤衣、赤身露体或仅于腹前束一窄蔽膝等"①。

另外,在这一时期,作为身份、权力象征的玉质配饰很受人们的欢迎。人们开始着用皮革、丝、麻、葛、布帛等制成的履,且也存在一定的等级限制。

（四）西周时期的服饰习俗

西周时期的服饰情况,在很多文献中都有记载。这一时期衣服原料的品种增多,毛纺织也已产生,而且皮衣越来越普及。

由于西周是礼义之邦,等级分明,服装是人们区分身份地位的重要标志之一。这一时期有了较完整的冠服制度。戴在头上、围在颈上的称首服,有冕、弁、冠、巾、帻等。冕是王公诸侯专用的首服,弁是较低级贵族常用的首服,冠是有一定身份地位的人常戴的首服,儿童成年时要举行冠礼。笄和簪一般用骨器制作,是束发的工具,当时男人留长发盘结在头上,所以笄、簪男女都用。巾、帻就是布巾,形式多样,为一般人戴用。贵族戴冕冠者须穿冕服,冕服用丝织品制成,花纹艳丽,常以日月星辰为图案。

西周的服饰已分上衣和下裳,裳与今天的长裙非常类似,还出现了衣和裳相连的深衣。另外,这一时期衣服的材料已经趋于多样化,除麻和丝以外,还有皮毛、葛等,对此,出土的周代青铜器铭文中已有过多次记载。但当时的丝织品、皮毛等多为贵族用品,民间还是以麻布为主。

总的来说,西周时期贵族衣服精致,种类多样,成为区分贵族礼仪等级的标志;平民服饰也多样化,以便于生活和劳动。

---

① 廖名春:《中国文化发展史》（先秦卷）,济南:山东教育出版社,2013年,第473页。

（五）东周时期的服饰习俗

在东周时期,由于战乱不断、礼崩乐坏,服饰上经常出现僭越礼制规定的情况,而且在样式和风格方面发生了较大变化,最鲜明的表现便是深衣的流行和胡服在中原的普及。

深衣最初是在西周出现的,由于这种衣服宽松合体,袖子宽阔,用带束腰,便于在各种场合穿着,因而在东周时获得了广泛流行。而且东周时不论贵族还是平民,都可以穿着深衣。

胡服是居住在西北地区的少数民族穿着的衣服,与中原的服饰相比,具有上衣左衽窄袖、下裳为长裤、衣身紧窄、腰带有带钩、脚着革靴等特点,十分便于骑射。因此,这种服饰被改革者赵武灵王推广后,很快便在汉族居住区普及开来。

二、先秦时期的饮食习俗

人类从诞生之日起就需要饮食,否则便难以生存下去。因此,自人类早期开始便形成了丰富多彩的饮食习俗。

（一）史前时期的饮食习俗

对于史前时期的先民来说,饮食问题曾是他们面临的最大生存问题。后来,随着先民对自然认识的增多、改造自然能力的提高,饮食品种和结构开始有了较大发展。

据考古研究,五十万年前的北京猿人已经懂得保存天然火种,用来烧烤食物。从此,饮食与火就成为密不可分的关系。到了丁村人和山顶洞人时期,人们已经学会了人工取火,古史中有燧人氏钻木取火的记载,就是指的这一时期。

到了母系氏族时期,古代先民已经开始种植粟和稻米。北方的仰韶文化的窖穴和墓葬中发现了大批粟粒,南方的河姆渡文化遗址发现了成堆的稻谷、谷壳、稻秆等,这表明我国是世界上最早人工种植水稻的国家。从此,原始先民开始以食用煮熟的粮食为主食,不再以烧烤的动物为主食。当时还种植了蔬菜,发明了陶器。人工饲养的家畜主要是猪和狗,人工养的猪和打猎来的鹿、獐、羚羊、野猪、野兔、飞鸟等动物成为主要肉食。人们可以在陶器中用火烧制米饭、稀饭和菜蔬、肉食,盛放水等饮料,食品更加味美可口了。到了原始社会末期,农业有了发展,粮食菜蔬的种植有了进步,马、牛、羊、鸡、猪、狗等六畜都已人工饲养,陶器的质量有了提高,人们的食品也丰富了。

（二）夏朝时期的饮食习俗

在夏朝时期,陶器成为最主要的炊饮用具,且造型、种类日益丰富,有豆、盘、盆、罐、鬲、爵等。另外,这一时期的饮食也具有"明贵贱,辨等列"的礼制教化作用以及团结宗族的作用。

由于在代表夏文化的河南偃师二里头遗址中出土了爵、觚、盉、斝等酒具,因而可以推断这一时期的人们已经有了饮酒习俗。另外,相传在这一时期有一种杜康酒,是用高粱一类谷物酿造而成的。

（三）商朝时期的饮食习俗

在商朝时期,农作物的种类变得丰富起来,包括黍、稷、麦、秬、菽（大豆）等,中原地区也种起了水稻,出土的甲骨文中都有相应的记载。另外,这一时期的肉食品种增多,主要有两个来源:一是渔猎所得,包括鱼、鳖、蚌、野兔、野猪、熊、虎、豹等;二是饲养所得,包括马、牛、羊、鸡、猪、狗等。据相传,商朝在进行食物烹饪时,开始注意调味,且以陶鬲、陶甑等蒸食炊具为主。

商朝的酿酒业相比夏朝也有了进一步发展,陶器和青铜器中的酒器在考古中发现很多,而且不论是贵族还是平民都有饮酒习俗。这表明,商朝时期有着十分浓厚的崇尚饮酒的习俗。

（四）西周时期的饮食习俗

在西周时期,农业生产有了进一步发展,但主食仍为稻、粱、黍、稷等。这一时期的肉食基本上还是贵族的特权,有牛、羊、猪、鱼等；蔬菜有苦瓜、萝卜、葫芦、葵芥、木耳等；果品有栗、瓜、桃、杏、梅、枣等。

西周由于有着森严的等级制度，因而在饮食的规格上和器具的使用上也有严格的规定。例如，周王饮食可用九鼎八簋，九鼎内盛放煮熟的肉食，八簋内盛放用黍、稷、麦、稻米煮成的米饭，用盘、豆、壶等盛放菜蔬、果品和酒水。诸侯用七鼎六簋，大夫用五鼎四簋，士用三鼎或一鼎。在祭祀时，酒宴的规模会更大，这样就造成了严重的浪费。到了孔子时代，这种现象依然很严重，就连尊周的孔子也对其过度的浪费提出了批评。而一般庶民的食品，主要是自己种的粮食菜蔬，食器主要是陶器，食品远没有贵族丰富。

（五）东周时期的饮食习俗

在东周时期，随着农业生产的发展，人们的食品更为丰富。主食为用稻、麦、黍、稷、菽等五谷煮成的食品，品种有糗（炒熟的米麦粒子）、饼、粥。副食分成肉食、蔬菜、瓜果、油脂、调料五大类：肉食的牲畜有牛、羊、猪、狗、雁、鱼；蔬菜种类大大增加，有芹、韭、荼、苴、葵、苣、葑、荠、菲、薇、落等；瓜果有杏、桃、梅、梨、枣、槁、柚、木瓜、海棠、桑葚等；油脂主要为动物油脂；调料有蒜、葱等。

在这一时期，食物的烹制方法也日益增多，有清炖、煎、红烧、焖、煮、卤、脍、炮烤等。另外，饮料从食品中独立出来，有水（凉水）、汤（热水）、浆（淡酒）、醴（甜酒）等。由于当时人饮的酒都是低度的淡酒，所以酒器很大，贵族饮宴时能喝很多。

东周时期的饮食器具主要有两大类，即青铜器和陶器，前者在贵族中使用，其式样有鼎、镬、鬲、甑等炊煮器，簋、豆、盆、盘等食器，尊、壶、卣等盛酒器，爵、觯、觚等饮酒器；后者多使用于民间。不过，由于东周是一个礼崩乐坏的时期，因而平民往往会使用贵族专属的饮食器具。

三、先秦时期的居住习俗

在先秦时期的社会习俗中,居住习俗也是十分重要的一个方面。

（一）史前时期的居住习俗

据相关资料记载,史前时期的先民最初是像鸟一样住在树上的。后来,先民开始了洞穴生活。洞穴的条件是非常恶劣的,阴暗潮湿,没有阳光,空气也不流通,但对于原始人来说,它能减少自然灾害和野兽的侵袭。因此,直到约一万年以后的母系氏族公社繁荣时期,才逐渐离开山洞,住到了人工建造的房屋之中。西安半坡氏族村落遗址是北方仰韶文化村落的典型,那里依山傍水,面积约 5 万平方米,呈椭圆形。居住区周围有深和宽各 5 ~ 6 米的壕沟围绕,用以保卫或取水之用。居住区中心是一座面积达 120 平方米的半地穴式建筑——大型圆角房屋,房中央有 4 个大柱穴和许多小柱穴,穴旁有厚层堆泥,房是用树木搭建,墙壁用结草敷泥,屋顶盖的是树皮和稻草,承重的柱子基部用厚泥打夯结实固定。大房的北面为一批或圆或方的小房,也是半地穴式建筑,门道开在南墙,进门入室要走下土制的阶梯,有柱子支撑屋顶。小房的门口都朝向大房,都基本向南。村落的壕沟以北为氏族墓地。从房屋的布局当中,我们可以看出:社会的基本单位就是氏族,一般来说,面积较大的房屋为氏族的议事活动中心,小房门口朝向大房表示氏族成员都服从氏族的领导,表明了氏族的地位和服从;小房分布在大房以北,其大门都向阳,便于采光通风;小房面积较小,正适合一夫一妻小家庭居住,反映了当时人们已由女系承继血统的族外群婚时代过渡到不牢固的一夫一妻制——对偶婚时代;氏族成员的房屋和墓地是相同级别的,说明了当时没有阶级之分,人与人还是处于绝对平等的关系,当时私有制还没有产生,人们生前在一个氏族中共同生产和活动,接受女性族长的领导,人人平等,死后也葬在了一起。

另外,在史前时期建造的房屋多是砖木结构的,其中,房屋承重的骨架是木头,且巧妙运用了榫卯结构技术,因而十分坚固。其中,榫是榫头,是木架或木器上稍小的突出部分;卯是卯眼,是木架或木器上凿出的洞眼,供榫头穿插。

（二）夏朝时期的居住习俗

据相关考古发现,夏朝的房屋建筑结构和仰韶文化的建筑非常类似。这一时期的建筑多是地穴式房屋和地面建筑房屋。其中,地穴式房屋的面积有 4 平方米左右,多是利用沟的断壁经过修整向内挖掘而成的,有圆形、椭圆形和圆角方形三种平面。

在这一时期,发现了一些大型宫殿基址,这表明夏朝的君主已经有了属于自己统治的宫殿,而这也是我国古代君王宫殿建筑的起始和开端。

（三）商朝时期的居住习俗

在商朝时期,都城建筑逐渐发展起来。郑州商城是盘庚迁殷前的商代中期都城,安阳殷都是商后期的都城,湖北黄陂盘龙城是长江流域商代的某方国的都城,除盘龙城较小外,北方三城发现的城墙基址均较大。这表明,商朝时贵族已生活在高大宽敞的宫室之中,城市已形成为一个居民集中的政治和工商业中心。另外,据考古发现,商朝的都城建筑中有很多雄伟壮观的宫殿,而在这些宫殿的周围有一些辅助设施,包括窖穴、水井、壕沟、排水沟等。这表明,当时已经有了较为完善的建筑设施。

商朝时期平民的居住条件相比贵族统治者来说要差很多,仍然是地穴式房屋和地面建筑房屋,且逐渐形成了一些大型村落。

（四）西周时期的居住习俗

在西周时期,房屋建筑还是以泥木为主,当时人们的房屋构造主要是半地穴式,墙根和地面都用火烧硬,称为"陶穴",后来开始建设宫殿和庙宇。这一时期房屋的建筑材料相比前代有了很大发展,出现了板瓦、筒瓦和瓦当等;房基是经夯实的土台,前有门塾,东西两侧为庑屋,各有八间,结构对称,已具备后代宫殿的"前朝后寝"的格局;建筑结构逐渐由砖木结构转变为砖瓦结构;建筑样式出现了干栏式等。

（五）东周时期的居住习俗

在东周时期,北方居民的建筑多是泥木结构,南方居民的建筑则多是砖木结构,这主要和当地的气候条件有关。另外,这一时期砖、瓦的使用更加普遍。

这一时期贵族居住的宫室建筑继续有所进步,其中宫一般指整座住房,室则指其中一个居住单位。大的宫室从南到北的排列是屏(照壁)、大门、庭、堂、室,庭就是后代所指的天井,用以通风取阳。堂为家人聚会接客之所,室为住处。庭的东西两侧有两排房称序,到后代称为两厢。堂和室之间有户(门)相通。堂和室间有窗,室北墙也有窗,室内有床。当时还无桌椅,人们坐在铺有草席的地上,坐姿为今跪姿,以抬高身位,用油灯照明。

这一时期平民已很少居住在地穴式或半地穴式的建筑中,而是改住草舍茅屋。但是,草舍茅屋是极为简陋的,因而平民的居住条件并没有实质性改善。

四、先秦时期的交通出行习俗

在先秦时期,不断有新的交通工具出现,并逐渐形成了丰富多样的交通出行习俗。

（一）史前时期的交通出行习俗

在距今约 7 000 年的河姆渡遗址中,出土了一只由原木剡成的船桨。这表明,在新石器时代早期的河姆渡文化中,舟楫已经成为先民的一种交通工具了。至于这一时期是否出现了牛马等交通工具,还有待进一步研究。

（二）夏朝时期的交通出行习俗

在夏朝时期,道路的修筑已经具有了一定规模和较高的规格;作为水上交通工具的船获得了进一步发展;出现了车这一陆路交通工具,但只有贵族统治者才能乘坐;马成为一种重要交通工具。但是,对于这一时期的人们来说,最主要的出行方式还是步行。

（三）商朝时期的交通出行习俗

在商朝时期,随着疆域的扩大,交通也日益发达。这一时期,修筑的道路数量增多,在道路中还会修建一定的道路设施,因而十分方便;车这一陆路交通工具有了进一步发展,还出现了人力拉的车;以马代步的情况有所增多,但出行仍然靠步行。

商朝时,水上交通也获得了进一步发展,既有划桨的小船,也有用绳牵引的大船。

（四）西周时期的交通出行习俗

西周时期,曾对全国的道路进行了规划建设,从而使道路变得四通八达。另外,这一时期的水路交通也日益发达,并运用到了军事行动之中。

（五）东周时期的交通出行习俗

在东周时期,由于战争以及各国使节往来频繁,因而出现了十分发达的交通。战车是这一时期中各国最为主要的交通工具,且战车的数量是对一个国家的军事力量进行衡量的重要指标。战车的动力是马,而日常运输用的大车的动力则是牛。这些车基本是由车厢、双轨和辕等构成的,但由于当时各自为政,因而车轨并不统一。另外,这一时期的车也有等级地位之分。一般来说,贵族乘马车,而平民只能乘牛车。

在这一时期,随着造船业的发达,船的类型增多,而且越来越多地运用到战争之中。

五、先秦时期的婚嫁习俗

在社会民俗生活中,婚嫁习俗是非常重要的一个方面。因此,在探讨先秦时期的社会习俗中,决不能忽视婚嫁习俗这一重要的内容。

（一）史前时期的婚嫁习俗

在史前时期,先民的婚姻最初是乱婚的。而乱婚现象的出现,主要是由当时极其低下的社会生产力造成的。后来,随着社会生产力的发展以及人们对不同辈分间性关系的反感,血缘群婚逐渐取代了乱婚。所谓血缘群婚,就是在同一个群体内,只有兄弟姐妹才可以出现性关系。在血缘群婚中,子女是只知其母而不知其父的。而且血缘群婚是近亲结合,因而后代出现先天缺陷甚至夭折的现象极多,氏族成员的素质也是十分低的。经过了很长一段时间后,原始先民随着知识的增多以及智力的提高,逐渐认识到了近亲结合的弊端,再加上不同氏族群落间的接触增多,而且需要联合起来进行狩猎或对付共同的敌人等,因而不同氏族的男女之间的接触日益增多,族外婚也逐渐出现,并最终取代了血缘群婚。

族外婚在最初时是秘密进行的,被承认后得到了大力普及。而在族外婚中,最为流行的婚媾方式是走访婚,即男子到另一氏族的女子处过夜,晚去早归。因此,族外婚的男女关系在最初是不稳定的,不论男女都可以和多个氏族的对象发生关系,而子女在出生后由母方抚养,因而子女也是只知其母而不知其父。后来,由于一些男女之间的感情较为稳定,再加上女方氏族对劳动力的需求比较急切,因而走访婚逐渐被对偶婚取代了。

在对偶婚中,男女生活在一起,共同照顾子女,因而子女在知道母亲的同时也知道了父亲。同时,这也表明在史前时期已经萌生了个体婚的夫妻观念。但是,这一婚姻形式是在母系氏族社会晚期产生的,组成的家庭不能独立于氏族存在,而且男方只是生前在女方氏族居住,死后要回到原来的氏族埋葬。另外,对偶婚中的男女不是一对一的关系,也就是说男女双方的关系是不稳固的。

随着社会生产力的不断提高以及农牧业生产的不断发展,男子在氏族中的地位不断提高,父系氏族社会逐渐取代了母系氏族社会。在这一时期,男子越来越重视血统关系的纯洁,并想要将财产传给后代。在其影响下,一夫一妻制或是一夫多妻制逐渐取代了对偶婚。

总的来说,史前时期的婚姻经历了从原始荒蛮的状态到一夫一妻制的过渡。

（二）夏朝时期的婚嫁习俗

在夏朝时期,婚姻形态和婚姻习俗相比之前都发生了较大变化。这一时期的婚姻往往与政治有着密切的关系,在婚姻形态上也不是单一的一夫一妻制,而是呈现出多种婚姻形态。另外,这一时期贵族王室的婚姻往往事关政局的稳定,因而极受重视。

（三）商朝时期的婚嫁习俗

商朝时期国王贵族的婚姻,主要是一夫一妻制,但实质上是一夫多妻制。另外,这一时期的贵族流行族外婚,男女婚姻被血缘家族支配着,因而贵族婚姻中的政治因素是非常明显的。另外,这一时期的贵族婚姻出现了一些类似的礼仪,如议婚、订婚、请期（即商定结婚吉日）、迎亲等。

（四）西周时期的婚嫁习俗

西周时期是十分注重礼仪教化的,因而对婚姻的礼仪规定也十分重视,并形成了一套严格的婚姻礼仪等级规定。

在这一时期,私有制获得了一定发展,私有意识也逐渐萌生。在其影响下,婚姻中的男性对女性的独占意识增加,从而使得一夫一妻制获得了进一步发展。但是,对于西周的王室、贵族和官员来说,其婚姻制度仍然是一妻多夫制,且妻子之间也有一定的等级。而妻子之间的等级划分简单来说就是嫡庶之分,这不仅关系着妻子的地位,而且关系着她们的儿子是否有财产继承权、王位或爵位的承袭权。另外,西周对于王室、贵族和官员的娶妻人数和等级也有一定的礼制规定。从这一点可以看出,真正的一夫一妻制只是针对娶不起妻的平民百姓而言的。

对于西周时期的青年男女来说,他们的婚姻并不是自由的,而是要听从"父母之命、媒妁之言"。不过,这一约束主要是对贵族青年来说的,下层贫民庶人在婚姻方面相比比较自由。

在这一时期,还形成了一些独特的婚姻礼仪,包括纳采(即男方请媒人到女方求婚,获得准许后便给女方送礼,一般是顺乎阴阳之意的大雁)、问名(即男方的礼物被女方接受后,男方便派人到女方对女子的姓名、生辰等进行询问)、纳吉(即男方得知女方的生辰后,到宗庙进行占卜,若是吉利则婚姻继续,否则婚姻就作罢)、纳徵(即给女方送聘礼)、请期(即男方派人到女方家对婚期进行约定)、亲迎(即新郎在确定的日子亲自迎娶女方,而时间要在黄昏之时)。男女双方在结婚后,通常第二天早上新娘要拜见公婆,三个月后还要跟随男方到宗庙对祖先进行祭拜,之后就正式成为男方家的一员。

（五）东周时期的婚嫁习俗

东周时期婚姻的一个重要特点,便是媵妾制在贵族中得到了广泛实施。所谓媵妾制,从一般贵族的层面来说,就是贵族在嫁女的同时,凡是与该贵族同姓的女子都要从嫁;从诸侯国的层面来说,就是一国在嫁女的同时,诸侯凡是与该国同姓,都要派女子作为陪嫁。但是,这一时期的诸侯不论是嫁女还是娶妻,既不会亲自护送,也不会亲自迎娶。同时,这一时期的婚姻仍然遵循"同姓不婚"。

在这一时期,婚姻除了要按照纳采、问名、纳吉、纳徵、请期、亲迎的顺序进行外,还出现了主婚之仪。所谓主婚之仪,也就是主持婚姻的礼仪,即周天子嫁女于诸侯时,要由诸侯中的同姓者主持;而诸侯嫁女于大夫时,要由大夫中的同姓者主持。这体现了这一时期的婚姻具有鲜明的尊卑等级。但是,这一时期的贵族婚姻在遵循礼制的同时,也出现了一些原始的婚姻遗俗,从而导致婚姻关系较为混乱。例如,烝、报式的婚嫁习俗。所谓烝是指嫡长子可以和父亲的妻妾发生婚姻关系,除了自己的生母以外;报是指儿子可以和叔母、伯母发生婚姻关系,他们同样可以成为自己的妻妾。

总的来说,东周时期的婚嫁习俗,既对西周时期的婚嫁礼仪有所沿袭,又出现了很多原始婚姻遗俗。

六、先秦时期的丧葬习俗

对于任何人来说,最终的归宿都是死亡。因此,在社会生活习俗中,丧葬习俗也是十分重要的一个方面。

(一)史前时期的丧葬习俗

在原始社会,先民对死去的尸体是不加处理的,这说明当时还没有形成丧葬习俗。而丧葬习俗的出现,与灵魂观念的产生有着密切的关系。人们认为人死后是会产生灵魂的,人的灵魂是有感觉的,它需要有一个安宁的去处,于是对其进行丧葬。当然,后来孟子也说,尸体扔到沟壑之后,会被动物吃掉,面目全非,所以才对尸体进行埋葬。这种说法也可以作为一种原因。

据相关文献记载和考古发现,最初的墓葬是非常简单的,而且没有棺椁之类。当人类进入母系氏族社会后,氏族居住在同一个村落,死后埋葬在同一个墓地,使鬼魂有共同的归宿,免受外族鬼魂的侵害。而这一时期的埋葬方式,最为主要的是土葬,此外还有火葬、天葬、水葬等。另外,这一时期的丧葬分为两种形式,即成人墓葬和儿童葬。

到了新石器时代晚期,墓葬仍然是成片出现的,但是龙山文化遗址的墓地集中出现的情况很少。与此同时,随着私有财产和阶级的出现,墓葬中随葬品的差别逐渐增大,而墓葬的外观也有很大的不同。因此,通过墓葬的外观和陪葬品的数量,可以大致对埋葬者的身份进行判断。

（二）夏朝时期的丧葬习俗

依据考古发现，在属于夏朝的二里头文化晚期遗址，其墓葬已明显分为大、中、小三种，这表明这一时期的墓葬形制大小体现着等级的不同。另外，在不同的墓葬中，陪葬品也有一定的差别。一般在大型墓中，陪葬品有青铜器、玉器等贵重物品，而在中型墓中，陪葬品多是陶器，且只有两三件，偶尔会有少量的石器和玉器。

（三）商朝时期的丧葬习俗

在商朝时期，丧葬有着严格的等级制度。一般而言，商王和王室贵族的墓葬有着较大的规模，而且在墓室的两端会有墓道，成"中"字、"甲"字或"亚"字；在墓室中会有大量的陪葬品，如玉器、青铜器、象牙器、石器、陶器、骨器等。另外，这一时期的贵族墓葬有着十分严重的殉葬情况。据相关资料记载，当时只要是贵族都有殉葬的情况。在商朝的晚期，在墓葬的附近出现了一种陪葬坑——车马坑，坑内埋有木质的车和拉车的马，同时还有殉葬人和兵器。

在这一时期，墓葬多呈长方形，死者葬式多为仰身直肢，随葬品多放在头前或两侧，以陶器为主，青铜器次之，一般有3~4件。墓底铺有朱砂，墓底中部有腰坑，其中经常有殉狗发现，有的墓室内有人殉。

（四）西周时期的丧葬习俗

在西周时期，丧葬制度有所革新，这主要表现在对厚葬习俗有所限制，即对墓葬的规模和随葬品的多少进行了明确规定。从周原遗址、丰镐遗址、洛阳庞家沟遗址、河南浚县辛村卫国墓地、北京房山琉璃河燕国遗址等发现的西周诸侯贵族的墓葬来看，墓葬的外观已经不如商朝的墓葬华丽，殉葬品也没有商朝那么多。整体上，整个墓葬都趋向于简洁。

这里需要特别指出的一点是，西周时期限制厚葬习俗并不意味着西周时期人们不重视丧葬。恰恰相反,这一时期的人们用一种重要的礼仪来确定丧葬形式,目的是为了表达对祖先的思慕和怀念,同时也是为了从事死引出事生,培养后辈的孝道。此外,西周时期的丧葬礼仪的制定也是等级观念的一种体现。

有关西周时期的丧葬之礼,依据相关记载,主要有四个:一是初死之礼,一般包括属纩(即将很轻的新絮"纩"放在死者的口鼻来测试其是否真的断气)、复(即举行为死者招魂的仪式)、尸体整饰(即对尸体进行整饰,包括给尸体沐浴,在死者口中放入玉、贝或饭食,给死者穿上衣服等)、立丧主、讣等内容;二是停柩之礼,即将尸体移入棺内,接到讣告者亲自或派人前往吊丧,而吊丧者的服装有一定的规定,并且要与丧主一起跳跃,表示哀痛之至,另外吊丧者还要送给死者和丧主东西,统称为赙赠;三是埋葬之礼,这是丧葬礼仪中最为隆重的部分,大致包括朝祖、陈明器、启殡、下圹等过程;四是葬后之礼,即死者下葬后的礼仪,包括反哭、虞祭、卒哭等。其中,反哭就是丧主奉死者神位返家而哭;虞祭是为了祝死者的灵魂得到安息,一般要举行三次;卒哭就是朝夕各哭一次。

(五)东周时期的丧葬习俗

东周时期的丧葬,对西周时期的丧葬礼仪既有继承又有发展,突出地表现在各诸侯国厚葬之风又起,不合礼仪的丧葬并不少见。

有关这一时期王侯贵族丧葬的特点,可以透过发现于河南省三门峡市陕县城东的春秋战国时期小国虢国的丧葬情况看出。虢国的太子墓随葬品有铜编钟、铜甬钟、铜兵车等,其车马坑有车10辆,马20匹;国君墓出土文物3 200余件,仅青铜器就有1 700余件,其中礼器56件,兵器220余件。在墓葬的附近,还有车马坑陪葬。

就当前来说,发现的这一时期最大的陵墓是陕西的秦公1号大墓,全长300米,面积约5 334平方米,有东西墓道,墓室周壁有三层台阶,底部三层台内为椁室,分主副两部分,各有柏木椁一套。主椁室四周由枋木垒砌而成,顶盖为三层枋木。椁的底部、四周和盖上都填有木炭。可以说墓葬规模宏大,非常奢侈。另外,在这一墓室的墓道内发现人殉 166 人,规模之大,非常惊人。这表明,东周时期仍然存在着严重的殉葬习俗。

第二节　从官学到私学

早在远古时期,先民在与大自然作斗争的过程中就积累了十分丰富的生产与生活经验。而这些经验通常由年长者传授给下一代,于是最初的教育便产生了。后来,随着社会生产力的不断发展、国家的产生以及脑力劳动与体力劳动分工的出现,专门的教育机构即学校出现了。学校最初是掌握在国家和官府手中的,因而这样的学校教育也可以称为"官学"。后来,随着战争频繁、社会激变,作为上层建筑的学校逐渐"崩坏",于是官学逐渐衰落、私学逐渐兴起。

一、官学的出现

在夏朝时期,我国便产生了学校。对此,相关文献中曾有记载,但目前为止还未得到证实。而商朝时期已有学校,不论是从文献资料还是从古文字材料中,都能得到证实。进入西周后,学校教育获得了进一步发展,最为鲜明的特征便是"学在官府"。这标志着官方把持学术和教育的官学出现了。

(一)官学的建置

在西周时期,官学有国学和乡学之分,下面具体进行介绍。

1. 国学

在西周时期,国学分为三类:一是天子大学;二是诸侯泮宫；三是小学。

（1）天子大学

有关西周时期的天子大学，经传有"四学"和"五学"之说。例如，在《礼记》的《王制》《内则》《明堂位》《文王世子》等篇中，提到了上庠、东序、瞽宗、辟雍诸学。而在《周礼·大司乐》中，提到成均之学。《大戴礼记·保傅》中说有东西南北四学。不过，历代的学者对于"四学"和"五学"名称的认识存在着较大分歧。直到清朝时期，经过儒生黄以周和孙诒让的考证，才明确了东学即东序，西学即瞽宗，北学即上庠，南学即成均，这就是所谓的"四学"。而在"四学"的基础上再加上辟雍，便成为"五学"。但是，"五学"是建在一处还是各自别为一宫，历代学者也有不同的意见。宋人陆佃认为，"五学"是建在一处的，只不过依据方位分成了东、西、南、北学和中间的辟雍。对于陆佃的这一看法，孙诒让并不认可。但就当前的研究来说，陆佃的看法是较为合理的。

既然"五学"都是天子大学且建在一处，那么它是一所大学还是五所大学？对于这一问题，学者们也未形成一致看法。《大戴礼记·保傅》引古《学礼》云："帝入东学，上亲而贵仁，则亲疏有序，如思相及矣。帝入南学，上齿而贵信，则长幼有差，如民不诬矣。帝入西学，上贤而贵德。帝入北学，上贵而尊爵。帝入太学，承师问道。"由此可以推断，东学也即东序，是习舞、学干戈羽龠的地方，由乐师主持；西学即瞽宗，是演习礼仪、祭祀先贤的地方，由礼宫主持；北学即上庠，是学书的地方，由诏书者主持；南学即《周礼·大司乐》所说的成均，是学乐的地方，由大司乐主持；太学即中央之学，又称辟雍，是天子祀先圣先师、出师受戒、承师问道的地方。因此，五学应该是一个整体，总体的名称是辟雍或是成均。对此，近人胡士莹有着更为明确的解释："余谓周代大学，原只一所。其名有五者，犹今日大学中，有文哲学院、美术学院之设立，初非有尊卑之别也。其总名，意或先称成均，后乃改辟雍，亦未可知。"

有关西周时期辟雍的数量，依据较早的文献记载是有两处。

后经考证,这两处辟雍实为同一个。辟雍一般四周有水池环绕,还会有大片的园林环绕于其附近,以便于武艺的训练以及渔猎练习。另外,辟雍有着特别的形制——"水旋丘如璧",也有着较大的规模,因而在西周时期并不普遍。至于辟雍的性质,有学者指出其类似于"明堂""太庙""大室",因而又是朝诸侯、献俘馘和祖考的地方。从这一点来说,辟雍并非是专门的教育机构。

（2）诸侯泮宫

西周在建立后实施了分封制,因而西周的国家结构可以说是王权领导下的地方自治。封诸在受封后,就可以分官设职,建立军队,建立学校。《诗经·鲁颂·泮水》序称"泮水,颂僖公能修泮宫也"。毛传郑笺皆谓泮水,泮宫之水也。这表明,鲁国设有自己的大学,即泮宫。对此,学者们有着不同的看法。例如,宋朝的戴埴、明朝的杨慎认为,泮宫就是建立在泮水旁的宫,与楚国的诸宫、晋的厩祈是相同的,而且诸侯列国的大学不可能都建在泮水旁。虽然学者们对于诸侯列国的大学称为泮宫持不同意见,但不可否认的是,这一时期的诸侯列国是存在大学的,而泮宫只是对这一时期诸侯大学的通称。

西周时期的诸侯泮宫,在性质以及形制结构上类似于辟雍,因而其也并非专门的教育机构。

（3）小学

有关西周时期的小学,《礼记》《大戴礼记·保傅》等文献中多有记载。另外,发现的西周青铜器铭文,也对西周时期的小学有所记载。例如,康王二十三年的《大盂鼎》上写有文字:"女妹辰有大服,余惟即朕小学……"这表明,西周时期确实是存在小学的。

西周时期的小学设置,依据《礼记·王制》的记载,是在周天子的命令下设立的。而实际上,西周时期的小学有天子小学和诸侯小学之分,天子小学设立的地点是国中王宫南之左,诸侯小学设立的地点是诸侯的公宫附近,以便于贵胄子弟上学。

2. 乡学

在西周时期,乡学是设于乡间的地方学校。而这一时期乡学的设立,是有一定的规定的,即周天子王畿六乡,诸侯大国有三乡。也就是说,王畿六乡有学、诸侯大国三乡有学。六遂、三遂属"野",无学。

（二）官学的入学限制

在西周时期,官学入学是有一定的资格和年龄限制的。

1. 官学入学的资格限制

西周时期官学入学的资格,换句话来说就是西周时期有哪些人有权利接受教育。依据相关文献以及相关学者的研究,西周时期统治阶级的子弟以及自由平民（国人）有受教育的权利,而广大的被统治者（野人）是没有权利接受教育的。

（1）国学的入学资格

在西周时期,有资格进入国学的主要有以下两类人:一是天子,二是公卿大夫的子弟。对此,《礼记·王制》有着更加具体的说明,即"王大子,王子（王之庶子）,群后之大子,卿、大夫、元士之嫡子,国之俊选,皆造焉"。

（2）乡学的入学资格

在西周时期,有资格进入乡学的主要是乡人的子弟。不过,乡人的子弟也是有机会进入国学学习的,即因德行超众而被选入国学受教。《礼记·王制》说:"命乡论秀士,升之司徒曰选士,司徒论选士之秀者而升之学,曰俊士。升于司徒者,不征于乡,升于学者不征于司徒,曰造士。"而乡人的子弟一旦被选中、荐举入国学并学有成就,则其社会和经济地位都会得到大大改善,即成为国家的低级官吏,同时免除赋役。

2. 官学入学的年龄限制

对于官学的入学年龄,礼经中并没有明文进行阐述。但是,在其他的书中,有关官学的入学年龄存在不同的说法。例如,《大戴礼记·保傅》说:"古者,王子年八岁而出就外舍,学小艺焉,履小节焉。束发而就大学,学大艺焉,履大节焉。"《汉书·食货志》说:"八岁入小学,学六甲五方书计之事,始知室家长幼之节。十五入大学,学先圣礼乐,而知朝廷君臣之礼。"《尚书大传·周传》说:"古之帝王者,必立大学、小学。使王太子、王子、群后之子,以至公、卿、大夫、元士之遹子,十有三年始入小学,见小节焉,践小义焉。年二十入大学,见大节焉,践大义焉。"又云:"十五年入小学,十八入大学者。谓诸子姓晚成者,至十五入小学。其早成者,十八入大学。"

对书中有关官学入学年龄的说法进行总结,可以得出以下两种结论:一是小学入学年龄是 8 岁,大学入学年龄是 15 岁;二是小学入学年龄是 13 岁,大学入学年龄是 20 岁。

（三）官学的教师

依据发现于西周的铜器铭文,职官之师一般都写作师。依据相关学者的统计,称师的职官材料在西周的铜器铭文中出现了约 80 次。对这些材料进行分析,可以得出"师"执掌的方面,具体来说有以下几个。

第一,率领军队参与战争的军事长官。

第二,周天子禁卫部队的长官。

第三,陪伴周天子巡视地方的人。

第四,管理周天子和诸侯王的王室事务的人。

第五,周天子和诸侯王的司寇和司土。

第六,管理周天子和诸侯王旗帜的人。

第七,负责周天子和诸侯王教育之事的人。

由此可以知道,在西周时期"师"是包括行政长官和军事长官的。而这一点,恰好既证明了西周教育政教合一、官师合一的特点,也说明了西周时期尚无专职的教师。

（四）官学的教学内容

在西周时期,官学的教学内容对于国学和乡学来说,也存在较大的差异。

1. 国学的教学内容

在西周时期,国子是国学的教育对象,而他们的德、行、艺、仪对于统治阶级来说是十分重要的。因此,西周时期国学的教学内容可以简单地概括为礼、乐、射、御、书、数六个方面,即"六艺"。

（1）礼

在西周国学中,礼是一门非常重要的课程。对于国子来说,礼既是他们的修身之要,也是他们的用世之具。就是到了东周这一礼崩乐坏的时期,教育家孔子仍然对礼高度重视,认为"不学礼,无以立""不知礼,无以立也"。

何为礼？礼就是在阶级社会中,统治阶级为了对自己的阶级意志进行贯彻、对自己统治的社会秩序进行维护、对自己的政治设施进行推行而建立起来的一些制度规范。具体到西周社会而言,礼主要是为了对贵贱尊卑进行区别,即"礼不下庶人"。另外,在西周的统治阶级内部,尊卑也是鲜明存在的,也需要用礼来进行规范与约束,以防发生"僭越"之事。从这一角度来说,礼可以说是西周国学的一门政治伦理课。而这门课的内容,具体来说包括以下两个方面。

第一,表示各等级差别的"名物度数",包括宫室、衣服、车马、器皿等。

第二,对不同地位、身份的人在各种场合的仪容动作进行规定的"礼仪"。一般而言,这种礼仪是需要贵族子弟从小就开始学习的,并在长大后切实实施。

（2）乐

在西周时期,在各种礼典举行的时候,往往都会配有合适的音乐。因此,这一时期的乐和礼是紧密联系在一起的。另外,这一时期的乐有着十分广泛的内容,还与诗歌和舞蹈是三位一体的。《诗经·郑风·子衿》郑笺:"古者教以诗乐,诵之、歌之、弦之、舞之。"

（3）射

射简单来说就是射箭，也是西周国学中一门十分重要的课程。西周是以"国之大事，在祀与戎"为立国的根本国策的，因而其在推翻商朝统治者并建立了周朝后，对军事教育以及忠于自己的武士的培养自然十分重视。

西周时期国学中的"射"，在《仪礼》中谓之"大射"。《周礼》中保氏所教六艺中有"五射"。据郑司农的解释，此五射为白矢、参连、剡注、襄尺、井仪。

（4）御

御简单来说就是驾车。在西周时期，车战是最为主要的战斗形式，因而统治阶级对于国子的驾车能力也是非常重视的，因此在教学中加入了"御"这一内容。

西周时期御的教练有五种，即是鸣和鸾、逐水曲、过君表、舞交衢、逐禽左，简称"五御"。另外，五御有着极其严格的要求，必须要能够沉着、敏捷、熟练地驾御车子。

（5）书

有关西周时期国学的教学内容"书"或者说"六书"，汉儒的解释是文字构形之学。例如，班固在《汉书·艺文志》中说："古者八岁入小学，故《周官》保氏掌养国子，教之六书谓象形，象事，象意，象声，转注，假借，造字之本也。"许慎在《说文解字序》中说："周礼，八岁入小学，保氏教国子，先以六书：一曰指事……二曰象形……三曰形声……四曰会意……五曰转注……六曰假借。"对于汉儒对"书"的解释，多年来为人所诟病。

实际上，西周小学所学习的"书"或者说"六书"，据张政烺考定是六甲。所谓"六甲"，就是六旬，以十干配十二支，其小公倍数为六十，凡排天干六次，地支五次，而后一周。因此，学书也就是学习书写六十甲子。

（6）数

有关西周时期国学的教学内容"数"，据郑众之说包括九个方面,即方田、粟米、差分、少广、商功、均输、方程、赢不足、旁要。不过,有关这九个方面的具体内容,现在已不可考。

2.乡学的教学内容

在西周时期,平民是乡学的教育对象。他们与国子相比,在身份上有较大差异。因此,他们所学的内容与国子相比存在较大差异。具体来说,国学的教学内容有着十分浓厚的"文"的特色,因而对于礼乐十分重视。由于"礼不下庶人",因而乡学中的平民是没有权利和资格学习"礼乐"的。而乡学的教学内容,依据相关的文献记载,主要包括以下几个方面。

第一,社会伦理道德教育。

第二,基本的生产技能教育。

第三,军事训练。

第四,文化基础知识教育。

由乡学的教学内容可以得知,西周时期不论是国学还是乡学,对于德行教育都是十分重视的。这从一定程度上来说,确保了西周统治秩序和社会秩序的稳定。

（五）官学的衰落

在西周末期以及春秋时代之初,周王室日益衰微,周天子地位衰微,礼乐征伐"自天子出"也变成了"自诸侯或大夫出"。在这样一个"礼坏乐崩"的时代,作为上层建筑的官学逐渐衰落。

关于官学衰落的原因,最重要的应该是孔子所说的"天子失官,学在四夷"。而"天子失官"主要是因西周的灭亡和春秋时期诸侯纷争而导致的。具体来说,在西周灭亡后,春秋时代的诸侯忙于战争,自然无暇顾及兴学,学校教育自然不可能有所发展。在其影响下,官学必然就衰落了。

二、私学的兴起

春秋时代官学衰落,而人们对教育又有着极大需求,于是顺应形势的私学便产生了。

（一）私学兴起的原因

在中国历史上，私学的出现是一件大事，它标志着西周以来奴隶制官学垄断局面被打破了，并促使思想文化出现了空前繁荣的景象。而至于私学产生的具体时间以及由何人创立，当前并无确定的资料。但可以肯定的是，私学的兴起具有极其重要的意义。而至于私学产生的原因，具体来说有以下两个。

1. 学术出现下移趋势

自东周平王东迁之后，文物丧失，王官失了职守。于是，服务于统治阶级的知识分子便出现了四处流散现象。这些人流落民间，自然导致学术、文化出现了下移趋势。于是，原本深藏于官府之内、只传授于贵族的典籍开始向民间传授。这可以说为私学的出现提供了极其重要的条件。

对于这一时期的学术下移现象，《庄子·天下篇》中有着大致概括："其明而在数度者，旧法世传之史，尚多有之。其在于《诗》、《书》、《礼》、《乐》者，邹鲁之士、缙绅先生，多能明之。《诗》以道志……其数散于天下，而设于中国者，百家之学，时或称而道之。"

2. 士阶层逐渐崛起

在先秦时期，"士"有着十分复杂的含义。在春秋之前，士是一个等级的代称，多以充当武士为业。自春秋时代起，士不再是一个等级，而是成了一个阶层。如果说等级是政府明令规定的，而社会阶层则由多种因素形成，主要的是社会活动形式。另外，此时的士多为文士，武士数量不断减少。而这些拥有较为丰富文化的文士在获得了迅速发展后，形成了一个阶层活跃于社会舞台。与此同时，他们不远千里地载书进行游宦，上说下教。在其影响下，学术文化也日益下移，从而使得教育开始面向社会。与此同时，文士中的很多人依凭自己的知识成为教师，向其他人传授自己的知识。于是,私学开始出现了,并获得了迅速发展。

（二）私学兴起的表现

私学在兴起后,发展十分迅速。其中,办私学最成功、规模最大且影响最为深远的是孔子私学。除此之外,墨子私学也是较为成功的。而除了孔墨私学外,儒家私学、道家私学、法家私学等各具特色的其他各派私学纷纷出现,于是出现了诸子百家之学。在这一时期,还出现了一个特殊的私学,即稷下学宫。在这里,将着重介绍一下孔子私学和稷下学宫。

1. 孔子私学

孔子对于中国学术和文化的发展有着极其重要的贡献,对此前贤著述已有很多。在这里,将着重阐述一下孔子私学的相关内容。

（1）孔子私学的教育对象

对于孔子私学来说,教育对象上的"有教无类"是其最伟大的创举。所谓"有教无类",就是所有的人不分尊卑贵贱、不问出身、不分地域,都可以接受教育。在其影响下,教育的对象得到了大大扩展。《吕氏春秋·有度篇》称孔子"弟子徒属,充满天下"。《史记·仲尼弟子列传》又说"孔子弟子三千"。虽然"三千"在这里是一个虚拟之词,但却充分表明孔子的弟子之多。

（2）孔子私学的教学内容

《史记·孔子世家》中说:"孔子以诗、书、礼、乐教弟子,弟子盖三千焉,身通六艺者七十有二人。"《论语·述而篇》中说:"子以四教:文、行、忠、信。子所雅言,《诗》《书》、执礼。"《礼记·经解》引述孔子之语曰:"入其国,其教可知也。其为人也,温柔敦厚,《诗》教也;疏通知远,《书》教也;广博易良,《乐》教也;洁静精微,《易》教也;恭俭庄敬,《礼》教也;属辞比事,《春秋》教也。"

由上面这些文献记载可以知道,孔子私学的教学内容,大致来说包括文（即历代文献知识）、行（即社会生活实践）、忠（即对人忠实）、信（即对人讲究信用）四个方面以及《诗》《书》《礼》《乐》《易》《春秋》等六个科目。

《诗》就是今日流传的《诗经》，是孔子为了教学而编选的一套诗歌总集。它收集了上自西周初年（公元前 11 世纪）下迄春秋中叶（公元前 6 世纪）约五百年的诗歌，共有 305 篇，按照音乐的不同，可以分为风、雅、颂三类。孔子对于《诗》教是十分重视的，将它看成是培养学生的道德、陶冶学生的性情、锻炼学生的语言表达能力的一个重要手段。

《书》是孔子编写的一本教材，在秦朝时期由于焚书坑儒，已经无法得知其原貌。不过，依据《尚书大传》的记载，可以推测《书》是孔子进行政治教育和历史教育的重要资料。

《礼》自西周时期便产生了，孔子只是对其进行了沿袭。孔子对于礼是十分重视的，在他看来礼是立身处世不可或缺的行动准则。

《乐》即《乐经》，但目前尚不可考，而且无法确定是亡佚了还是根本没有这本书。但不可否认的是，孔子的教学中确实有"乐"这一项内容，并把它当成是修身的重要手段。

《易》对于孔子的思想有着直接表现。《论语·述而》记孔子自己的话"加我数年，五十以学《易》，可以无大过矣"。由此可知，孔子对于《易》是十分重视的。

《春秋》与孔子的关涉是极大的，《孟子·滕文公下》中说："世衰道微，邪说暴行。臣弑其君者有之，子弑其父者有之。孔子惧，作《春秋》。《春秋》天子之事也，是故孔子曰：'知我者，其唯《春秋》乎！罪我者，其唯《春秋》乎！'"由此可以知道，孔子作《春秋》主要是为了明义。

（3）孔子私学的教学方法

孔子在开展私学的过程中，创作了很多有效的教学方法，其中最为重要的有以下几个。

第一，学思并重。孔子说："学而不思则罔，思而不学则殆。"在孔子看来，学和思都是十分重要的，只有对两者都十分重视并将两者进行有机结合,才能更好地进行学习。

第二,因材施教。孔子的门人弟子中,智质并非是相同的,而是存在高下之分。而他在进行教学时,会依据弟子的具体情况,采用有针对性的办法,即"中人以上,可以语上也。中人以下,不可以语上也"。

第三,启发问答。《论语·述而》说:"子曰:'不愤不启,不悱不发,举一隅不以三隅反,则不复也。'"孔子认为,当学生对问题进行了深入思考且实在无法想通时,就要在关键处对其进行一定的点拨,以使其豁然开通。而学生在想通后,要通过举一反三的方式,使自己达到更高的境界。

2. 稷下学宫

在战国时期,养士之风盛行,各国的诸侯以及一些当权的贵族都大量养士。但是,诸侯以及贵族所养的士中,只有一些知名学士,大多数还是"鸡鸣狗盗"之徒。只有齐国的稷下学宫可以算是学问的中心。

稷下学宫始建的时间,当前已不可考。徐干在《中论·亡国篇》说:"昔齐桓公立稷下之宫,设大夫之号,招致贤人而尊宠之。自孟轲之徒皆游于齐。"依据这一说法,早在齐桓公时期稷下学宫就已经出现了。而稷下学宫存在的历史,大致有100多年,与齐国政权是相伴随的。

有关稷下学宫的规模,《史记·田敬仲完世家》中说:"宣王喜文学游说之士……是以齐稷下学士复盛,且数百千人。"

在稷下学宫中游学的各派人士,便是稷下学士,既有先生也有学生。其中,稷下先生据司马迁所说有76人,但实际可考者只有几人。而稷下先生的活动,以"议"为主,其中最常议论的是政事,这表明他们对于政治是十分关心的。此外,人性、世界本源、天与人、养生、大一统、五行说等内容也在稷下先生的议论之中。这表明,稷下先生"议"的范围是十分广泛的。

第三节　先秦时期的宗教信仰

在先秦时期,不论是贵族还是平民都有着浓厚的宗教信仰。而这一时期的宗教信仰,总体来说包括三个方面,即崇拜天、神和祖先。

一、崇拜天

有不少学者认为,自夏朝时期起,天神宗教观念便已经产生了。到了周朝时,天神被称为"帝"。但在当前,对于商朝时期是否已经出现了作为至上神的"帝",学者们还未形成一致观点。较早期的一些学者认为,商人的卜辞中出现的"帝"就是上帝,是至上神。但是,随着认识的不断深化以及研究资料的增多,现在很多学者倾向于认为商朝的"帝"或"天"并不是至上神,而是众神之一。而真正作为至上神的"帝"或"天",是在周朝时期才出现的。《诗经·文王》说:"文王陟降,在帝左右。"《诗经·大明》又说:"维此文王,小心翼翼,昭事上帝,聿怀多福。"这既表明在周人看来祖先的道德与天帝是相配的,因而能够在天帝左右;也表明周朝的祖先神相比天帝来说,是一种从属地位。

由于在周朝时天帝是至上神,因而受到了周人的隆重祭祀。在当时,有祭天权利的只有周天子。在每年的春季和冬季,都会举行祭天仪式。其中,在春季祭天是为了祈祷丰年,在冬季祭天则是为了对天神的恩德进行报答。另外,周天子在每次祭天时,都会有非常隆重的礼仪,但是祭品"有以少为贵者,无子无介,祭天特牲"(《礼记·礼器》)。

二、崇拜神

先秦时期出现的诸神崇拜,总体来说包括两类:一是对天上诸神的崇拜;二是对地上诸神的崇拜。

(一)对天上诸神的崇拜

在人类早期,人们对自然的征服能力还比较弱,再加之人们对自然界的认识不足,导致人们对自然界的天体充满了敬畏感,久而久之就产生了对天上诸神的崇拜。具体来说,先秦时期信仰的天上诸神主要有以下几个。

1. 日神

在日月星辰中,对人类影响最大、最受关注的是太阳。世界上的很多民族都对太阳有着特殊青睐,中国先民也不例外。在世界上,很多民族都对太阳给予了特殊的青睐,中国的先民也是如此。太阳循环往复的出现,带给人们光线上的差异;既可以在寒冷的冬天给人温暖,也可以在炎热的夏季给人带来酷暑;既可以在风调雨顺的情况下使作物正常生长,又可以在干旱的情况下仍然光芒四射,使大地干裂,颗粒无收。这样的太阳对于先民来说是极其神秘的,因而对其充满了敬畏。

有关先秦时期的人们敬畏太阳这一点,考古出土的彩陶有所印证。在新石器时代,属于仰韶文化的河南陕县庙底沟遗址、郑州大河村遗址等地出土的原始彩陶上就发现有太阳纹饰。此外,山东大汶口文化遗址发现的陶器上、内蒙古狼山的原始岩画上都出现了类似太阳的纹饰,这充分表明当时的人们对日落、日出的观察和重视。另外,在先秦时期的《山海经》《淮南子》等典籍中,也记载了一些有关太阳的传说。《山海经·大荒南经》说:"东南海之外,甘水之间,有羲和之国,有女子名曰羲和,方日浴于甘渊。羲和者,帝俊之妻,生十日。"《山海经·大荒东经》又说:"汤谷上有扶木,一日方至,一日方出,皆载于乌。"而据《淮南子·本经训》:"逮至尧之时,十日并出,焦禾稼,杀草木,而民无所食。尧乃使羿……上射十日而下杀猰貐。"此外,依据一些学者的考证,当时部落酋长的称谓也多与太阳有关,如黄帝、炎帝等。根据《礼记·祭义》记载,夏、商、周都有祭日的习惯。

在夏朝时期,日食现象已经引起了人们的恐慌。《左传》昭公十七年引《夏书》曰:"辰不集于房,瞽奏鼓,啬夫驰,庶人走。"杜预注云:"逸书也。集,安也。房,舍也。日月不安于舍则食。"另外,夏朝时期的人们往往将太阳与灾象联系在一起。《竹书纪年》云:"胤甲居于河西,天有妖孽,十日并出,其年胤甲陟。"《墨子·非攻下》则称:"至乎夏王桀,天有牿(同酷)命,日月不时,寒暑杂至,五谷焦死。"

到了商朝时期,人们对太阳的看法基本上与夏朝相同,认为是太阳主宰着自然界的一切,唯一不同的是,人们认为太阳既会带来灾难,也会带来吉祥。依据出现于商朝的《尚书·尧典》的记载,朝夕迎送日神的礼仪在商朝时期就已经出现了。

在西周时期,人们明确把日神作为祭祀对象,并且规定了祭日的时间。与此同时,人们还将日神拟人化了,名之曰"东君""东皇太一"。

在东周时期,祭日的典礼还保留着,每到祭日的这一天,鼓乐齐鸣,宰杀牲畜,相当隆重。

2. 月神

对于先秦时期的人们来说,月亮的阴晴圆缺也是十分神秘的,因而对其产生了敬畏。在这一时期,有关月亮的最著名神话就是"嫦娥奔月"。在新石器时代仰韶文化时期,一些出土的陶器上已经有月形纹。在一些原始岩画中,月亮被和太阳一起描绘为天上的群神。

由于月亮的体积小于太阳,因此先秦时期的人们对它的崇拜不如对太阳的崇拜多。甲骨卜辞中只有关于月食的占卜,而没有关于月神祭祀的记载,所以一些学者就判断,在当时人们的心目中月亮的地位没有太阳重要。《礼记·祭义》中说:"郊之祭,大报天而主日,配以月。"这说明,在当时月亮是属于从属地位的。

3. 气象诸神

在先秦时期,气象的多变也使人们感到十分神秘,因而将主管气象的神称为气象诸神。而在气象诸神中,与人类关系最大、最受重视的是风神和雨神。

就风神来说,从甲骨卜辞来看,商朝祭拜风神的目的主要有两个:一个是让风来;另一个是让风走。而商朝在祭祀风神时,使用的牲畜是狗。到了周朝时期,楚国和中原北方对风神的称谓不同,楚国称为"飞廉",中原北方则称为"风伯""风师"。

就雨神来说,人类自从事农业生产以来,便对降雨有着极大依赖。雨水充沛,人们才可能获得丰收;雨水不足,人们就容易遭遇干旱、饥荒等灾难。此外,当雨水过多时,人们也会遭受巨大灾难,即洪涝。《墨子·七患》曰:"夏书曰:禹七年水;殷书曰:汤五年旱。此其离(罹)凶饿甚矣。"因此,早期人类对于雨水非常重视。祭祀雨神的现象,早在商朝时期就已经出现了。此外,商朝出土的卜辞中也有关于去雨、退雨、宁雨以及求雨的记载,致祭的对象则一般不是雨神,而是方神、土地山川神、商人祖先等。这表明,在当时降雨、止雨并非雨神的特权,还有很多其他神灵可以降雨、止雨。

(二)对地上诸神的崇拜

在先秦时期,人们认为土地上万物的生长与地上诸神的保护是分不开的。虽然大地不能主宰万物的命运,但是其养育万物的功劳也是相当大的,因此古人往往把大地比喻为万物之母。人类生存的一切都依赖于土地,是土地让人们得以生存,当然,土地也可以让人类毁灭。地震、海啸等都会给人类造成灾难。对此,人类认为土地上的神灵也是有脾气的,只有崇拜并祭祀他们,人们的生活才会安宁。具体来说,先秦时期信仰的地上诸神主要有以下几个。

1. 山神

在先秦时期人们的观念中,巍峨峻峭的高山是接近天的地方,而且山川具有制造风雨的能力,而风雨对农业生产有着重大影响。因此,这一时期的人们对神秘的山川也是十分敬畏的。《尚书》记载虞舜巡狩四岳,"望于山川,遍于群神"。后世关于帝王祭祀名山的记载比比皆是。据《左传》哀公六年记载,楚昭王患病,卜官占卜认为是"河为祟",这说明,在古人心目中山川还有使人得病的神力。

2. 土地神

对于先秦时期的人们来说,土地是其居住的地方,也是其获取生产和生活资料的最主要、最直接的来源,因此在地上诸神中最受崇拜、受到最多祭祀的便是土地神。《礼记·郊特牲》云:"社,所以神地之道也。地载万物,天垂象,取财于地,取法于天,是亦尊天而亲地也,故教民美报焉。"

在夏朝时期,土地神崇拜就已经出现了。《史记·封禅书》说:"自禹兴而修社祀,郊社所从来,尚矣。"到了商朝时期,土地神简称为土神,而且对土地神的祭祀已经摆脱了原始土地崇拜的性质。原因在于,这一时期的人们认为土地神既掌管农业的丰收与否,也掌管气候条件的好坏。进入西周后,土地神被明确称为"社",成为国家的保护神。另外,这一时期不同等级、行政单位都立有社。《礼记·祭法》曰:"王为群姓立社,曰大社。王自为立社,曰王社。诸侯为百姓立社,曰国社。诸侯自为立社,曰侯社。大夫以下成群立社,曰置社。"在东周时期,社祭在继承西周传统的基础上又有所发展,当时从国家到州、县、里都有社,并举行社祭,它的职能逐渐从掌管土地事务过渡到各级社会的保护神。

3. 河神

在商朝时期,河神祭祀有着十分隆重的礼仪,有关卜辞不下五百条。而这一时期的"河",主要指的是黄河。在商朝卜辞中,也有关于祭祀其他河流的记载,但在次数上远远不能与黄河相比。

到了周朝时,河神的数量增多,长江、黄河、淮河、济水被称为"四渎",列于天地神位之旁享受祭祀。另外,这一时期的河神不仅可以祈雨,还可以祈求战争胜利、救灭大火等。

4. 谷神

对于先秦时期的人们来说,地上的农作物是其填饱肚子最直接的来源,因而对谷神也相当崇拜。

由于谷物的种类众多,不能一一祭拜,于是先秦时期的人们以稷为谷物的总称,周朝时期称谷神为稷。《白虎通·社稷》说:"人非土不立,非谷不食……五谷众多,不可一一祭也……稷,五谷之长,故立稷而祭之也。"

三、崇拜祖先

先秦时期的祖先崇拜,是在鬼魂观念产生的基础上产生的。根据考古发现,山顶洞人的洞穴中出现了随葬品,表明早在旧石器时代已经有灵魂观念产生。《礼记·祭法》曰:"人死曰鬼。"在古人看来,人死之后,灵魂离开肉体,没有依附,形成所谓的"魂魄"。而人死后埋葬时,要把死者生前用的东西都埋进去,这表明古人认为人死后变成鬼魂,在另一个世界还要继续生存下去。古人还认为,鬼魂对阳间的事情既有正面的影响也有负面的影响。因此,当人们遇到灾祸或者是祈求吉祥时,都要对鬼魂进行祭祀。在商朝的卜辞中有关于鬼魂作祟的占卜祭祀的记录。

在鬼魂观念产生后,古人逐渐意识到逝去的祖先也有魂魄,而且祖先的鬼魂对本氏族、部落的吉凶祸福有直接的影响,于是祖先崇拜产生了。在先秦时期,人们祖先祭祀的一个重要特点就是有固定的时间。此外,这一时期对祖先的祭祀除了求庇佑之外,还有追思缅怀的意味。

依据相关研究,祖先崇拜最晚产生于母系氏族社会。从仰韶文化遗址出土的一些妇女画像中可以看出,当时的妇女是受到崇拜的。到了父系氏族社会,男性成为主要膜拜的对象。例如,浙江河姆渡遗址的 7 000 多年前的陶塑神像、甘肃礼县高寺头和秦安县大地湾等地出土的彩陶上,均出现了男性的画像。这一时期的人们认为,祖先都具有成自然的能力,他们惊天地、泣鬼神,无所不能。随着氏族、部落的不断分化,常常是一个祖先被众多的部落所崇拜,但因为祖先众多,不能一一祭祀,于是有关于始祖、远祖和近祖的划分,古代称太祖、祧祖和祢祖,各有相应的祭祀制度。

在商朝时期,人们最重视的就是祖先神。在殷商甲骨卜辞中,关于祖先的卜辞最多,有 15 000 多条。从记载的内容来看,殷人祭祀祖先有著名的周祭法,即以每旬十天为单位,对先祖轮流祭祀的方式,足见祖先崇拜在当时的重要性。另外,在这一时期,女性祖先也会被祭拜,这说明周朝时期还有着十分严重的原始社会祭拜的痕迹。根据商人向祖先神祈求和贞问的内容来看,他们认为祖先是神通广大、无所不能的。生活中的一切事情他们都可以主宰。当时的人们认为,祖先神既可以给人们带来吉祥,也可以给人们带来灾难。因此,每次遇到天灾人祸时,商王都要占卜一番,看看是哪位祖先在作祟,一旦占卜出结果就会用羊、猪、狗等进行祭祀祷告,祈求消除灾祸。

在西周时,祖先崇拜仍很重要,周人相信人死之后灵魂是存在的。但是,这一时期的祖先神对自然界管辖的权利逐渐消失,对社会管辖的职权范围越来越大,并逐渐与王权结合起来。另外,这一时期形成了明确的宗庙祭祀礼制以及严格的祖先祭祀界限。《礼记·王制》曰:"天子七庙,三昭三穆,与太祖之庙而七;诸侯五庙,二昭二穆,与太祖之庙而五;大夫三庙,一昭一穆,与太祖之庙而三;士一庙,庶人祭于寝。"这种规定,将周朝的王权和祖先的祭祀结合起来,即"周礼"逐渐确定下来。这种礼制实际上从一个方面确立了等级制度的严肃性。

进入东周后,诸侯争霸,各地纷争,硝烟四起,表现在祖先崇拜上就是纷纷吹捧抬高自己的祖先,以达到自己在政治上的目的。同时,由于战争频繁,祖先神成了各诸侯国战争前祈求胜利的对象。在这一时期,由于以孔子为代表的儒家提倡遵奉周朝的祭祀礼仪,在"敬德""明德"等人文观念的影响下,对祖先的敬畏和祈求逐渐被对祖先的思慕和崇敬所补充甚至替代。

　　总的来说,祖先崇拜是先秦时期宗教信仰的一项重要内容,而且祖先崇拜关系到国家的稳定和民族的发展,因而自产生后便受到了高度重视,并对后世产生了非常重要的影响。

第三章　先秦时期的战争与军事制度研究

在先秦的历史发展进程中,战争及军事制度的演变不仅直接影响着我国的国家格局,而且在推翻与新建政权上发挥了突出的作用。此外,先秦时期的战争和军事制度也对人们的生活产生了不可忽视的重要作用,因此研究先秦时期的社会发展及其变迁,必然也需要对先秦时期的战争与军事制度进行研究。

第一节　先秦时期的战争

纵观先秦的历史可以发现,不管是在传说的三皇五帝时期,还是在夏商周,以及春秋战国时期,战争一直伴随着人们的生活。它作为一种迫使敌人服从自己意志的暴力手段,必然会给社会带来一系列严重的毁坏,但同时它也会在一定程度上推动社会的不断进步与发展。因此,我们需要正确地认识先秦时期的战争。

一、原始社会时期的战争

作为人类社会集团之间以有组织的形式进行的武装暴力斗争,战争是人类文明过程中出现的一种特殊现象,一般认为在原始社会时期就已经出现了战争。在原始社会,战争大多是为了获得更好地生存环境,或者是为了给血亲复仇等。

相关的考古活动发现,早在数十万年前的旧石器时代,在中华大地上,原始人类在彼此之间便已经有了交流。交流的出现一方面有助于增强人类征服自然的合力,另一方面也不可避免地会因为生存资源、交际矛盾等问题而出现以武力对抗的情况。具体来看,由于生产水平与生产工具的落后,在原始社会时期,人与自然斗争的能力是十分有限的,要想使一个部落维持足够的生存资源,原始部落往往需要占据一些既平安又拥有丰富生存资源的领域,然而就算在这样的领域内,原始人类也需要不断劳作。而当遇上洪水或干旱等自然灾害时,原始部落便会遇到生存危机,解决这种危机的方法主要有两种:一是驱赶甚至消灭同一区域内的其他部落,以获得足够的食物;二是迁居他处,而这又可能触犯其他部落的领地。因此,在这种情况下,部落之间都有可能发生暴力冲突。同时,在生产力水平极其低下的原始社会时期,血缘关系将部落与氏族紧密地联系在一起,在这样的情况下,氏族集团利益高于一切,为氏族的血亲复仇也是每个氏族成员的基本义务,因此当氏族成员与其他氏族成员发生冲突致死后,其他氏族成员就会举起报复之箭,因而很容易引起部落之间的战争。此外,原始社会时期,不同氏族部落在宗教信仰、祭祀禁忌等方面也存在较大差异,这些差异也有可能导致部落之间的战争。因此,在我们今天已经发现的一些原始部落遗迹(如仰韶文化时期的陕西临潼姜寨遗址)周围便存在着壕沟、哨所等,充分说明在原始社会时期,部落便已经有了防务工作,这也在侧面反映了当时确实已经有了各类战争。

由于时代久远,在今天我们已经难以窥见原始社会时期的战争原貌,只能透过一些关于战争的传说和后人的一些相关记载来大致一探当时的战争。在这些传说与记载中,最为著名的当属阪泉之战和涿鹿之战。

(一)阪泉之战

阪泉之战是传说中黄帝与炎帝之间的战争。炎帝,又称神农氏,他是其母有蟜氏女任姒(或曰安登、女登)感神龙而生,"世号神龙,代伏羲氏"(《潜夫论·五德志》),伏羲之后的帝王。炎帝在位时,发展农业和医药业,从而使自己的部落大为壮大,成为黄河流域的一个较大部落。黄帝又称轩辕氏,是稍晚于炎帝出现的古帝,为中央之帝,掌管中国的广大地区。

在炎帝后期,神农氏逐渐衰微,不能有效统御天下,结果"诸侯相侵伐,暴虐百姓"。神农氏不能征伐,轩辕氏就修德振兵,诸侯归顺。但炎帝自不能坐视权力的转移,双方在今河北南部古称阪泉的地方,连续进行几场大战,最后黄帝部落打败了炎帝部落,巩固了以黄帝为首的部落联盟的新秩序。此后,华夏集团日益强大,为与东夷、南蛮集团战争的胜利奠定了基础。

（二）涿鹿之战

涿鹿之战是炎黄与蚩尤之间展开的大战。在黄帝战胜炎帝,建立了部落首领的新秩序后。来自南方的蚩尤部族对该新秩序不服,起来作乱,轩辕氏就广征天下诸侯,与蚩尤在涿鹿之野作一场大会战,擒杀蚩尤,终于赢得统治权。这就是著名的涿鹿之战。这次战争的胜利,同时也是姬姓部族的大胜利,它融化了姜姓部族的文化,开启了中华文化的泱泱大国的风范。

据传说记载,在蚩尤所统领的军队里,有魑魅魍魉等山精水怪,这些魔怪都有一种发出怪声来迷惑人的本领。人听了这种声音,就会昏昏糊糊,失去知觉,跟随着怪声发出的方向走去,结果便做了妖魔鬼怪的牺牲品。

而黄帝所统率的大军也不是善者,据说有罴、熊、貔、貅、貙、虎等野兽——应该说是各类兽图腾的部落,另外还有奇特的应龙和女魃,《山海经》保存了他们的奇能异术,《大荒北经》《大荒东经》上记载,大荒之中,有座系昆之山,有共工之台,这里有个穿青衣的人,叫作"黄帝女魃"——原是黄帝的女儿,秃头无发,模样奇特。蚩尤兴兵攻打黄帝时,黄帝命令那能施放雨水的应龙,张开双翼,在冀州之野加以进攻,应龙就使出蓄水行雨的神通,蚩尤却请了风伯、雨师,纵放起狂风暴雨,克制应龙的神通。黄帝马上命令天女女魃来到凡间,所到之处,狂风暴雨立即消逝,于是破坏了风伯、雨师的法术,生擒了蚩尤。

此外,据《大荒东经》记载,黄帝设计捕捉了一只叫作"夔"的怪兽,这只怪兽形状像牛,苍黑色身子,无角、单脚,但其吼叫的声音好像暴雷。因此黄帝将其宰杀后以夔之皮制成的军鼓,以夔之骨当作鼓槌,在战场上用力敲打,声响震天,远闻五百里,天地变色,不但大大提高了士气,还吓得蚩尤一方的军队魂飞魄散。这应当是有记载的最早的军鼓形式,也显示了在原始社会时期,人们在战争中已经意识到鼓舞士气的作用。

二、夏商西周时期的战争

(一)夏朝的战争

夏商西周时期是我国奴隶制建立并逐渐瓦解的时期,其中,夏朝(约前2070—约前1600)是中国史书中记载的第一个世袭的奴隶制国家,也是中国近四千年的世袭王位历史的开端。由于首领继承制度的变化王权被大大扩展,夏王经常打着"天命"的旗号去讨伐不臣服者,如启对有扈氏(今陕西户县)以"恭天之罚"大战于"甘"(今陕西户县西南)。为了征讨,夏王朝建立了一支直接由君王指挥的军队,专门从事土地掠夺、发兵征伐等任务。例如,启继位初,有扈氏"以尧、舜举贤,禹独与子,故伐启"。这是关系到夏王朝生死存亡的一场斗争,夏启便曾亲帅大军前往讨伐,在讨伐前夕,夏启还曾专门进行了一场誓师运动,这一点也被记载在《尚书·甘誓》中。另外,据《尚书·甘誓》所记,夏朝时期战争中便已经出现了战车,且根据夏朝《司马法》中"戎车,夏后氏曰钩车,先正也"等的记载推测,在当时夏王朝已有了一支数量不多的战车部队,但这时的车战一定属于刚刚萌芽的最初阶段,也还谈不上成形的用于车战的战术。

(二)商朝的战争

进入商朝(约公元前17世纪—约公元前11世纪)以后,建国者商汤总结夏朝的政权经验,进一步完备中央政权组织及其职能以强化奴隶制统治。与此同时,商王武丁时期,对内大治,对外征伐,曾对鬼方、土方、羌方、人方、虎方等方国进行征讨,这些战争最少会动用数千兵力,规模大者甚至动用上万兵力,可见在当时,开拓边疆已经成为战争的一个基本功能。商王朝后期,纣王无道,西伯侯姬昌及其幕僚在大力发展周地生产力的同时,产生了灭商的思想,他们一方面对内宣传"商王无德,西伯有德",并自立文王,另一方面对商朝仍然小心翼翼,殷勤贡奉,甚至在自家祠堂祭祀商朝先王,以麻痹商王。与此同时,文王出兵伐犬戎(今陕甘一带)、黎(今山西长治)、邘(今河南沁阳)等国,解除了伐商的后顾之忧。文王病逝后,其子姬发继位,史称武王,他秉承文王之天命,继续利用商朝暂时无暇西顾的良机向东扩张。

公元前 1047 年,商朝发生了激烈的内乱。纣王杀死了自己的伯父比干,囚禁了自己的另一个伯父箕子,一些被牵连的贵族如微子等则投奔周国,武王从这些殷商贵族那里知道了不少纣王朝歌的机密情报,认为时机成熟,遂出兵伐纣。

武王伐纣的战略是趁商朝主力军滞留东南之际,精锐部队以迅雷不及掩耳之势,深入王畿,击溃朝歌守军,一举攻陷商都,占领商朝的政治中心,瓦解商政权,让残余的商人及其附属方国的势力群龙无首,然后各个击破。按照这一战略,武王亲率战车三百乘,虎贲(精锐武士)三千人,以及步兵数万人,出兵东征。与此同时,商王朝周围的一些方国也不堪忍受纣王的残暴统治,率兵同起伐纣,与周国的军队组成一个伐纣联盟军。联盟军一路向东,经芮(今陕西潼关)至虞(今河南三门峡),再到孟津(今河南孟津县),最后在牧野(今河南淇县)与商朝军队决战(图 3-1)。在战争中,一方面由于商王无道,商军在气势上被联军高举的正义联盟旗帜碾压,战场上斗志被击败;另一方面为了应付联军的队伍,纣王将朝歌城中的大量奴隶和战俘投入战场,本意是想在数量上保持绝对的优势,但这些奴隶的军事素质很低,对来势汹汹的联军斗志全无,成为战场上的最大牺牲者,大量死亡的奴隶进一步击溃了商军的心理,很快战争便以联军胜利而告终。

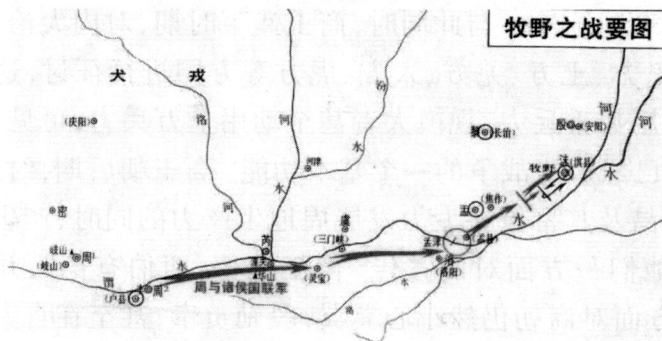

图 3-1

牧野之战的胜利推翻了商王朝的统治,将周王朝推上历史的舞台。同时这也是我国历史上著名的以少胜多的战争,其战争的胜利与联军气势高昂和军事素质较硬密切相关,这也为商朝以后的战争提供了一个模板,此后的不少战争在发动时,发动一方面往往要以一个看似正义的口号来提高军队的气势,这也使得"正义之师无敌"的思想逐渐融于中华民族的民族心理之中。

此外,根据殷商遗址中发现的战车与士兵混合编队而组成的队形推断,在商王朝时期,战车已经有了一定的发展,其形式主要分为二马和四马驾御两种。另外,甲骨卜辞中的"登射三百""车"等字词的出现说明,当时商王朝至少在一次出征时用到了 300 辆战车的军队,由此可知车战在商代已是一种重要的作战方式。

(三)西周的战争

西周(前 1046—前 771)期间,也出现了一系列的战争,其中最为出名的是周公平乱。据《史记·周本纪》曰:"武王崩,太子诵代立,是为成王","成王少……管叔、蔡叔群弟与武庚作乱,畔周。周公奉成王命,伐诛武庚、管叔,放蔡叔"。这段话记载的便是周公东征。这场战争的直接起因便是由于武王病逝,少主继国,周公摄政,此举引起成王的叔叔管叔的不满,他认为按照周朝兄死弟及的继承制,本应由自己即位,就算不能继位,摄政监国的也应是自己而非周公,于是他联合成王的另一个叔叔蔡叔,在国内散布流言,称周公将要谋朝篡位,流言大肆蔓延,引起了成王、太公、召公等人的怀疑,对周公十分不利,但周公自认清者自清,对流言并未多加解释。与此同时,武王灭周后,在控制殷商遗民上采用了以殷制殷、分化瓦解的政策来统治广大被征服地区。对基层地方组织利用归附西周的殷人首领来统治,既不打乱殷人原来的社会组织,又让殷人"宅尔邑,继尔居"(《尚书·多士》),并将商王朝的王畿之地交给纣王的儿子武庚来管理。武王姬发这么做的本意是想要减少殷商遗民对周王朝的仇视情绪,但却为周王朝日后的统治留下了一条祸根。当管叔与蔡叔在国内争权之时,武庚趁机与他们合谋,联合殷东部的徐戎、淮夷、商盖(奄)、蒲姑、飞廉以及熊盈等部族,发动了叛乱战争。战争初始,叛乱一方的声势远比新起而内部分裂的周王朝要更为强大,周公和召公于是采取"内弭父兄,外抚诸侯"的策略,以重金来收买瓦解殷商的残余势力,同时对顽固不化者进行武力镇压。经过三年的艰苦战争,终于平定了管叔、蔡叔和武庚的叛乱,杀了这次叛乱的主谋管叔、武庚,将蔡叔流放到边疆,灭掉了参加叛乱的东夷诸国,淮夷东土安定下来。这场战争的胜利使周的统治势力延伸到了东部沿海地区,南及徐淮,扩大了武王灭商的成果,实现了周朝的大一统。

西周时期,以战车为主要形式的阵战已成为这一时期战争的一种重要方式。在这种战争形势中,交战双方会在战前先选择一块平坦而宽阔的地形列好阵型,之后才开始交战。交战的方式大致上有先敌发动进攻,破击敌阵,固守阵型,待敌来攻和双方同时发起进攻三种。在战争中,早期交战双方会擂响战鼓,并以鼓点的节奏控制进攻的速度,因此战车一般能保持一定的阵型,这也就是《司马法》中所说的"虽交兵致刃,徒不趋,车不驰"。而战车之间的交战一般以车与车交错时,战车上的士兵以长兵器进行格斗,这种作战方式的时间较短,也没有什么战术而言。

三、春秋战国时期的战争

周平王东迁后,历史进入东周时期,这一时期的周天子虽然名义上仍然是天下的共主,但由于势力的衰微,其地位实际上已经沦落到不如一个诸侯国的地步。伴随着周天子势力的衰落,诸侯国迅速崛起,各诸侯国为了争夺土地及其他资源不断发动战争,从而使我国进入了一段动荡时期。

(一)春秋时期的战争

我国历史上的春秋时期,是战乱频繁的时代。在 300 年左右的时间里,仅据鲁史《春秋》的不完全记载,就发生过 483 次军事行动,其中还不包括频繁的奴隶起义战争;其他聘问、朝贡、盟会等政治活动,也大多与战争紧密相关。由此看来,战争这个特殊的社会活动形态,在我国历史由奴隶社会向封建社会转变的春秋时期,确实有着不容忽视的重要地位。总体上来看,春秋时期的战争,含义广泛。就其政治目的而言,大体可分为以下四种情况。

第一种是华夏诸国与戎狄族的战争。春秋时期,散处东海之滨的东方诸夷,相继为齐、鲁等国吞并;南方蛮夷被楚统一,自立于华夏诸国之林,民族界限逐渐消失。因此,当时各族间的战争,主要是华夏族同西方和北方戎狄族之间的冲突。戎狄族自西周以来就不断袭击中原,据《小盂鼎铭文》记载,康王时就曾与戎狄族大战,历时 200 多年之久,人民"靡室靡家""不遑启居",至昏聩的幽王,西周终于被"缯、西夷、犬戎"攻灭。平王东迁后,戎狄族继续威胁东周,并逐步向黄河流域进逼,伐郑击齐、亡邢灭卫,一直攻入周王朝的腹地。这种情势迫使混战中原的华夏诸国联合起来,进行抵抗。据《左传》记载,从公元前 722 年至公元前 637 年的 86 年当中,戎狄攻华夏 16 次,华夏攻戎狄 9 次,其中以齐、秦、晋等国与戎狄战事最为频繁。齐是东方大国,桓公时联合燕、郑等国大败北戎并制止了狄人南进。秦、晋两国在西周时都处于戎狄包围之中,至春秋初期才相继壮大起来,成为拱卫中原的屏障。故自春秋中期以来,戎狄威胁大为减轻,华夏族与戎狄族的战事也就渐渐稀疏了。

第二种是诸侯兼并与大国争霸战争。西周封国林立,据传说,武王时有 800 个封国,到春秋初期,还有 131 个封国。封国间政治经济发展的不平衡,埋下了兼并争霸的根苗。兼并之风,西周就已开始。据厉王时代的《散氏盘铭》记载,矢国就曾侵扰过散国的城邑。不过,那时的周天子大致还有予夺的权威。平王东迁以后,王室急剧衰落,丧失了控制各封国的力量,诸侯兼并,大国蜂起,霸主迭现,终于演化成绵延二百多年之久的兼并与争霸战争。

郑国首先从中原混战中崛起;齐国代之而兴,侵蔡伐楚,观兵召陵,成为中原霸主。在秦国于公元前 645 年的韩之战,饮马黄河,踊跃东进的同时,楚国也于公元前 638 年大败宋襄公,挥戈北上。这时的中原,齐势稍衰而晋国勃起,成为秦、楚的劲敌。于是,从公元前 632 年的城濮之战开始,以秦、晋、楚、齐为中心,接连爆发了郜之战、彭衙之战、令狐之战、大棘之战、邲之战、宰之战、麻隧之战、鄢陵之战、栎之战、平阴之战、湛阪之战、朝歌之战等多次大战。在战争漩涡中,大国胜败无常,小国安危不定,局势错综复杂。郑国的霸运是短促的,宋襄图霸也如梦幻,齐国早衰,秦国后起,长期争霸中原的主要是晋、楚这两个大国。在公元前 546 年,宋国的弭兵大会以后,中原争霸的烽烟刚熄,南方的吴、越却又点起另一次争霸的战火。但是,随着阶级斗争的发展,这时兼并战争开始转向各国内部。吴越争霸已经是春秋霸业的尾声了。

长期的兼并战争,造成了大量封国的灭亡。到战国开始时,春秋初期的一百三十余国便只剩下秦、楚、齐、燕、韩、赵、魏七个大国和十几个奄奄待毙的泗上小侯了。

第三种是奴隶起义战争。奴隶和奴隶主的矛盾是奴隶社会的基本矛盾。在社会经济得到新发展的春秋时期,这个矛盾变得更加尖锐了。由于奴隶主的残酷剥削和压迫,春秋时期奴隶反抗奴隶主的斗争风起云涌,遍及各国,并且从单纯的逃亡迅速发展为有组织的武装起义。起义奴隶据守深山大泽,同奴隶主军队展开了英勇搏斗。据《左传》记载,从公元前 644 年的齐国筑城奴隶暴动开始,在近二百年的时间里,陈、梁、郑、楚、卫、周等国的大规模奴隶起义战争此伏彼起、连绵不断,沉重地打击着奴隶主贵族的统治。公元前 641 年的大规模奴隶起义,曾经导致梁国的灭亡。时隔 122 年之后,楚国的奴隶主提起这件事,还有谈虎色变之感。公元前 520 年,在王子朝与周王的内争中,宗周的手工业奴隶奋起反抗周王室,一度赶跑了周天子,并和王军进行了长期的英勇战斗。公元前 478 年和公元前 470 年,卫国手工业奴隶连续起义,将卫庄公和卫侯辄相继驱逐出境。天子被赶走,诸侯被赶走,连称霸一时的楚昭王也几乎丧命在起义军的戈下。起义战争的风暴使统治阶级惊恐万状,发出了"惟命不于常"的哀叹。

第四种是新兴地主阶级夺取政权的战争。从春秋中期开始,在一些国家内部,新兴地主阶级和没落奴隶主贵族的矛盾渐趋明朗。公元前 574 年,晋国新兴势力卻氏和旧贵族栾氏首开战端。这是晋国内部新兴地主阶级和奴隶主贵族之间争夺政权的一次战争。但是,这种战争还没有成为当时战争的主流。公元前 546 年,宋国弭兵大会以后,当南方的吴、楚、越三国鏖战方酣之际,黄河流域的中原诸国却由于日益尖锐的国内矛盾,陷入另一场旷日持久的激争而无力外顾了。诸侯兼并与大国争霸战争开始转变为各国内部的夺权战争。这是阶级斗争发展的必然结果。

春秋时期,伴随土地私有制的产生,在各国奴隶主贵族身边崛起了一批虎视眈眈的新兴地主。他们依靠新型生产关系,形成势力强大的"私门"。"私门"与"公室"之争愈演愈烈,在晋国内部爆发了一场酝酿已久的新兴地主阶级与奴隶主贵族之间的夺权血战。公元前 550 年,经过 24 年积聚力量的晋国新兴地主阶级,再次向旧贵族发起进攻,一举夺得政权;公元前 532 年、公元前 489 年、公元前 481 年,齐国田氏三战三捷,彻底扫荡了腐朽的旧势力;公元前 479 年,楚国白公胜厉剑而起,劫王夺官,战火燃遍江、汉、中原。黄河中、下游宋、卫、陈、蔡等古老的奴隶制国家惊恐震怖、动荡不安。大批奴隶、平民参战,奋勇攻打奴隶主贵族的城垒王宫,成为战争的主力军。新兴地主阶级凭借奴隶和平民的支持取得了最后胜利,新型的封建制度在战争烽火中诞生了。

　　由于战争频发，因此春秋时期的战争开始越来越多地运用一些兵法、战略等以谋取胜利，这就是《汉书·艺文志》中所说的"自春秋至于战国，出奇设伏，变诈之兵并作"。这一做法将完全打破了西周时期军队中所谓的"仁义""守信"的传统，各诸侯国为了不像宋襄公[①]一样落得失败的下场，在战争中均采用了一些以谋略为主的战略思想和灵活多变的作战方法，从而春秋时期出现了一些著名的战争，这里以晋楚城濮之战为例进行说明。

　　在军事上，"先发制人"是争取战机的一个重要方式，对于作战一方而言是十分重要的；但是在以防御为手段、以反攻为目的的攻势防御情况下，"后发制人"也能成为较弱一方克敌制胜的重要方法，晋楚城濮之战便是这样的一个例子。

　　北方中原，自齐桓公以后，始终没有产生一个对诸侯各国能拥有权威的国家。楚对北方逐渐地蚕食吞并，"楚始得曹，而新昏于卫"。其势力深入到中原的北部。鲁国因经常受齐的威胁，于是派东门襄仲、臧文仲往楚国求救，楚国趁势以军队伐齐，将势力范围延伸到山东一带。另外，宋襄公在齐桓公死后，以为称霸时机成熟，于是与楚军开战，不料他因为能力平庸且固守教条，在泓之战中一败涂地，以致楚国的势力延伸到齐国境内。在这样的情况下，中原各地除了秦、晋之外，基本都臣服在楚国之下。

　　就在楚国在中原大肆扩展影响范围的同时，晋文公重耳继位，他对内"弃责薄敛，施舍分寡。救乏振滞，匡困资无。轻关易道，通商宽农。懋穑劝分，省用足财。利器明德，以厚民性（生）"（《国语·晋语四》）。在他的努力下，晋国的政治、经济、军事迅速兴盛起来，随着国力的增强，晋文公的图霸之心也日渐滋长。为此，晋文公一方面抓住周襄王被其弟叔带逐出成周的机会，率军"勤王"，在获得"尊王"美名的同时，让周襄王将南阳赏赐给自己，为进入中原准备好了渡过黄河的通道。另一方面又竭力拉拢秦国，帮助秦国进攻楚国的商密，既讨好了秦国，又使其与楚国为敌，增

[①]　宋襄公恪守古法，在宋楚泓之战中，不听信子鱼等的正确建议，坚持"君子不乘人之危"的教条，不向还未形成战阵的楚国军队发起进攻，以致延误战机，惨遭失败。

加了楚国的后顾之忧。在晋文公的多方运作下,一些国家便转头臣服于晋国,其中在泓之战中战败而不得已臣服楚国的宋国也转而投靠晋国。本来晋国的壮大崛起,就已经引起了楚国的严重不安,两国之间的矛盾因此日趋尖锐。随着宋国背楚而投晋,这场矛盾被全面激化,楚国于是携陈、蔡等国的军队对宋用兵,宋国向晋国求救,晋国于是以此为借口,出兵中原。

在战争中,晋国又与齐国和秦国两大国结成联盟,对楚国的军队形成威胁,楚成王命令率军将领子玉将楚国主力军队撤出宋国,以避免与晋国交锋,但子玉自视甚高,坚决要求楚成王允许他与晋军一战,楚成王优柔寡断,同意了子玉的要求,但却又没有给他足够的兵力,只派了少量兵力前往增援。子玉得到增援后,立即派出使者向晋军提出休战的条件,这些条件实际上就是要让晋国放弃争霸中原。但晋文公却棋高一着,他一方面私下撺掇依附楚国的曹、卫两国与楚国绝交,并允诺若这两国与楚国绝交,便可以在晋国的支持下复国;另一方面又扣押了子玉派出的使者,以激怒子玉。子玉眼见曹、卫叛变,使者被扣,于是依仗楚国与陈、蔡等国联军的兵力,气势汹汹地向晋军开战。晋文公审时度势,为了避开楚军的锋芒,下令军队"退避三舍",将楚国军队引入对晋国有利的城濮地带。

在城濮一带,子玉将楚军和陈、蔡两国军队分成中、左、右三翼,其中,左右两翼军队由实力较弱的陈、蔡军队组成,而中军则为实力较强的楚国军队组成,且由子玉自己直接指挥。晋文公针对楚国与陈、蔡联军的中军较强、左右两翼较弱部署特点,采取先击其翼侧,再攻其中军的作战方针。以居左的下军先击溃了陈蔡薄弱的右翼军队,然后上军与下军同时佯退,诱使楚师孤军追击晋上军,而晋中军则乘机从旁侧击,晋上军也回师反击对楚左军进行前后夹攻,致使楚军大败(图3-2)。

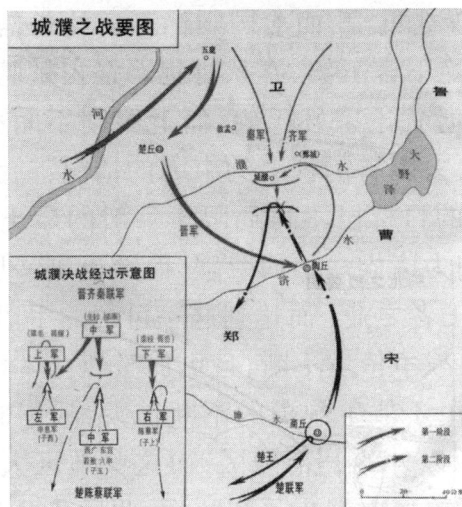

图 3-2

在这场战争中,晋国在解围目的未达之时,先审时度势,采取了一整套争取与国(秦、齐)、孤立和激怒敌人,引敌深入的战略,最终达到了解围与败敌的双重目的。在此过程中,晋文公所采用的"退避三舍"更是这场战争谋得胜利的绝妙一着,它在政治上以"君退臣犯,曲在彼矣"的思想占据主动地位,将发动战争的错误归结在楚国一方,赢得舆论上的同情。同时,又占据有利地形,以逸待劳等,从而为晋军后发制人,夺取决战胜利奠定了坚实的基础,使得孤军深入的楚军左翼也被分割包围消灭,楚军全线崩溃。由于该战双方投入的兵力约 20 万人,波及 10 多个国家,因此也是春秋时期规模最大的一场战争,战后,晋文公"取威定霸"的目标也得以实现。

(二)战国时期的战争

战国的历史帷幕一拉开,群雄就摆出杀气腾腾的兼并之势。这时周王室已衰微至极。中原幸存的鲁、卫、宋、滕等小国已是苟延残喘。南方的越,虽拥有自山东至江浙的沿海之地,但无力拓土中原。春秋时代周天子和中小国家在大国争霸中所起的一些制约作用此时已消失殆尽。尊王的口号已失去意义,尊礼重信的传统伦理亦随之被抛弃。正如顾炎武在《周末风俗录》中所指出的：“春秋时犹尊礼重信,而七国则绝不言礼与信矣,春秋时犹宗周王,而七国则绝不言王矣,春秋时犹严祭祀重聘享,而七国则绝无其事矣,春秋时犹论宗姓氏族,而七国则不闻矣”(《孟子·梁惠王上》)。在失去固有的社会约束力的情况下,大国的野心更加膨胀,他们追求的目标已不再局限于一般的广土众民,亦不再满足于春秋霸主们为诸侯之伯的荣耀,而欲更进一层,吞并天下,代周天子之位,成王者之业。而达到这一目的的手段无非就是战争,因此,战国时期,战争依然不断,且更加激烈。

具体来看,由于战争规模的不断扩大,战国时期的作战地域也扩展到了中原以外的其他地区,而这些地区大多不适于车战,因此一些国家开始建立起步兵和骑兵,此后步骑兵开始取代车战而成为一种主要的战争兵种。同时,由于战争的频发,各国都建立了数量庞大的常备军,并将农民纳入军队之中,这也促使战国时期的战术有了很大的变化,即由春秋时期的车战发展到了步骑车多种兵种的联合作战。

在步兵刚刚产生的时候,其作战的方式仍以阵战为主,后来为了适应在不同的地形与不同的作战条件下作战的需要,步兵的作战方式也形成了许多不同样式的阵型。例如,《孙膑兵法》中便列举了“漂风之阵”“锥形之阵”“方阵”“圆阵”“雁行阵”等十种步兵的作战阵法。再如,《司马法·定爵篇》中也对步兵阵法的要求进行了阐述,即“凡阵行唯疏,战唯密,兵唯杂”。可见,在战国时期,军事家们都已经注意到布阵的重要性,且常常在战场上将军队布置成各种各样的阵型,以出奇制胜。

同时,战国时期步兵在战斗上还出现了一些以防御为目的、为减少战争损失的坚壁筑垒,也就是我们现在所说的挖沟筑垒,屯集粮草,以避免在不利条件下作战,达到长期固守的目的。例如,《孙膑兵法·陈忌问垒》中便有“蒺藜者,所以当沟池也。车者,所以当垒也。口口者,所以当堞也。发者,所以当埤堄也”的记载,另外《六韬·龙韬》中也有“深沟高垒,积粮多者,所以持久也”的说法。可见,战国时期,作战双方的防御技术已经有了一定的发展。

此外,由于兵力的不断扩大,战国时期的作战时间也不再像春秋时期那样往往能在一天之内便决出胜负,而是会持续较长的时间,如秦赵邯郸之战先后持续了三年之久,齐燕即墨之战前后持续达五年。在长时间的战争形势下,作战双方的战争形式也有了很大的发展,出现了伏击、奇袭、迂回包围、攻城、争夺高地等各种作战形式,且作战中常常不是仅采用一种作战形式,而是综合运用多种作战方法,从而使得战国时期的战争的灵活多变达到了一个空前的高度,这里以齐魏桂陵之战为例进行说明。

公元前 354 年,赵国为了兼并土地和扩展势力,进攻原本依附于魏国的卫国,迫使其向赵国入贡,此举惹恼了魏国,魏国于是派庞涓率军于次年讨伐赵国。魏国军队包围了赵国的首都邯郸,危急之下的赵国向齐国求救,齐国不愿意让魏国做大,于是决定出兵帮助赵国。齐威王一方面以武力威胁迫使宋、卫两国联合出兵攻击魏国的襄陵(今河南睢县西);另一方面又派出以田忌为主将、孙膑为军师的本国军队援助赵国。在援助赵国的过程中,田忌听从孙膑的建议,趁魏国大军正在攻击赵国国都大梁(今河南开封西北),从而与宋、卫的军队形成两面夹击魏都大梁的形势,迫使庞涓将围困赵国邯郸的军队带回魏国以解除国困。同时,齐国又在魏军回兵时中途对其进行伏击,疲惫的魏军在进入桂陵(今山东菏泽东北)后遭到以逸待劳的齐军的伏击,最终大败。通过这一战,齐国不仅解了赵国的危机,而且进一步扩大了自己的势力范围。

第二节　先秦时期军事制度的演变

一、夏朝的军事制度

夏朝是我国历史上第一个出现的奴隶制王朝,但它还只是过渡时期的性质,保留着一些氏族社会的遗制。

在氏族社会时期,是没有军队的。部落的战士主要由氏族成员临时组成,军事首长的权力也仅限于战场上。进入军事民主制时代以后,军事首长的权力有所加大,他们周围开始出现扈从队,这也是后世卫队式常备军的雏形。

进入夏朝以后,启杀伯益夺权开创奴隶制,到夏桀灭亡止,夏朝依然保留着一些氏族社会的特征,这就决定了夏朝的军事制度带有明显的以领土财产为基础的奴隶制国家军队和以血族团体为基础的氏族武装并存的特征。

据记载,夏朝拥有一支较强大的王室军队,这支军队一般有夏后统帅,有时也会由六卿带领出征,担负保卫王室、平息内部反叛、对外征讨的任务。夏朝虽然与氏族社会的人民武装已经有了本质上的差别,但毕竟还处于奴隶制的初建期,因此它的军队难免不带有氏族组织的遗迹,其具体表现就是它主要以"夏民"为兵源。这种在以地域关系为主的居民团体中仍保存血缘关系的形式,就决定了中国奴隶社会从一诞生开始,其"服兵役的公民"就来源于保有血缘关系的同一部落或部落联盟之中。

但是,这些氏族或部落的氏族武装也不是一成不变的,像氏族制度向国家转化一样,它们也在不断地向国家军队转化。其不断转化的标志,就是一氏族或部落开始接纳其他氏族或部落的成员来担任公职,如夏少康做有虞氏的庖正,伯明氏的寒浞做有穷氏的相,夏后氏的臣靡,先事有穷氏后羿,后来又投奔有鬲氏等。因为,这种一氏族吸收另一不同血缘关系的氏族成员担任公职的情形,不但会破坏氏族的血缘纽带,而且必然导致按地区关系编制的国家军队的产生。因此,随着奴隶制度的不断发展,在夏朝后期,许多氏族或部落都已跨入了国家的行列,以奴隶制为基础的奴隶制军队也逐渐产生。

在军队的统帅上,夏朝则表现出明显的统帅不分文武的特点,夏后持斧钺象征最高的军事领导权。夏后不仅对本部落有军事领导权,而且对加盟的其他部落也享有不稳定的指挥权。有时各部落皆以夏后之斧钺马首是瞻,有时部分部落会与其他部落结成联盟,与夏朝抗衡。在这样的背景下,夏朝的军队编制十分简单,主要兵种是步兵。同时,根据《甘誓》中"左不攻于左,汝不恭命;右不攻于右,汝不恭命;御非其马之正,汝不恭命"的记载,车兵在当时也有可能已出现。此外,根据《司马法》中"旗,夏后氏玄,首人之执也","章,夏后氏以日月,尚明也"的记载可以推测,夏朝时军队应该已经有了自己的旗帜和徽章。

此外,夏朝的军队中也有相当严格的纪律,这一点从《甘誓》中"用命,赏于祖,弗用命,戮于社,予则孥戮汝"(意思是说服从命令的士兵将会得到奖赏,反之则会被杀掉或者降为奴隶)可以看出。可见,夏朝时,军事纪律已经十分严格。

二、商朝的军事制度

作为我国的第二个奴隶制国家,商朝从成汤立国,到被周武王所灭,期间社会生产力不断增强,国力也有了很大提升。在此基础上,商朝的国君还不断对外发动征伐战争,如在武丁时期,商朝曾经与40多个方国开展过战争,战争中动用的兵力多达1.3万,俘获的敌人也多达2 600多人。商末牧野之战中,商军动用军队17万,可见其军事力量相较夏朝而言,已经有了很大的发展。

商王朝有一支强大的常备军队,有"右、中、左三师"之设,这是步兵。另有马队、多马、之官,也分右、中、左三师,各师约百人,这是骑兵的雏形。另有射兵,也分右、中、左三师,在军事训练与狩猎中起着重要作用。另外,由于商朝步兵发达,所以步兵也经常用于独立作战,这叫作"步伐"。一些学者解释为:"步伐者,不骑马、不用车"而步卒伐之。这与西周春秋时期,车战占主导地位的情况是不大相同的。

在军事力量的来源上,军队中的士兵大多是从农业劳动者("众")中征集来的。在征兵制度上,商朝采用的是临时征集制,即所谓的"登人"。因此,我们在甲骨文中常常可以看到"登人三千""登人五千"之类的记载。

由于军队是临时征集的，为了适应作战，商朝已经形成了一套军事教育与训练的方法。一般情况下，对士兵进行军事教育与训练多通过田猎开展。因此，我们在今天的一些关于商朝的卜辞中仍能看到"烧山引兽，放火寻角"的记载。在以围猎为训练士兵的形式中，一般需要大量车马和射手作为主力并配备大量人力，根据地形布阵、举火、设防。而且这种防设不仅以动物为捕捉对象，有时还会以人（主要是羌人）作为袭击对象，若捕捉到则将其作为人牲或补充奴隶队伍。

除了田猎之外，卜辞中还反映了商朝也有一定的专门军事训练和军事教育，如"王爻众伐于髳方"等，这里的"爻"是教的初文，意思是出征方国之前，王亲自教谕训练征作徒兵的众人。另外，根据"庠射""庠三百射"（庠是教射的学校）等的记载，可以看出当时已经有了一些专门教授射箭的场所或学校。

在军队体制上，商朝的军队一般包括王师、诸侯国军队和贵族武装力量三部分。

王师也称"朕师"，是直接由商朝的君主统帅的军队，是一种在王畿内的常备军。这些军队大多是由一定的军事组织编制的，且在平时会进行相应的训练，因此可以说他们基本上已经脱离了殷商社会时期的农业生产部门，是专门从事军事活动的。

直属王朝领辖的诸侯国，在殷商时期也存在一些武装军队，其称呼一般是在军队前面加上该诸侯国的国民，如"犬侯"的军队便成为"犬师"。由于材料所限且时间久远，我们不了解殷商时期诸侯国军队的情况，但根据殷商末年，周人已有了自己的"西六师"推断，当时臣服于殷商的诸侯国也是有一定的武力支持的。

贵族武装力量也称"族军"，它在商代的武装力量中占有重要的地位，常见的有王族、子族、多子族、三族、五族等，它们或是单独从事战争，或执行戍守任务。例如，"令王族追召方"，"惟多呼子伐獣"，"王其令五族戍雷"等。更多的情况是它们接受王命协同作战。例如，"贞令三族（从）沚伐土方"，"令多子族从犬侯扑周"。这些"族"的武装，是由贵族的宗亲丁壮构成的，"三族"或是由王的亲族组成的队伍；"多子族"是由王族以下的子姓宗族组成的队伍。"三族""五族"已成为甲骨文中的一个专名，可能是由三个或五个贵族宗族的丁壮长期结合一起、共同行动的贵族武装。

另外，商朝在夏朝刑罚的基础上又颁布了新的法律。"商有乱政、而作汤刑"，商代的法律对后世有很大的影响，西周时的统治者在断狱和量刑方面还强调要"罚蔽（比）殷彝"。

军队是国家的支柱，商代统治者对军队很重视，很自然地把奴隶制的刑法引入军事中来。在汤伐夏桀时，成汤和他的助手们就以"誓言"的形式，宣布军纪军法，明确奖惩原则，强调绝对服从，他说："尔尚辅予一人，致天之罚，予其大赉汝……尔不从誓言，予则孥戮汝，勿有攸赦。"就是说，你们辅助我征伐夏桀，我将大加赏赐你们；你们不听从誓言，我就将你们降为奴隶，决不宽赦。

商人"有册有典"，可能写在典册上的法律当时已存在。从甲骨文中已有"律"这个字来推断，殷商时期的君主已经意识到军队不纪律的重要性，从而在卜辞中也便有了"师惟律用"的记载。军队有没有战斗力，与军队遵守军纪、将领执行军法的情况有关。这和《易经·师》卦的"师出以律"可以互证。

在商军中有惩罚也有奖赏。用奖赏激励将士，商末青铜铭文记载，在征伐人方的战役中，商王曾对有功将士亲自行赏，如《小臣艅尊》铭所载，因艅参与征人方有功而赏之以贝。

三、西周的军事制度

西周奴隶制军事制度完备的集中表现是军事领导体制的一元化。军事权力不断向天子手中集中，是中国奴隶社会上升时期的重要特征。这一历史过程，始于夏殷，完成于西周。奴隶制的国家军队是奴隶制政权的主要支柱，因此军权的不断集中，标志着政权的不断集中，表明奴隶制国家机器不断得到强化。

　　根据《国语·鲁语》中"天下作师,公帅之,以征不德。元侯作师,卿帅之,以承天子。诸侯有卿无军,帅教卫以赞元侯。自伯、子、男有大夫无卿,帅赋以从诸侯。是以上能征下,下无奸慝"的记载,可以看出,西周时期,"作师"(即组建军队)和"帅师"(统帅军队)都是由周天子掌握的,一般的诸侯是无权参与其中的。此外,虽然一些诸侯也保留着组建军队的权利,但他们在行使这项权利时必须要得到周天子的命令,即所谓的"元侯作师,卿率之,以承天子"。

　　在对诸侯的军队的统领上,周天子虽然准许诸侯国组建军队,但对其数量、等级等都有规定。这说明,西周时期军事制度已经有了一个一元化的体现,即建立了以周天子为核心的军事体制。

　　为了加强对军事制度的控制,周天子设立"司马"一职,协助周天子对天下军队进行控制与管理。"司马"仅列冢君、御事、司徒之后,而在司空、亚旅、师氏之前,可见其地位是相当显赫的。作为西周朝廷重臣,"司马"受周天子委任统管全国军政事务,因此《周礼》的这段文字,应该说在很大程度上讲的是西周制度。"司马"的职责是管理国家军赋、组织服役人员进行军事训练和演习、执行军事法律。

　　此外,西周的国家军队,是按分封制由周天子规定出天子直辖的和诸侯国所有的常备军编成限额。其中,周天子直接掌握着王室的三大军事力量——"西六师""殷八师"和"成周八师"。其中,"西六师"是宿卫周的镐京的,因位于西部,故有此名。"殷八师"是驻守在新筑的成周城(又称洛邑),用于震慑集中在该处的殷(商)贵族。"成周八师"驻守成周,宿卫陪雒邑,震慑南方诸夷和中原腹地。这样一来,便形成了西、东、南三大军区。关于这些军队的编制,据《周礼·夏官》记载:"凡制军,万有二千五百人为军。王六军,大国三军,次国二军,小国一军。军将皆命卿。二千有五百人为师,师帅皆中大夫。五百人为旅,旅帅皆下大夫。百人为卒,卒长皆上士。二十五人为两,两司马皆中士,五人为伍,伍皆有长。"可见,当时周天子直接掌握的军队有数万之众。这是奴隶主国家机器赖以运转的重要保证。

同时,西周已建立比较严格的禁卫制度,其禁卫系统可分为"居""行""守"三部分。其中,"居"是宿卫周天子的核心人员,一般在宫中执役而不随周王出宫,承担的职责主要是纠察王宫内各官府办事及人员增减,制定名册。"行"是护卫周天子出行,随王出征的禁卫士卒。"守"是在宫外环列守护,周天子出行时,也在行宫的外围环列守护的禁卫卒隶。

此外,西周时,在兵役上也出现较为严格的等级制。其中,宿卫周天子和诸侯的"虎贲"兵(亲兵、警卫兵)是贵族子弟兵,大多从"王族"或"公族"中征集。车兵(主力部队)"甲士"从"国人"平民(自由民)阶级中征集,步卒(步兵)是从庶人(自由民和农业奴隶)中征集。其他生产劳动(皂、隶、牧、圉)的厮徒则是从奴隶中征集,以用作军事后勤事务及军事工程劳役。

值得注意的是,西周时期,我国便已经出现了军事指挥号令系统,即金鼓旌旗,它在西周行军、作战及部队训练等军事活动中发挥了重要作用。作为军事指挥号令系统,金鼓旌旗在军中由大将亲自掌握。大将以下的各级将吏都以大将的旗鼓号令为号令,指挥全军统一动作。

四、春秋时期的军事制度

春秋是我国奴隶社会由盛转衰的历史时期,这一时期的政治制度、经济制度、社会制度以及思想文化相较西周时期已经有了明显的变化,即由诸侯争霸所带来的"社稷无常奉,君臣无常位"。其中,军事制度的变化更为突出,西周以来一元化的军事领导体制归于瓦解,列国的军队组织失去了统一控制,各国间激烈的争霸与兼并战争,不仅直接推动了春秋时期兵源的扩大化,使兵役制度出现变革;而且促使了多种多样的作战阵法的出现,使得军事战争直接进入重谋略的时期。但需要注意的是,由于春秋时期的军事制度是在西周军事制度的基础上发展起来的,二者有着直接的继承关系,所以西周军制中一些带根本性的特点,在春秋时期仍被保留下来。这就构成了春秋时期军事制度的变化和不变两个方面。

春秋时期,军事制度的变化方面主要体现在以下几点。

第一,周天子一元化军事领导体制的崩溃,因分封而形成的诸侯军队组织的多元化得到了充分的发展,列国军队的组建权和领导权已皆由诸侯自专,不再受王室支配。

第二,兵役制度发生变化。以晋国在公元前 645 年的"作州兵"为起点,春秋时期的征兵制度正式打破了国、野的限制,各诸侯国除了征收"士商工"三类国人入伍之外,还将处于田野的"野人"——农民纳入征兵范围内,从而大大增加了兵源的范围。

第三,军队编制发生变化,这一点主要体现在车乘士卒制度的变化上,即从春秋早期的每辆战车乘载士兵"三十人"发展到中晚期的每辆战车乘载士兵"七十五人"。春秋时期车乘士卒之法发生变化的重要原因,在于各国兵役和军赋制度的变化。由"作州兵""作丘甲""作丘赋"所开辟的征召野人当兵的制度,导致了每乘车下步卒人数的增加,而每乘车下步卒人数的增加正是车乘士卒之法变化的关键所在。

第四,郡(县)邑兵和卿大夫采邑家兵的建立。西周时期,处于田野的农民是不在征兵范围内的,所以田野中的都邑一般都不会设置武装力量。但到了春秋时期,为了扩大本国的军事力量,在郑国、晋国和楚国等诸侯国的带领下,各诸侯国均开始在都邑设置武装力量,郡(县)邑兵和卿大夫采邑家兵随之建立。

春秋时期,军事制度的不变方面主要体现在以下两点。

第一,"兵农合一"的民兵制度。"兵农合一"的民兵制度是中国先秦奴隶社会军事制度的基本特点之一。它的这一特点形成于夏殷,西周时表现得最为充分,至春秋时虽然由于奴隶制度的衰落而使军事制度发生了变革,但"兵农合一"的根本性质并没有改变。

第二,车、步兵结合的作战方式。以战车为核心的车、步兵结合作战,是西周以来传统的作战方式。《史记·殷本纪》说武王"遂率戎车三百乘,虎贲三千人,甲士四万五千人,以东伐纣……诸侯兵会者车四千乘,陈师牧野"。春秋时期,车、步兵结合作战仍然是争霸战争的主要形式。据《左传》所载,春秋时期的有名大战,无一不是车、步兵结合作战。例如,"隐公元年,郑庄公命子封帅车三百乘伐京""僖公二十八年,城濮之战,晋车七百乘,靶、勒、鞅、鞴"。

五、战国时期的军事制度

战国是一个战火纷飞的时代,期间由于战争规模、战争手段等的变化,奴隶制的军事制度在这一时期开始瓦解,而封建制军事制度则逐渐建立。此外,在战国时期,我国的军事制度发生了以下几方面的变化。

第一,各诸侯国都建立了常备军。早在春秋中期,随着野人征兵制的出现,诸侯国的兵役制度已经有了一定的变化,但是因为井田制度和农村公社制度尚未彻底瓦解,所以由"兵农合一"的民兵制度向常备军制度的演变在春秋末期并没有完成。到了战国时期,各诸侯国为了不断提高本国的国力,开始纷纷变法,这些变法运动将原来的井田制和村社制度的社会基础毁灭殆尽,从而使得"兵农合一"成为一种社会现实,这就为各诸侯国建立常备军奠定了良好的基础。据《战国策》等文献记载:"秦国有带甲100万,车1 000乘,骑10 000匹。魏国有带甲40万。楚国有带甲100万,车1 000乘,骑6 000匹。赵国有带甲数十万,车1 000乘,骑10 000匹"。同时,由于军队规模不断扩大,独立地军事指挥系统也随之产生。例如,秦国设立都尉、中尉,齐国设司马,赵国设左司马、都尉等。

第二,战、将分离。由于常备军的出现,诸侯国纷纷开始加强这些常备军的军事素质,再加上在战国时期战争频发及其重要性的加强,便出现了一批具有较强军事素质的人才,如军事谋略家、军事指挥家等,各国纷纷将这些人才纳入常备军之中并让其担任一些军官。同时为了保持军队的相对稳定,原本的"寓将于卿"的制度已不能适应新形势的要求,因此,文、武官职从此分离,产生出了职军官。

第三,军事训练的经常化。西周时期的军事训练制度的特点是在农闲时进行,名称曰"春蒐夏苗,秋弥冬狩"。至战国时,军事训练的经常化已经被列为军队建设中的首要问题。这一方面是由于常备军的出现所决定的,常备军需要经常性的训练,这是不言而喻的;另一方面也是因为战国时期战阵越加复杂,出现了方阵、圆阵、钩形之阵、火阵等多种形势复杂的战阵,且在一场战争中,大多不会单独只采用一种战阵,而是将其组合起来运动,这也就是《吴子兵法》中所说的"圆而方之,坐而起之,行而止之,左而右之,前而后之,分而合之,结而解之"。可见,在战国时期,战斗的复杂化要求对士兵进行训练,以便他们能够熟悉各种战法。

第四,城邑和要塞开始设防。在春秋以前,各诸侯国在城邑和要塞都是不设防的。春秋时期开始,随着战争的频发,一些诸侯国开始在都邑设置武装力量。而到了战国以后,由于战争规模的扩大以及常备军的出现,各国均开始在城邑和要塞进行设防,以便占据优势。例如,《战国纵横家书》说:"鄢陵之守,(城百)丈,卒一万。"《尉缭子·兵权》说:"守法:城一丈,十人守之……千丈之城,则万人之守也。"

第五,军功爵制确立。所谓"军功爵制",就是"以爵赏战功"的制度,也就是因军功(实际上也包括事功)而赐给有功之臣爵位、田宅、食邑的爵禄制度。这项制度是在各国变法的基础上产生的,它打破了奴隶主贵族凭借血缘宗法关系就可以轻取富贵、世袭爵禄,战士们在疆场上流血,军功却归于贵族的先例,为新兴封建地主阶级的崛起创造了条件。

第四章　先秦时期思想传统的奠定

先秦时期是我国古代思想学说的奠定时期。前诸子时代(殷末周初以前)的思想学说并没有充足的文献资料,而到了诸子时代,先秦思想出现了百家争鸣的繁荣景象。本章内容主要围绕先秦时期思想传统的奠定进行深入的研究。

第一节　前诸子时代的思想学说

在前诸子时代,影响深远的思想学说主要有《洪范》九畴说、《周易》的哲理思想、以周公为代表的敬德保民思想以及西周末年至诸子以前的理性思潮。

一、《洪范》九畴说

《洪范》是《尚书》中的一篇。据说商朝灭亡之后,周武王访问殷商遗臣箕子,箕子为周武王陈《洪范》。由于《洪范》是商朝遗臣所述,古书征引时多称为《商书》;又由于它形成于周武王灭商之后,因此《尚书》将其纳入《周书》。洪是大的意思,范是法的意思,洪范也就是大法,一共包括九条内容,因此称为洪范九畴。可以说,洪范九畴是箕子在殷周之际对夏商两代尤其是商代自然和社会政治思想的总结,其内容具体可分为两大类。一类是关于制度体系的;一类是关于规范系统的。

（一）关于制度体系

关于制度体系的内容主要包括"顺用五行""协用五纪""农用八政""明用稽疑"及"向用五福,威用六极"。

1."顺用五行"

"五行",即水、火、木、金、土,是指五种作为实体的物质,它们具有"下""炎上""曲直""从革""稼穑"的五种属性和功能,这五种属性和功能又派生出"咸""苦""酸""辛""甘"五味。五行居于洪范九畴的首位,突出认识自然对于社会管理的重要性,要求统治者按照事物的自然属性安排社会生产和生活。

2."协用五纪"

"五纪",是指"岁""月""日""星辰""历数"五种计时方法,"协用五纪",也就是综合运用这五种计时方法,以形成最佳的历法体系。这对于社会生产,尤其是农业生产发挥着重要的作用,同时也是君主重要的职责。

3."农用八政"

"八政",是指"食""货""祀""司空""司徒""司寇""宾""师"八种政务官员,在这里代指农业、财务、祭祀、户口、教育、治安、外交、军事八方面的政务。努力做好这些重要的工作,社会就可以有效、有序地组织起来。

4."明用稽疑"

"稽疑",是指决策制度。遇到大的疑难,要综合听取君王、卿士、庶人、卜筮的意见。在这些意见中,卜筮最为重要,它集中反映了"殷人尊神"思想。但最终决策要和"庶人"进行商量,"三占从二",这体现了原始民主精神。

5."向用五福,威用六极"

"向用五福,威用六极",是指用"寿""富""康宁""攸(由)好德""考终命"五福和"凶、短、折""疾""忧""贫""恶""弱"

六极劝诫臣民。

在这些内容中，"顺用五行""协用五纪"主要与社会生产有关，"农用八政""明用稽疑""向用五福，威用六极"主要与社会政治有关。

（二）关于规范系统

关于规范系统的内容主要包括"敬用五事""建用皇极""乂用三德""念用庶征"四个方面。

1."敬用五事"

"敬用五事"，是指君王应做到的五种修身规范。五事，即貌、言、视、听、思，它是君王的日常行为表现，恭、从、明、聪、睿是对五事的规范，肃、乂、晰、谋、圣则是所应达到的效果。

2."建用皇极"

皇极是指政治管理的基本原则。"建用皇极"主要包括两方面的内容：一方面是君王应遵守的规范，另一方面是臣民、百官应遵守的规范。君王应做到造福臣民，任贤使能，赏罚公平；臣民应做到"遵王之义"，"遵王之道"，"遵王之路"。

3."乂用三德"

"乂用三德"，是指君王治理臣民可选用"正直""刚克""柔克"三种方式。以"正直"对待一般的人，以"刚克"对待强悍不友善的人，以"柔克"对待柔顺可亲近的人。

4."念用庶征"

"念用庶征"，是从天人感应观出发，强调君王的行为对自然气象的好坏有着重要的影响。君王的行为如果表现为"肃""袂""晰""谋""圣"，天气就会正常；相反，如果君王行为表现为"狂""僭""豫""急""蒙"，天气就会反常。不同于原始文化的巫术交感，这种天人感应主要取决于伦理性规定，实质上是利用宗教来对君王的行为进行规范，它是宗教政治化的重要表现。

箕子所陈述的这九条治国方法,是夏商两代治国的重要思想,对后世影响深远。

二、《周易》的哲理思想

关于《周易》的作者,《系辞传》认为是"庖羲氏……始作八卦",但从"作结绳而为网罟,以佃以渔,盖取诸离"来看,庖羲氏时代的先民,不但发明了八卦,也发明了六十四卦。相关文献资料表明,《周易》兴起于殷周之际,与周文王具有密切的关系。从《周易》经文和先秦、两汉的文献记载来看,周文王因于羑里时,可能对六十四卦的卦序进行了编排,又将六十四卦系以一定的卦辞和爻辞,文王所系之卦、爻辞,经过其子周公旦的改编、加工,最终形成《周易》本经。由于"父统子业",因此说文王作《易》。

《易》主要起源于数占,本来是用来卜筮的。但发展到《周易》,经过文王、周公父子创造性的改编,《周易》在卜筮之外,具有深刻的哲理和社会政治思想。

《周易》主要由卦画符号和卦爻辞组成。共六十四卦,每卦六爻。其中阳爻(____)、阴爻(__ __)各 197 爻。六十四卦由八卦两两相重而成,八卦共二十四爻,其中阳爻、阴爻各 12 爻。这样阴爻、阳爻构成了乾(☰)、坤(☷)、震(☳)、艮(☶)、坎(☵)、离(☲)、兑(☱)、巽(☴)八卦,乾、坤、震、艮、坎、离、兑、巽八卦各自分别相重,又构成了乾(䷀)、坤(䷁)等六十四卦。

"易者,象也",这种卦画结构蕴含着天地万物由阴阳构成的思想。六十四卦两两相对,分为 32 组,如泰与否、谦与豫、损与益。其卦画"非复即变",如乾卦(䷀)与坤卦(䷁),相同爻位上的爻性质正好相反,乾为阳爻,坤则为阴爻。而泰卦(䷊)与否卦(䷋)的爻序则相互颠倒,其中蕴含着对立统一的观点。六十四卦的最后一对卦是既济(䷾)和未济(䷿)。"既济"即成功,因此既济的六爻中阳爻都处于奇位,阴爻都处于偶位。"未济"即不成功,因此未济的六爻中阳爻都处于偶位,阴爻都处于奇位。《周易》

六十四卦中六爻全部当位的只有既济,全不当位的只有未济。可以看出,六十四卦并不是以既济结束,而是以未济结束,这说明了"物不可穷"的道理,旧的矛盾一经解决,新的矛盾又会产生,事物的发展变化是无穷的,其中蕴含着发展转化的观点。

《周易》的卦爻辞中蕴含着深邃的哲理。例如,乾卦的爻辞为初九,潜龙勿用。九二,见龙在田,利见大人。九三,君子终日乾乾,夕惕若厉,无咎。九四,或跃在渊,无咎。九五,飞龙在天,利见大人。上九,亢龙有悔。用九,见群龙无首,吉。通过象征的手法表现了事物的发展变化过程。初九所说的"潜龙",象征着事物的开端,事物刚开始时,力量比较弱小,时机还不成熟,因此说"勿用",切忌轻举妄动。九二,龙由隐而"见(现)",象征事物的逐步发展。九三,强调君子要当作则作,当息则息,张弛有度,然后化险为夷。九五"飞龙在天",象征着事物发展到了完美阶段。上九"亢龙"象征着事物发展到了顶点,物极必反,因此说"有悔"。用九之所以"吉",是因为"见群龙无首",可以看出作者对争权夺利的厌恶,主张以谦让服人的精神。再如,坤卦的初六,履霜,坚冰至。说明在初次踏薄霜的时候,就应想到冰天雪地的严冬到来,比喻见微知著,表明事物的变化发展过程是可以察觉和预见的。泰卦的九三,无平不陂,无往不复。以地势的"平"与"陂",外出和返回的"往"与"复"象征事物对立面的相互依存和转化。否卦的上九,倾否,先否后喜。表明事情坏(否)到了极点,就会向好(喜)的方面转化。否卦发展到上九,就是"先否后喜","否极泰来",由凶转吉,因此否卦的卦画倒过来就是泰卦,否卦的上九就是泰卦的初九。

《周易》在占筮的形式下,蕴含着丰富的哲学思想,这就是后来孔子选定它作教材,为它作传的重要原因,这也是只有从它发展出哲学的人文主义和自然主义的原因。

三、以周公为代表的敬德保民思想

商纣王坚信天命,但由于不修内政,导致商的土崩瓦解,这一事实引起了以周公为代表的周初统治者的反思。虽然他们没有真正摆脱对上帝和鬼神的迷信，依然"事鬼敬神"，但他们已经把眼光从天上移到地上，更加注重人事，更重视客观现实问题。

《尚书·周书》的《大诰》《康诰》《酒诰》《梓材》《召诰》《洛诰》《多士》等周初的文献，反映了以周公为代表的周初统治者的政治思想。可以看出，周初统治者对"天命"的认识已经和殷人有所不同。他们尽管以历史的发展由"天命"决定为前提，但产生了新的认识，正如《诗·大雅·文王》中所提到的"天命靡常"，是可以转移的。他们认为，夏王朝的建立是由于接受了天命，后来丧失了天命，天命转移到商，因此夏亡商兴。现在殷商再一次丧失天命，商命转移到周，因此殷亡周兴。因此，他们认为天命是无常的，是可以转移的，人世间的权命不会永远掌握在一姓王朝手中。

天命无常，而且具有选择性。周初统治者认为，上天时刻都在寻求适合作百姓君主的人，上天跟谁都没有亲戚关系，只辅助有德之人，正如《古文尚书·蔡仲之命》所说"皇天无亲，惟德是辅"。夏代的统治者不懂得保护人民，对人民施行暴虐，因此天命发生了转移，选择商汤作为民主。后来，商统治者只知过度享受，不去考虑办好政务，因此上天降下亡国大祸，将天命转移给周。因此，周王敬重有德的人，推行德政。这种认识虽然理论上是受到从天命观的影响，但实际上强调的还是人事。基于人事决定天命的认识，周初统治者提出了"明德""慎罚""保民"的治国思想。

（一）"明德"思想

"明德"即"敬德"，是指明于德治，崇尚德政。这种说法见于《尚书·周书》和金文，具体而言，"明德"主要包括两方面的内容。

第一，修身正心。《召诰》说："节性，惟日其迈。王敬作，所不可不敬德。"王应该对自己的性情加以节制，每天都要有所进步，要认真做事，谨慎自己的德行。《大盂鼎》载周康王说："今我佳即型禀于文王正德，若文王令二、三正。今余佳令汝盂邵营敬雝德经。"也即是说"现在我效法文王的正德，像文王训令二三臣正那样,现在我训令你盂:要努力实行道德规范"①。周公在《无逸》中告诫成王:"君子所,其无逸,先知稼穑之艰难","无淫于观、于逸、于游、于田"。也即是说,不可贪图安逸享乐,首先应了解耕种收获的艰难,不能在观赏、安逸、嬉游和田猎之中过度沉溺。

第二,教化人民。《召诰》说:"其惟王位在德元,小民乃惟刑用于天下,越王显。"这是说,君主居于国家的统治地位,应该在道德上做出榜样,让老百姓效法,这样才能光显王业。《康诰》载周公告诫成王说:"爽惟民迪吉康……矧今民罔迪,不适;不迪,则罔政在厥邦。"即是说,老百姓受到教化就会善良安定,不加教导就不会善良,国家就不会有德政。

(二)"慎罚"思想

"慎罚"是指慎重对待刑罚,尽心断狱,使刑罚要合情合理。周初统治者对殷人滥施重刑,导致民心尽失,开始进行反省。"慎罚"具体内容包括以下几点。

第一,量刑主要是以动机和是否有悔改之心作为标准。一个人即使犯了大罪,如果不是有意为之,而且能够坦白,并且自觉悔改,就可以不杀;如果是经常性的有意犯错,即使罪行小,也可以杀掉。

第二,要对刑者进行体恤,将臣民犯罪视为自己生病,这样臣民就会完全抛弃罪恶。

第三,要集中刑罚处置之权,防止权力被乱用。

第四,判决要非常谨慎,进行充分的考虑。

第五,要依法量刑,切忌主观断案。

第六,要严惩违反社会公共秩序、违反伦常的人。

第七,对违法乱纪的诸侯和大小官员也要一视同仁。

除了第三、五、七三点讲依法用刑之外,其余各点都突出了德政原则。

---

① 洪家义:《金文选注义》,南京:江苏教育出版社,1988年,第81页。

（三）"保民"思想

"所谓保民"，不仅是要保有百姓，更是要做到恤民、惠民、安民。《史记·周本纪》中记载，周武王一推翻商纣王，就"命毕公释百姓之囚"，"命南宫括散鹿台之财，发巨桥之粟，以振贫弱萌隶"。在《无逸》中，周公教导成王，要以前代贤王和文王作为榜样，要了解百姓的痛苦，能安定百姓、爱护百姓，关心孤苦无依的弱者。即使是对待前朝遗民，周初统治者也采取了有远见的政策，要宽大对待王家所接受保护的殷民；保护殷民，要像保护小孩子一样，使殷民康乐安定。这种民意决定天命的思想，是以周公为代表的周初统治者对天命神学观创造性的人本主义的转换，对西周末年和春秋、战国时期的人本主义思潮的出现具有重要的启迪作用。

四、西周末年至诸子以前的理性思潮

西周末年至诸子以前的思想界，理性思潮的发展主要表现在哲学思维和人本学说两个方面。

（一）哲学思维

1. 史伯的"和实生物"说

史伯是周幽王的太史，他在回答当时身为周司徒的郑桓公的问题时，对周幽王的弊政进行了精辟的分析，《国语·郑语》中记载：

> 今王……去和而取同。夫和实生物，同则不继。以他平他谓之和，故能丰长而物归之；若以同裨同，尽乃弃矣。故先王以土与金木水火杂，以成百物。是以和五味以调口，更四支以卫体，和六律以聪耳，正七体以役心，平八索以成人，建九纪以立纯德，合十数以训百体，

出千品,具万方,计亿事,材兆物,收经入,行絯极。故王者居九畡之田,收经入以食兆民,周训而能用之,和乐如一。夫如是,和之至也。于是乎先王聘后于异姓,求财于有方,择臣取谏工而讲以多物,务和同也。声一无听,物一无文,味一无果,物一不讲。王将弃是类也而与剗同。天夺之明,欲无弊,得乎?

这一段话蕴含了两个具有哲学思维的命题。

一是"先王以土与金木水火杂,以成百物"。所谓"百物",即"兆物"或"万物",是"土与金木水火""五材"相"杂"生"成"的,实质是以"金木水火土"为万物的起源,是对《洪范》"五行"说的进一步发展。

二是"和实生物,同则不继"。"和"就是"以他平他",以一种元素与另一种元素配合,以相辅相成。而"同",就是"一",就是"剗",不容许对立面的存在。史伯认为音乐悦耳动听必须"和六律",美味可口必须"和五味"。治理国家也必须"讲以多物,务和同"。而"去和而取同","声一"则"无听","物一"则"无文","味一"则"无果","物一"则"不讲","剗同"则"必弊"。因此,对立面的相辅相成不但是万物产生的根源,同时也是自然界和人类社会的普适规律。

2. 伯阳父的阴阳气论

周幽王二年,西周三川发生地震。周大夫伯阳父对其进行了解释,《国语·周语上》中记载:

夫天地之气,不失其序;若过其序,民乱之也。阳伏而不能出,阴迫而不能烝,于是有地震。今三川实震,是阳失其所而镇阴也。阳失而在阴,川源必塞;源塞,国必亡。

伯阳父认为,充塞天地之间的是"气","气"又分为"阴阳"。"阴阳"二"气"既有"序"又相互矛盾,"失其序""过其序",阴阳失衡,在自然中表现为地震,在政治上就会出现亡国。

3.晏婴的"和""同"之辨

齐景公的嬖臣梁丘据一切唯上是从,齐景公称赞其为"和"。晏婴却认为是"同"而不是"和",并与齐景公展开了一场"和""同"的辨论。晏婴认为:

> 和如羹焉,水、火、醯、醢、盐、梅,以烹鱼肉,之以薪,宰夫和之,齐之以味,济其不及,以泄其过。君子食之,以平其心。君臣亦然。君所谓可而有否焉,臣献其否以成其可;君所谓否而有可焉,臣献其可以去其否,是以政平而不干,民无争心……先王之济五味、和五声也,以平其心,成其政也。声亦如味:一气,二体,三类,四物,五声,六律,七音,八风,九歌,以相成也;清浊、小大,短长、疾徐,哀乐、刚柔,迟速、高下,出入、周疏,以相济也。君子听之,以平其心。心平,德和。……今据不然。君所谓可,据亦曰可;君所谓否,据亦曰否。若以水济水,谁能食之?若琴瑟之专壹,谁能听之?同之不可也如是。

在晏婴看来,"和"是多种事物的对立统一,而这种对立统一是普遍存在的。烹调要有不同味道,"水、火、醯、醢、盐、梅"相"济",才能成为美味;音乐要有不同的音律,"清浊、小大,短长、疾徐,哀乐、刚柔,迟速、高下,出入、周疏"相"和",才能动听。君臣之间也是如此,"可""否"相反相成,才能"政平而不干,民无争心"。而"同"否定了对立面的必要性,臣以君之可否为可否,是同而不是和。晏婴严格区别了"和"与"同"的差异,又指出杂多和对立的事物是"相济""相成"的,进一步发展了史伯"和实生物"说。

4.史墨的"物生有两"说

史墨是晋国的史官,他在回答赵简子问时对"季氏出其君,而民服焉"进行了富有哲理性的分析,《左传》中记载:

> 物生有两、有三、有五、有陪贰。故天有三辰,地有五行,体有左右,各有妃耦,王有公,诸侯有卿,皆有贰也。天生季氏,以贰鲁侯,为日久矣。民之服焉,不亦宜乎!普君世从其失,季氏世修其勤,民忘君矣。虽死于外,其谁矜之?社稷无常奉,君臣无常位,自古以然。故《诗》曰:"高岸为谷,深谷为陵。"三后之姓于今为庶,主所知也。在《易》卦,雷乘乾曰:"大壮。"天之道也。

史墨认为,事物在生成过程中总是存在着对立的矛盾双方。事物的矛盾双方并不是简单的并列关系,而是有主有从。不但"物"是如此,人类社会也是如此。但是,事物矛盾双方的主从并非绝对的,自然界里"高岸为谷,深谷为陵",政治上"社稷无常奉,君臣无常位,自古以然",事物矛盾双方的主从会向相反的方向转化。这已经初步认识了矛盾的主次性质,认为矛盾的主次性质是可以转化的。

(二)人本学说

1.季梁的民为神主说

季梁是春秋初年随国的大夫,随侯认为只要以"牲牷肥腯,粢盛丰备"奉神,就会得到神的降福保佑,他却说:

> 夫民,神之主也,是以圣王先成民而后致力于

神……今民各有心,而鬼神乏主;君虽独丰,其何福之
有? 君姑修政,而亲兄弟之国,庶免于难。

季梁认为民是主,神是从;如果民心背离,鬼神要降福也无
能为力。只有"先成民而后致力于神",君主才能"庶免于难"。
很显然,民已重于神。

2. 史嚚的"国将兴,听于民"说

虢国的史嚚在神人关系上较之季梁更进一步,他说:

国将兴,听于民;将亡,听于神。神,聪明正直而壹
者也,依人而行。

他认为神意要以民意为转移,而且将听于神还是听于民与国
之兴亡紧密相连,实质上是对神的权威的否定。

3. 叔兴的"吉凶由人"说

鲁僖公十六年春,宋国出现奇事:有五颗陨石陨落,有六只
鹢鸟退飞过城。宋襄公问东周内史叔兴是凶是吉。叔兴说:

君失问。是阴阳之事,非吉凶所生也。吉凶由人。

叔兴认为自然界的这些奇事与阴阳作用有关,而与人事的吉
凶并没有关系,人事的吉凶是由人决定的。可见,这一时期的思
想家在天人关系的认识上也有了突破。

4. 子产的"天道远,人道迩"说

春秋晚年,郑国的子产对天象神异的迷信从理论和实践上进
行了突破。鲁昭公十八年夏天五月的一个傍晚,大火星出现,丙
子日刮风。梓慎预测七天后有火灾。后来果然宋、卫、陈、郑都发
生了火灾。裨灶去年就预测到了,建议要用宝物来禳火,遭到了

子产的否定。现在又说："不用吾言,郑又将火。"连子太叔也相信了,劝谏子产不要吝惜宝物。子产却说:

> 天道远,人道迩,非所及也,何以知之？灶焉知天道？是亦多言矣,岂不或信？

子产认为天道悠远,而人事迫近,天道与人道并没有关联,不可能了解它们的关系,裨灶只是偶尔说中罢了。坚持不祭神,而郑国也并没再发生火灾。一年后,郑国发生大水,有龙在城外水潭里相斗,又有人要求祭龙以消灾。子产反对说:

> 我斗,龙不我睹也；龙斗,我独何睹焉？禳之,则彼其室也。吾无求于龙,龙亦无求于我。

他认为龙和人是互不相干的,因此,人遇到了困难,不应该祭龙。天人有分的思想代表了春秋时期理性思维的进步。

第二节　先秦诸子思想研究

先秦诸子思想在中国思想学说史上有着重要的地位。先秦诸子各派中,儒家是最早,也是最大的学派,其后出现了墨家、道家、阴阳家、法家等多种思想,这些学派的思想对后世产生了深远的影响。

一、儒家思想

先秦儒学,以孔子为开山鼻祖,经过其后学,尤其是孟子、荀子的发展,不但在理论水平上达到了前所未有的高度,而且长期成为我国传统文化的主流。

（一）孔子的思想

孔子名丘,字仲尼,春秋末期鲁国人。其先祖是宋人,为了躲避战乱来到鲁国。父叔梁纥,是陬大夫公邑宰,以勇力闻名。孔子幼年丧父,他的母亲将他带回娘家曲阜阙里抚养。在他不到20岁时,母亲也去世了,因此他"多能鄙事"。由于他勤奋博学,渐渐闻名遐迩,34岁时弟子就非常多。51岁开始从政,做过中都宰、小司空,并进而"由大司寇行摄相事","与闻国政"。由于他为强公室而"堕三都",失去了季桓子的信任,只好弃官周游列国。先后历经卫、陈、蔡、曹、宋、郑诸国,但并没有得到重用。68岁时,孔子回到鲁国,虽尊为"国老",然"鲁终不能用",致力于文献整理而终。

孔子生活在社会大动荡的时代,他一生探索治国平天下的道理,力求实现自己的政治理想。孔子强调仁政、礼治,为政以德,这对于当时急功好利、不断从事攻战的各诸侯国来说,自然是格格不入的。

在55岁以前的中青年时代,孔子思想的重点主要是学礼、讲礼及主张守礼。55岁以后直至逝世,孔子虽然仍主张守礼,但其思想的重心已发生转移,一是由"礼"入"仁";二是由"仁"入《易》。

1. 礼学思想

对周礼的认同是孔子礼学思想的主要来源。孔子认为,由周公制礼作乐而形成的西周礼乐文化是人类的智慧,是当时最先进的制度。对于周礼,孔子有因袭不变的,也有进行革新的。因袭不变的是正名思想。《论语·子路》中写道:"名不正,则言不顺;言不顺,则事不成;事不成,则礼乐不兴;礼乐不兴,则刑罚不中;刑罚不中,则民无所措手足。"因此,他要求建立"君君、臣臣、父父、子子"的社会秩序,主张"非礼勿视,非礼勿听,非礼勿言,非礼勿动",一切都要循礼而行。孔子的这种思想,现在看来是一种保守的思想。但孔子处于"礼崩乐坏"之时期,乱极思治,也是可以理解的。

孔子复礼是改良后的礼,他企图用"德"和"礼"对"政"和"刑"进行补充。他认为只用行政命令和刑罚来治理民众是不够,应该进一步用"德"来加强思想教育和用"礼"来进行约束,这样民众就知道羞耻并能够服从统治了。孔子认为,只有统治者讲礼,为民众树立榜样,这样的社会才能够稳定。他将礼视为维持统治秩序的重要规定,有了礼,就可以防止叛乱。同时,他主张"举贤才",在不违背"亲亲"原则下选举有才能的人参与管理国家。对于礼的内容,孔子认为可依现实进行适当的修改。

2. 仁学思想

礼只是一种外在的形式,要使人们真正做到尊崇礼所确定的行为规范,必须从心入手,从内在精神上贯通礼的必然意义。因此,孔子提出了"仁"的思想。《说文解字》将"仁"解释为"从人从二",即"人与人相与也"。孔子认为仁就是"爱人",人与人之间要相爱。一方面是自己想要满足的要求,也要使别人得到满足;另一方面是自己所不喜欢的,也不要强加给别人。孔子的"仁"还包括待人恭敬、宽容、守信用、勤快、恩惠("恭、宽、信、敏、惠");刚强、果断、朴实、说话慎重("刚毅木讷,近仁");居住在家谦恭,办事认真严肃("居处恭、执事敬")。

孔子的"仁"具有政治的内容,是一种治国之道,其基本内容是克制自己的私欲,使之符合周礼("克己复礼")。他还认为"仁"与"不仁"是能否守国的关键,因此,为政者要小心谨慎。办事要慎重,像接待贵宾一样,也要像在大祭一样。对待民众,统治者要仁爱,施行仁政。

此外,孔子还系统地提出了求"仁"的方法。他认为,求"仁"要从"己"开始,进而推己及人,由"爱亲"广之为"爱人"。这种仁学方法,是在承认爱有等差的前提下提倡爱人。作为从有等差的西周礼乐文化中发展出来的孔子仁学,这也是历史的必然。

3. 天道思想

孔子晚年回到鲁国,开始潜心研究《易经》,其仁学思想上升到天道的层次。其主要表现为晚年好《易》。

根据帛书《要》篇的记载,孔子本不好《易》,以为"德行亡者,神灵之趋;知谋远者,卜筮之繁",将《周易》视为卜筮之书。但晚年回到鲁国整理文献时,发现《周易》"有古之遗言",蕴藏着周文王的遗教,因此"老而好《易》",思想也发生了重要的改变。

他认为《易》有天道、地道、人道、君道,囊括自然界和人类社会的规律,读《易》可以"得一而群毕"。《诗》《书》《礼》《乐》虽然卷帙繁多,但从中获取"天道""地道""四时之变"和"人道""君道",并不是一件容易的事。这种重《易》而轻《诗》《书》《礼》《乐》说,实际上是为其人道哲学寻找天道的依据,将其人学发展为天人合一之学。孔子因"《易》有天道"而好《易》,可见,孔子晚年好《易》不仅是其经学观的一大变化,更是哲学思想的转变。

(二)孟子的思想

孟子名轲,鲁国邹(今山东邹县)人,孟孙氏的后裔,生活年代约在公元前390年至公元前305年间。他幼年丧父,家境贫困,由母亲抚养成人,从小就推崇子思(孔子的孙子)的学说。他从未和子思见过面,但在子思的学生那里读过书,自认为是子思的私淑弟子。孟子一生的经历与孔子很像,他好学不倦,弟子众多,周游列国讲学,晚年回到鲁国。他对孔子的理论作了进一步的论述和发展,成为战国时新兴地主阶级改良派思想的代表,是战国儒家中影响最大的一派。孟子的思想主要包括王道、仁政思想,性善论思想。

1. 王道、仁政思想

"王道""仁政"是孟子政治思想的核心。所谓"王道",是指先王之道,他将古代的统治者尧、舜、禹、汤、文、武、周公的政治视为最理想的政治。他要求政治不应打破古代的旧形式,而要复兴这种王道。因此,孟子建议行"仁政",继续将孔子的"仁"推广到政治生活中去。孟子主张推行仁政主要包括两方面内容。

第一,恢复井田制度。他设想的井田制度是农民有自己的土地、家屋,能够支配自己的劳动时间和生产经营,有自己独立的家庭经济,为地主耕种一部分土地并为他们服劳役地租,农民可以世世代代安心在土地上劳动,老年人能够有肉吃,有衣穿,八口之家的小家庭不受饥寒的威胁。因此,孟子设想的井田,是一种包含封建生产关系内容的井田,是生产者能够生活安定温饱的井田。这明显不同于商、周时实际存在的井田制。

第二,"制民之产"。保障老百姓最低限度的生产和生活条件,他认为应让老百姓能够养父母、养妻子、养子女、丰收能吃得饱,荒年也能免除死亡。为实现这一点,他建议统治者给农民"五亩之宅"和"百亩之田",让他们根据自然规律自主生产,并用孝悌等伦理观念对他们进行教化。劳动者安居乐业,统治者不需要用战争就可以"王天下"了。

由此可见,孟子鼓吹先王之道和井田制只是为了维护小农经济、地主经济,以实现社会安定。孟子把孔子爱人、仁的思想发展到了政治统治上。他对暴政和暴力给人民带来的痛苦进行了强烈的抨击,这也是我国历史上第一次系统地推出了安农、重农、富农的理论,具有重要的进步意义。孟子对春秋以来重民的思想进行了总结,反对专制政治,主张民主政治。他提出"民为贵,社稷次之,君为轻"的著名的民贵君轻论。孟子的这一理论为人民起义反对暴君提供了合法的理论依据。但孟子政治思想中也有保守性。他承认和要求维护上下等级的区别,认为不能侵害"巨室"和"世臣"的利益,并将实现"王道"和"仁政"的希望寄托在他们身上,反对对旧制度进行剧烈的变革和武装斗争,并进一步发展了孔子"上智与下愚不移"的理论,他认为"君子劳心、小人劳力""劳心者治人,劳力者治于人"是"天下之通义"。

2. 性善论思想

孟子主张"性善论",他认为每个人一生下来的性情都是善良的,性善是天生的。孟子所说的"善"是指"恻隐之心""羞恶之心""恭敬之心""是非之心",人本身就具有仁、义、礼、智等善端。有些人之所以做坏事,是由于受到了外界不良事物的引诱。为防止受到外界不良环境的影响,充分发挥仁、义、礼、智的善端,孟子主张要做到"不动心"和"寡欲",去除私心杂念,以养"浩然之气"。毋庸置疑,人的善恶在很大程度上取决于社会制度、社会条件、社会环境,一个人刚出生时不具备任何知识,是无所谓善与恶的。因此,可以说,孟子的性善论是唯心主义思想。但不可否认其在以后的两千多年封建社会中,却有着巨大的进步意义:第一,性善论服务于他的王道、仁政论。他认为,统治者只要发扬善心,就都可以成为尧、舜那样的圣人,都可以推行王道、仁政。第二,他认为庶民也是性善的,应培养他们的这种善心,他否定了贵族和庶民之间的天生的等级界限。第三,"性善论"为人民起义提供了一个合法的理论依据。这是孟子思想得到了贵族和人民共同拥护的原因。

孟子代表了新兴地主阶级改良派的思想要求,他希望在旧的统治形式下,不通过暴力手段来达到改革政治、发展生产、安定人民的目的。因此,他的思想比较能够为统治者及人民群众接受。他的学说在以暴力取胜的战国时代无法实行,但到了汉代封建统治已趋巩固的时候,孔孟学说的价值就体现出来了。

(三)荀子的思想

荀子名况,字卿,战国后期赵国人,约生于公元前313年,死于公元前238年,是战国后期一位唯物主义思想家,战国儒家八派之一。他早年时曾到齐国的稷下讲学,后又游学楚国,齐襄王执政后又回到齐国,成为稷下最年长的老师,后来他又到过楚国和赵国,并到秦国参观,最后到楚,在兰陵地方当官,年迈时失掉官职,在家著书,死后葬在兰陵。

荀子生活在战国晚年,当时各国新兴力量的夺权和改革取得了很大的成就。他本人周游各国,有着丰富的阅历,虽然属于儒家一派,尊崇孔子学说,但同时也吸收了其他学派思想,尤其是法家思想中的积极内容。他一方面赞成孔子倡导的礼治、孝悌、仁爱、任贤等思想,另一方面又积极宣传法家的富国强兵、加强君权、统一国家、以法治国的思想,对商鞅变法后的秦国进行了肯定。他将儒法两家学说中适合新兴封建统治需要的部分进行吸收、改造,形成了自己的学说。

1. 礼、义学说

在政治上,荀子强调礼、义。需要注意的是,他所讲的礼和义,并不是周礼,而是战国后期的礼和义,也就是封建社会的道德规范、社会制度和秩序。他宣传礼、义的目的,主要是为了宣传封建伦理道德,要人民学习封建的规章制度,遵守封建法纪,安定封建统治秩序。荀子的礼、义学说是对孔子礼的思想的发展,荀子强调礼,并对法家学说的一些思想进行了吸收,将礼法融为一体,纳法入礼。荀子说的礼是制度,义是伦理,法是刑法,三者结合起来,就形成了一套完备的封建制度。

2. 性恶论思想

在人性问题上,荀子主张性恶论,他是为了反对孟子的性善论提出来的,这也是他的政治思想的理论基础。他说:"人之性恶,其善者伪也。"荀子认为,恶是天生的,善是人为的。每个人都具有吃、穿以及获利的欲望,从小到老都是这样。得不到了就要争夺,争夺起来了就会引起社会混乱。要去掉恶性,就必须学习礼、义,培养善心。学好了礼、义,庶民也可以成为大禹那样的圣人。但实际上,农民根本没有条件人人去学礼、义。宣传人性恶,从哲学上讲属于唯心主义理论,从政治上讲是维护封建统治的伦理。在荀子看来,善就是循规蹈矩、遵礼守法,恶就是失礼犯法、胡作非为。这暴露了性恶论的阶级性。当然,性恶论强调人性常是由社会环境决定的,具有一定的合理性。

3. 教与学的观点

荀子重视客观环境的影响,因此他重视教育,强调后天学习的重要性,他认为,一定要有老师的教化,有礼义法度作指导,人才能够谦让有礼,做事有条有理,天下才能太平。

荀子和他的学生的著作《荀子》第一篇是《劝学》,反映了他对学习的重视,他提出了很多著名的学习方法,如"跬步千里""锲而不舍"等。同时他还提出了很多重要的原则,如学习重在实际努力,空想是无益的。

4.唯物主义思想

荀子是唯物主义思想家,他认为天的变化即自然界的变化,是按照一定的规律运行的,所谓"天行有常",并没有神在主宰。天象上的变化、地面上的灾异,都是自然界各种事物运动的必然表现。天意不能决定治乱,治乱也不会改变自然界的变化规律。

荀子不仅不承认天神的威力,还主张人的力量可以制服天,认为人的主观能动性能够克服自然灾害,能够改善自己的生产和生活条件。正如《荀子·天伦》中写道"强本而节用,则天不能贫;养备而动时,则天不能病;修道而不贰,则天不能祸。故水旱不能使之饥,寒暑不能使之疾,妖怪不能使之凶"。只要努力生产又注意节约,就不会穷困;注意营养又经常运动,就不会得病;遵循规律坚持去做,就不会得祸害。他提出,与其尊崇天,不如积蓄财物而来控制它!与其依从天空望天时,不如掌握天的规律而来利用它!与其让自然物自己繁衍增多,不如发挥人的才能来帮助它生长。这种人定胜天,战胜自然的思想,是当时生产力发展和科学技术知识进步的集中反映。荀子认为人可以征服自然,改造自然为人类服务,这是其思想中的积极层面。但他没有把天看成既是人的对手更是人的恩人和朋友,人与自然必须和谐共处,互利互动,这样才能在保护自然环境的前提下谋取最大的利益。因此,荀子的思想既是进步的,但也是有缺陷的。这主要是受到了所处时代和阶级条件的限制。

二、墨家思想

墨子,姓墨名翟,祖先是宋国人,后来长期居鲁。墨子本来是一位技艺精湛的工匠,早年曾就学于孔门。《淮南子·要略》:"墨子学儒者之业,受孔子之术,以为其礼烦扰而不说,后葬靡财而贫民,久服丧生而害事,故背周道而用夏政。"墨子为学礼也曾转益多师,并由此进入士阶层,故曾仕为宋大夫。但以后地位下降,接近劳动者,他自立门户,聚徒讲学,他的弟子多是下层社会的劳动者,创立"墨者"团体,自任首领,称"巨子"。墨子及墨家学说,主要保存在《墨子》一书中,其主要思想包括以下几个方面。

（一）伦理思想

伦理思想集中体现为"兼爱",这也是墨子思想的核心。"兼爱"即是"兼相爱,交相利"。他认为社会动乱攻伐,相互残害,就是由于人们"不相爱"造成的,因此他主张,人不只是要单方面地爱自己,还要爱别人。不仅要使自己有利,也要使别人有利。墨子认为,"兼相爱"就是要树立把别人的国看成自己的国,把别人的家看成是自己的家,把别人的身体看成是自己的身体。这样就能把别人与自己同等看待了。他说,要想天下太平,避免天下动乱,就应当贯彻"兼相爱,交相利"的原则。"兼爱"反映了墨子的一种理想,事实上是不可能实现的。这反映了他企图调和统治者与劳动者之间的矛盾。他希望维护自身的利益,使各方面的利益都得到保障。但是这只能是一种不合实际的空想。

"兼爱"发展的必然结果是"非攻","非攻"即反对战争。墨子认为,春秋战国的兼并战争都是违背"兼爱"原则的,他深刻揭露了战争给农民生活带来的危害。

（二）政治思想

墨子认为,依靠血缘关系而取得政治特权和经济利益,这种与生俱来的富有和高贵是"无故富贵",与他所主张的"兼爱"思想相违背。因此,他反对世袭制度,主张依靠才能获得政治地位,没有才能的人不能做官。正如《墨子》中所说"官无常贵,而民无终贱,有能则举之,无能则下之。"做官的不能永久都保持高贵的地位,而民众也不能永久都处于卑贱的地位。只要有才能就应该被推举出来当官,而没有才能的官吏则应该降级或罢免。即使是农民与工匠,只要有才能,都可以推举出来做官。这表明他对靠血缘关系取得特权地位的极力反对。这种主张,反映了小生产者要求取得政治地位的思想。

"尚同"是"尚贤"思想的扩大,不仅一般官吏要"尚贤",而且"天子"也要由贤者来担任。墨子认为,在国家出现之前,意见不统一,每个人都有着不同的是非标准,因而天下大乱。因此,他主张将天下的贤德、善良、人格高尚而又有智慧、能言善辩的人立为天子,"使从事乎一同天下之义"。然后,天子选择贤者来帮助其统一民众的思想,这样做就是尚同于天的意志,因为天的意志是"兼爱"。如果人人都做到"兼爱",天下自然就会太平。墨子"尚同"的主张,在当时只是一种善良的愿望,是无法实现的。但是这种学说倾向于中央集权专制主义的模式,在一定程度上符合当时历史发展的趋势,具有积极的意义。

（三）经济思想

经济思想主要包括"节用""节葬"的思想,这是墨子思想中的精华部分。墨子认为,为政者应积极生产,不断增加物质财富。《墨子·节用》:"圣人为政一国,一国可倍也。大之为政天下,天下可倍也。"他认为,要达到这个目的,并不需要扩张领土,只要尽量开发本国的资源,厉行节约,减去不必要的开支,物质财富就可以成倍增长了。同时,墨子还主张国家的财政开支要对人民有利。根据这个原则,墨子强烈反对儒家的"厚葬""久丧",而主张"节葬"。他认为葬礼不分贵贱,一律"桐棺三寸",也不需守丧。埋葬以后,马上去参加生产劳动。他指出,"厚葬"会将很多财富埋在坟墓里,而"久丧"则会影响劳动生产,这样不利于国家富强。

此外,墨子主张废除音乐,他将音乐视为一种享乐,认为统治者欣赏音乐,会占用治理国家的时间,老百姓欣赏音乐会占用劳动生产的时间,而且浪费资源,会阻碍天下的进步。

（四）神学思想

"尊天""事鬼"在一定程度上反映了他的神学思想,也是"兼爱"学说的理论根据,即要论证"兼爱"学说是天的意志,是鬼神的意志。

"尊天",也就是墨子所说的"天志"。墨子认为,天下无论是大国或是小国,都是天的城邑;人无论是年长、年幼、高贵、卑贱,都是天的臣民。因此,墨子思想中的"天"对所有的国家、所有的人,都是一视同仁的。《墨子·天志中》:"天之意不欲大国之攻小国也,大家之乱小家也,强之暴寡,诈之谋愚,贵之傲贱。"同时,天还希望人们之间相互帮助,相互教诲。而且,墨子认为"天"具有赏善罚恶的威力。如果顺从天的意志,实行"兼相爱,交相利"原则的,就会获得奖赏;相反,就会受到惩罚。《墨子·法仪》:"爱人利人者,天必福之;恶人贼人者,天必祸之",即墨子所谓的"天志"。墨子认为"天志"是十分重要的,它是衡量一切的标准。

"事鬼",也就是"明鬼",即相信鬼神,是从"鬼神"可以帮助"天"赏善罚恶出发提出来的。他说,如果使天下的人都相信鬼神能够"赏善罚恶",则天下就会太平,但这是一种迷信的思想。

（五）论辩学说

墨子对各个领域的问题都提出了一系列规则,墨子称之为"法",墨子也给论辩自身立了一个法则,即"三表"。《墨子·非命上》的"三表法"是墨子在人类认识发展史上的一个重要贡献,这是他认识客观事物的方法和判断是非的标准。所谓"表",就是标准、法则。"三表"是指"有本之者,有原之者,有用之者",第一表"有本之者",是根据古代圣王所经历的事情,即古人的历史经验。第二表"有原之者",是考察人民大众耳闻目睹的实际经验,即民众现实的切身经验。第三表"有用之者",是根据客观效果,看其是否符合国家与人民的利益。

"三表法"主要以古人的(历史的)经验,人民大众的(现实的)切身经验和客观效果为依据,是当时进步的思想。它批判了传统的命定论,但它的认识只停留在感性阶段,并没有上升为理性认识。因而不可能认识到事物的本质,甚至会得出错误的结论。例如,墨子"明鬼"的主张,就是根据有人曾经见过鬼的传说,来证明鬼神是确实存在的,这很明显违背了客观事实。

墨家后学出现分化,即相里氏一派、相夫氏一派、邓陵氏一派。他们都传习《墨子》,但有所不同,且互相攻击对方为"别墨"。到了汉代,墨家就已经销声匿迹了。

三、道家思想

数千年来,源远流长的道家文化始终与居于"独尊"地位的儒家思想相互对立,相互补充,共同汇成中华思想文化的主流。道家思想以"道法自然"的自然哲学为框架,探讨宇宙之本源,生命之奥秘,人生之真谛,坚持特立独行的品格,在中国思想史上独具特色。道家即以老子思想为宗脉的学术派别的总称,其代表人物主要是老子和庄子。

(一)老子的思想

根据《史记·老子韩非列传》记载,老子姓李,名耳,字聃,楚国苦县人。他生活于春秋后期,曾为东周王室的史官。作为中国第一位哲学家,老子对后世具有深远的影响,其思想的核心是"道",具体包括以下几方面。

1."无为而治"

老子在政治上主张"无为而治"。《老子》第六十章写道:"治大国若烹小鲜",即治理大国就好像烹小鱼一样,放在锅里不要多动它,否则小鱼就烂了。《老子》第五十九章认为,统治者"治人事天,莫若啬"。即治理天下,要爱惜自己的精神,不要使用智慧,而要"无为而治"。老子的"无为而治"的政治思想，是对儒家、墨家政治思想的反对。正如《老子》第三十八章说："夫礼者，忠信之薄而乱之首。"加上春秋以来"礼坏乐崩"的趋势，因此老子反对儒家用"礼"来进行统治。同时，他对"法治"也是深恶痛绝的。《老子》第五十七章说："法令滋彰，盗贼多有。"法令越明确，盗贼反而越多。对墨家的尚贤，老子也是反对的。《老子》第三章说："不尚贤，使民不争。"老子既反对"礼治"，也反对"法治"，还反对"尚贤"。他认为最好的办法是"无为而治"。

老子这种主张，正是他身为没落阶级立场的反映。他提出的"无为而治"，毕竟是从剥削阶级立场出发的。因此，它仍然还是一种统治人民的办法。只是要求统治者采取温和的手段，好使人民自觉地服从统治。老子的"无为"是建议统治者用一根无形的绳索对人民进行束缚，要他们无所作为，不能有丝毫反抗。他进一步提出了一套愚民政策和"小国寡民"的理想方案。可见，老子的思想具有一定的保守性。

不可否认的是，老子的政治思想也有积极的一面。他所谓的"无为"，并非什么也不做。《老子》第六十四章说："为之于其未有，治之于其未乱。"老子认为，要有所为，必须选择合适的时机。正如《老子》第六十三章中所说"图难于其易，为大于其细，天下难事必作于易，天下大事必作于细，是以圣人终不为大，故能成其大"。老子将"有为"的思想作为"无为"思想的补充，其思想是深刻的，是符合朴素辩证法的。

老子还揭露了当时尖锐的社会矛盾。他指出当时的统治者"损不足以奉有余"。并对下层人民予以了深切的同情，老子对当时社会的深刻揭露，在一定程度上反映了劳动人民的利益。因为他所代表的没落阶级，在当时社会中往往处于劳动者的地位。

2. 道的二元论

老子"无为而治"的政治思想建立在他的天道无为的基础之上。他的天道观抛开了传统的"天命""上帝"，提出了"道"是世界万物的本源。《老子》第四十二章认为:"道生一,一生二,二生三,三生万物。"即道是生成天地万物的本根,于是道成为万物的宗主。在老子看来,道是看不见、摸不着、没有形体的,它是万物的主宰,万物遵循道的运演而运动,但道自身却并不干预万物的运动。不但道依自己的本性而存在,万物也各依自己的本性而存在,也就是《老子》第二十五章所说的"人法地,地法天,天法道,道法自然"。由此,老子取消了殷周以来至高无上的人格神。但《老子》第四十章又说:"天下万物生于'有','有'生于'无'。"这里的"有"生于"无",就是"一"生于"道"。"有"就是"一","无"就是"道"。"天下万物生于'有'",就是"天下万物生于'一'",而"一"又是由"道"生出来的。而"道"是"无",并非物质实体,然而它是第一性的,天下万物是第二性的。显然,这是一种客观唯心主义的思想。

老子的"道"又不完全是客观唯心主义,它也是真实存在的。《老子》:"道之为物,惟恍惟惚。惚兮恍兮,其中有象;恍兮惚兮,其中有物。窈兮冥兮,其中有精。"可见,道是有象有物的,但却难以为感官所察觉,更难以用语言表述,它还有运动的属性,遵循往复地运动着,正如《老子》第二十五章所说:"有物混成,先天地生。寂兮寥兮,独立而不改,周行而不殆,可以为天下母。吾不知其名,字之曰道,强为之名曰大。"因此,"道"又具有物质性。

3. 思想方法论

老子思想,有其独特的方法论,即"有物混成,先天地生","有无相生","道常无为而无不为"[①]。

"有物混成,先天地生",是一种"逆推法",即由天地万物的存在逆推出其本原。在《老子》中通常采用这种方法寻求宇宙本原。除了第二十五章"有物混成,先天地生"之外,还有第四十章:"天下万物生于有,有生于无。"第十六章:"万物并作,吾以观复。夫物芸芸,各复归其根。归根曰静,静曰复命。"老子用这种追根

---

① 汤一介:《昔不至今》,上海:上海文艺出版社,1999 年,第 93 ~ 101 页。

溯源的逆推法,是要从相反的方面探求天地万物存在的原因和依据。也就是由结果推出原因。

"有无相生"是老子在概念之间寻求到的对应关系,如《老子》第二章:"有无相生,难易相成,长短相形,高下相盈,音声相和,前后相随,恒也。"这种在概念之间寻找对应关系的方法,是老子用来建立哲学体系的重要方法。从"有"找对应的"无",这无论在理论思维上,还是在哲学方法上,都具有重要的意义。这要求人们"通过感觉经验去寻找超越感觉经验;从时空中的存在去寻找超时空的存在"[1]。这种在概念之间找对应关系的方法,不仅说明老子看到了事物之间的矛盾性,而且看到了事物之间的矛盾性的互相转化。为了防止转化的实现,老子认为最好先使事物处于转化的相对应的方面,肯定"负"的方面以便保存"正"的方面,或者说是对否定的肯定才能达到对肯定的肯定。

(二)庄子的思想

根据《史记·老子韩非列传》记载:"庄子者,蒙人也,名周。周尝为蒙漆园吏,与梁惠王、齐宣王同时。其学无所不窥,然其要本归于老子之言。其著书十余万言,大抵率寓言也。"庄子思想既是以人生哲学为中心的,也是先秦思想中最光彩夺目的一部分。

1.逍遥游

庄子哲学,强调人与宇宙的同一。在《庄子·内篇·逍遥游篇》中,庄子列举了种种人与物,然后一一指出他们仍然"有待",是不自由的。从他的名作《逍遥游》中可以看出,无论是为物之鲲鹏,还是学道如能御风而行之列子,都是"彼于致福者,未数数然也。此虽免乎行,犹有所待者也"。由于他们还有所待,因此,他们的幸福只是相对的。而只有"若夫乘天地之正而御六气之辩,以游无穷者,彼且恶乎待哉?故曰:至人无己,神人无功,圣人无名。"

---

① 廖名春:《中国文化发展史》(先秦卷),济南:山东教育出版社,2013年,第142页。

这里的至人、神人、圣人,就是庄子所理想的已经得到绝对幸福的人。他们绝对幸福,因为"他们超越了事物的普通区别,他们也超越了自己与世界的区别,'我'与'非我'的区别。所以他们无己,他们与道合一。道无为,所以无功,圣人与道合一,所以也无功。道无名,圣人与道合一,所以也无名。而'逍遥'之义,正是无事、无为"①。

2. 齐物论

在《齐物论》中,庄子将声音分为天籁、人籁。风吹物响,这种声音即天籁。人类社会所"言"即人籁。人籁与天籁不同,它代表人类的思想,表示肯定或否定,表示每一个个体从自身的立场出发所形成的意见。但人们却从不认为自己的意见具有局限性,总是认为自己掌握了真理,认为自己是对的,他人是错的。"故有儒墨之是非,以是其所非,而非其所是。"

由于每个人的认识都受自己立场的局限,人们如果按照自己的片面观点进行辩论,即便分出了胜负,实质上也无法决定哪一面真对真错。要达到对于道的体悟,就必须超越有限,从一个更高的观点看事物,庄子把这叫作"照之于天":

> 欲是其所非而非其所是,则莫若以明。物无非彼,物无非是。自彼则不见,自知则知之。故曰:彼出于是,是亦因彼。彼是,方生之说也。虽然,方生方死,方死方生;方可方不可,方不可方可;因是因非,因非因是。是以圣人不由,而照之于天,亦因是也。是亦彼也,彼亦是也。彼亦一是非,此亦一是非。果且有彼是乎哉?彼是莫得其偶,谓之道枢。枢始得其环中,以应无穷。是亦一无穷,非亦一无穷也。故曰,莫若以明。

"明",即"照之于天"。"是"和"彼"在其是非对立中,像一

---

① 张松辉:《庄子考辨》,长沙:岳麓书社,1997年,第154页。

个循环无尽的圆,但从道的观点看事物的人,他能够超越自身的局限性,从一个更高的观点看事物,能够从整体上认识事物。那些自缚于有限观点的人,只看见一小块天,就以为天就只有那么大。而每个最终能得道的人,也必有一番河伯的望洋兴叹。但这一慨叹仍然是无知的表现,因为大之上仍然有大,终极之道不是人有限的生命所能认识的。

从道的立场来看,事物之间的区别都是一种从有限立场所得的所谓知识。《齐物论》说:

> 道行之而成,物谓之而然。恶乎然? 然于然。恶乎不然? 不然于不然。物固有所然,物固有所可。无物不然,无物不可。故为是举莛与楹,厉与西施,恢恑憰怪,道通为一。其分也,成也;其成也,毁也。凡物无成与毁,复通为一。

万物无论具有怎样的差异,其都是从道生发出来的。因此,从道的观点来看,万物虽然具有差异性,但都是道的显现,即"通为一"。因此,每一具体事物都是道的一种显现。于是,每一具体事物也就无所谓成或毁。"我"与"非我"也是一体的。《齐物论》说:

> 天下莫大于秋毫之末,而泰山为小;莫寿乎殇子,而彭祖为夭;天地与我并生,而万物与我为一。

只有体悟到这一点的人,才能够做到"不知悦生,不知恶死"(《庄子·内篇·大宗师篇》),最终在世间一切尘俗中超脱。而真正达到这一境界时,就能成为至人,"至入神矣!大泽焚而不能热,河汉沍而不能寒,疾雷破山、飘风振海而不能惊。若然者,乘云气,骑日月,而游乎四海之外"(《庄子·内篇·齐物论篇》)。

四、阴阳家思想

"阴阳"之说之所以能自成一家学说,与邹衍有着密切的联系。据《史记·孟子荀卿列传》,邹衍为齐人,"后孟子"。有人认为,邹衍的学说是为了迎合政治形势而提出的,具体而言,其学说主要包括以下几个方面。

(一)五德终始说

五德终始说是邹衍最具代表性的学说。《史记·孟子荀卿列传》:

> 深观阴阳消息而作怪迂之变,《终始》《大圣》之篇,十余万言。其语闳大不经,必先验小物,推而大之,至于无垠。先序今以上至黄帝,学者所共术,大并世盛衰……称引天地剖判以来,五德转移,治各有宜,而符应若兹。

邹衍按照五行相克的次序来排列五德,土德后,木德继之,金德次之,水德次之。邹衍还将历代王朝更迭套入五德终始之中,《淮南子·齐俗篇》汉高诱注引《邹子》:"五德之次,从所不胜,故虞土,夏木,殷金,周火。"邹衍凭着这一套学说通显于诸侯。

邹衍的五德终始说之所以在后世产生巨大影响,主要取决于秦始皇以之纳入其制度体系之中。

(二)时令学说

时令学说在后世的影响远不如五德终始说显赫,只有残篇断简被偶尔引用而得以存世。《周礼·夏宫·司爟》"四时变国火",汉郑玄注:"郑司农说以《邹子》曰,春取榆柳之火,夏取枣杏之火,季夏取桑柘之火,秋取柞槽之火,冬取槐檀之火。"根据《论语·阳货》"钻燧改火"南朝梁皇侃《义疏》,改火依季节选用不同的树种，也是依据的阴阳五行，如："榆柳色青，春是木，木色青，故春用榆柳也。"

后世还将邹衍予以神化，说他能改变时令。《艺文类聚》卷九引《别录》："邹衍在燕，燕有谷，地美而寒，不生五谷。邹子居之，吹律而温气至，而谷生，今名黍谷。"

（三）大九州说

《盐铁论·论邹篇》中说："邹子疾晚世之儒墨，不知天地之宏，昭旷之道，将一曲而欲道九折，守一隅而欲知万方，犹无准而欲知高下，无规矩而欲知方圆也。于是推《大圣》《终始》之运，以喻王公。"邹衍是针对儒墨显学"法先王"之说，通过取消所谓"中国"观念，为数术推演之学打开大门。《史记·孟子荀卿列传》：

> 先列中国名山大川，通谷禽兽，水土所殖，物类所珍，因而推之，及海外人之所不能睹。……以为儒者所谓中国者，于天下，乃八十一分居其一分耳。中国名曰赤县神州。赤县神州内自有九州，禹之序九州是也，不得为州数。中国外如赤县神州者九，乃所谓九州也。于是有裨海环之，人民禽兽莫能相通者，如一区中者，乃为一州。如此者九，乃有大瀛海环其外，天地之际焉。

《论衡》的《谈天篇》和《岁难篇》也有类似记载。因此，邹衍也被称为"谈天衍"。

邹衍之后继承其说，并加以发扬弘大的是齐国稷下先生之一的邹奭。《汉书·艺文志》有《邹奭子》十二篇。《史记·孟子荀卿列传》："邹奭者，齐诸邹子，亦颇采邹衍之述以纪文。……邹衍之述迂大而闳辩，奭也文具难施，淳于髡久与处，时有得善言。故齐人颂曰：'谈天衍，雕龙奭，炙毂过髡。'"邹奭之后有公梼生，《汉书·艺文志》有《公梼生终始》十四篇，班固自注曰："传邹梼终始。"但其书已佚，其详不可得而知。

秦汉之后,随着阴阳五行、五德终始之说成为王朝正统思想,阴阳家与政治变动紧密相连,失去了洒脱与活力,而沦为谶纬灾变之术。

五、法家思想

春秋以来,旧的社会制度不断解体,等级制度逐渐被打破,一些贵族失去了土地和爵位,有的平民则凭着才能和运气成为新的显贵。一些大国通过侵略和征服,其领土不断扩大,为了对外进行战争,这些国家亟需一个高度集权的政府。很显然,仁政思想已不能适应社会出现的新情况。这时有一些人提出了治理大国的法术,这些法术将权力高度集中于国君一人之手,而这些法术的理论化就是法家思想,其代表人物为商鞅、申不害、慎到、韩非。

（一）商鞅的思想

商鞅的思想在政治、经济、法律、军事方面具有体现。

1. 政治思想

商鞅正式变法之前,秦孝公曾召开会议对变法进行讨论,会议的主要内容记录在《商君书》的第一篇《更法篇》中。商鞅针对大夫甘龙的"圣人不易民而教"说法,指出了政治的时代性:"法者,所以爱民也;礼者,所以便事也。是以圣人苟可以强国,不法其故;苟可以利民,不循其礼。……夫常人安于故习,学者溺于所闻。此两者所以居官而守法,非所与论于法之外也。"商鞅还认为,应根据时代的变迁,更制法律和政策,而不应拘于古礼旧法。同时,商鞅敏锐地意识到行政体系自身建设的重要性。他提出应当杜绝营私、精简机构。

2. 经济思想

商鞅的经济思想集中体现为"重农抑商"。为达到重农的目的,商鞅采取了各种方法对商人及商业活动进行抑制。在《垦令篇》中,商鞅提出了各种抑商措施,主要包括商人不许卖粮、提高奢侈品价格等。这样也抑制了高级消费。另外还有废除旅馆的经营、加重商品销售税,商家的奴仆必须服役,等等,这些都是为了裁抑商人,减少商人的数量和活动。当然,更重要的则是重农。《垦令篇》提出了一些措施来达到这一目的,如增加农民的数目、逼迫农民专心务农等。最直接的办法就是禁止农民购买粮食,逼迫他们自食其力,此外,还通过愚民来使农民专心务农。

3. 法律思想

在《商君书·开塞篇》中,商鞅认为人类社会很早以来就出现了各亲其亲的现象,导致社会秩序发生混乱。因此,应由"圣人"来对土地、财产、男女进行规范,要以带有惩罚和奖励措施的、由权力强制保证的"法"来对社会秩序进行整顿,也就是所说的"分定而无制,不可,故立禁。禁立而莫之司,不可,故立官。官设而莫之一,不可,故立君"。他认为君主实行专制,一方面法制规范应注重实用性;另一方面应按照法律规则制裁和监督官吏和民众,对所有人的心灵与行为进行严格管束。

4. 军事思想

商鞅本身带过兵、打过仗,同时也写下了许多军事著作,但都没有流传下来。但从《商君书》中的《战法》及《立本》两篇中能够了解到他的一些军事主张。《战法篇》中说:"凡战法必本于政胜。"商鞅认为政治上的胜利才是战争胜利的根本,是成就王业的基本条件。《立本篇》说:"若兵未起则错法,错法而俗成,而用具。此三者必行于境内,而后兵可出也。"反之,"恃其众者谓之葺,恃其备饰者谓之巧,恃谋臣者谓之诈"。

(二)申不害与慎到的思想

申不害、慎到的学说主要是从道家方面转变来的。战国中后期,为适应社会变革的需要,不少思想家的学说都逐渐向刑名法术靠拢。申不害与慎到两人虽然并没有在变革中取得突出成效,但申不害讲的"术"、慎到讲的"势"却对法家的思想理论做出了重要贡献,且为后来的韩非子所吸收。

1. 申不害及其"术"

申不害,郑国京邑人。《史记·老子韩非列传》:"故郑之贱臣。学术以干韩昭侯,昭侯用为相。内修政教,外应诸侯,十五年,终申子之身,国治兵强,无侵韩者。申子之学本于黄老而主刑名。著书二篇,号曰《申子》。"申不害的"术",主要是帮助君主加强中央集权统治之"术"。其具体包括两个方面:一是指对臣下举拔任用、监督考核、赏罚激励的一系列手段和方法。二是指君主暗中窥测、防备、控制群臣的一种技巧。申不害所主张的"术"在当时具有一定的进步意义,由于在战国之前一直实行的是分封制,各级贵族一向是各自为政,战国时期虽然基本废除了分封制,但其影响依然存在。而君主用"术"来控制大臣,则可以有效地巩固君主集权,达到稳定国家政局的目的。

2. 慎到与其"抱法处势"

慎到是赵国人,生平事迹不详,只知道他是齐稷下先生之一。慎到认为,法是一切行为的标准,《慎子·威德篇》:"法虽不善,犹愈于无法——所以一人心也。"而君主执法的前提条件则为"势":"尧为匹夫,不能使其邻家;至南面而王,则令行禁止——由此观之,贤不足以服不肖,而势位足以屈贤矣。"一个中等的君主有了势与法,就可以"抱法处势","无为而治天下"了。

(三)韩非的思想

《史记·老子韩非列传》:"韩非者,韩之诸公子也。喜刑名法术之学,而其旨归于黄老。"商鞅的"法"、申不害的"术"、慎到的"势",形成了法家的三大派别。到战国后期,韩非对各国变法改革实践进行全面总结,对法家内部各派学说进行了整理。他的思想主要表现为以下几个方面。

1. 性恶论

韩非主张性恶论,但他不主张用荀子的礼义去教育,而强调用严刑酷法去镇压。他批判儒家宣传的仁政,认为治理国家不能靠仁义和德政,而要用严刑酷法和权术威势。因为他认为人性恶,所以国君只有用严刑酷法加权术和威势,才能纠正人性恶的一面,治理好国家。

2. 法论

针对商鞅学派中法制至上的思想倾向,韩非指出了法治的内部矛盾,即君主集权制度与新生的法文之间的矛盾。他认为,君主一方面要利用既定的法文,加强自己的权力;另一方面,随着私欲的膨胀,他要突破法文的限制。因此,法律是无法限制君主的。基于此,韩非对商君之法的偏颇进行了批评。他对当时的成文法的王权性质有着清楚的认识,因而提倡法治;另外,他又看到了成文法与王权之间的矛盾。针对这种矛盾,他不主张用法律限制君权,而是主张维护君主的最高权威,认为在保卫君权方面,法律存在着不足,有时甚至有害,因此,君主不能单纯地迷信法治,还必须在法律之外想其他的办法,以整治奸臣。

3. 术论

韩非认为,申不害的"术"脱离了法治的轨道,必然会走向阴谋。这种统治虽然在短期内能够取得一定的效果,但并不能维持长久。韩非推崇申不害的学说,但对单纯术治进行了批评,如《韩非子·定法篇》中所说:"申不害虽十使昭侯用术,而奸臣犹有所谲其辞矣。故托万乘之劲韩,七十年而不至于霸王者,虽用术于上,法不勤饰于官之患也。"可见,战国时代的君主虽具有立法权,但他们只认识到成文法为君主带来的方便,而忽视了法律的稳定性。因此,在这样的基础上实行阴谋权术,只会使法治更加混乱,国家无法安定。

4. 势论

韩非认为慎到的"势"是自然之势。例如,尧舜和桀纣这两类君主,他们具有相同的自然之势,但贤者会使天下太平,不肖者则会使天下大乱,二者之间没有必然的联系,而在于贤与不肖,这是慎到思想中无法弥补的逻辑破绽。韩非在此基础上提出了人设之势,他认为,尧舜和桀纣都是一种极端的现象,而绝大多数君主都是处于两者之间,因此应当用形式上作为国家意志的法来表达并规范君主的意志。这样既能够确保王权的最高利益,又能照顾到行政工作的效率。

在韩非所构筑的法理体系中,法、术、势是互相依赖、互为补充的,"明主依法行事,公正无私,因而象天;明主有用人之术,用人而人不知,因而象鬼,这是术的妙用;明主还有权威、权力以加强他命令的力量,这是势的作用"[①]。由此,韩非建立了他的中央集权政治理论。当然,这种彻底的君本位思想,具有其自身的局限性。以法家理论为基本指导思想的秦王朝,统一后不久,很快就灭亡了。汉初统治者吸取教训,实行让步政策,以后的历代君王,则往往儒法并用。

---

① 廖名春:《中国文化发展史》(先秦卷),济南:山东教育出版社,2013年,第165页。

第五章　先秦时期科学文明的发展

在原始社会的相当长一段时期里,人们的知识落后,社会发展水平低下,到了距今 5 000 年左右的中国史前时代,出现了一些传统的科技产品与科技思想,它们标志着我国先秦时期科学技术的主要成就。本章内容主要对先秦时期在科学技术领域所取得的成就进行概要的论述,并扼要阐述该时期农业生产技术的发展概况。

第一节　科学技术领域的成就

在中华文明发展的悠久历史上,先秦时期是我国古代科技的奠基时期,也是我国在科技上领先于世界其他民族的黄金时代。先秦时期的科技文化,不但是先秦物质文化的结晶,也是先秦思想文化的知识结晶。本节内容主要对先秦时期在科学技术领域所取得的成就进行概要的介绍。

一、天文、历法的发展

我国传世的第一部历法,是相传出于夏代的《夏小正》,它记录了一年十二个月中每个月的天象、物候,以及人们在该月中所应从事的生产和生活活动。因此,它可说是一部自然历的历法。

从殷墟出土文物中的卜辞来看,商人已习惯于立表测影,用以定方向、定季节;他们对日月的观测已达到较高的水平,卜辞中有关于日食、月食的记载,是世界上最早的记有日期(干支)的文字记录；他们已能用预卜的方式大致测定日食。武乙时的一块牛胛骨上刻着完整的六十甲子，两个月合为六十天，很可能就是当时的日历。月有大小，小月二十九日，大月三十或三十一日；年有平闰，平年十二个月，闰年十三个月，这类相关记载表明最晚在商朝时期人们就开始采用"阴阳合历"。这种阴阳合历在我国一直沿用了几千年，形成了具有我国特色的历日制度体系。

西周青铜器铭文有很多的月相的记录，名称有"初吉""既生霸""既望""既死霸"，是从地球上看到的月球盈亏的变化所作的四分法，表明西周时人们对月亮盈亏变化的规律性有了一定的认识。西周已用十二地支来计时，把一天分为十二个时辰。据考证，至少在西周已有了漏壶这一计时工具，还用圭表测影，确定冬至和夏至等节气。由此可见，西周时我国的历法就已经达到了相当高的水平。

在春秋战国时期，我国科学技术发展取得了辉煌的成果，在天文历法方面的进步尤为显著。在春秋时期，人们已经能够使用立圭表测日影，精确测定冬至时刻，较准确地推求回归年长度。为了更精确地反映季节的变化，古人创立了二十四节气，即把一年平均分为二十四等分，平均过十五天设置一个节气。二十四节气作为我国古代历法的重要组成部分，一直对农业生产起着重要的指导作用。在人类社会的发展史上世界上实行阴阳合历的国家不少，但只有我国创立了二十四节气。

在天象观测方面，这一时期留下了许多珍贵记录。从鲁隐公元年（前722）到鲁哀公十四年（前481）的242年中，仅《春秋》一书就记录了37次日食。这37次日食记录，至少有31次是确定无疑的。《春秋》中的日食记录是在当时条件下相当完整的大食分的观测记录。例如，鲁昭公在位32年，曲阜可见的日食，《春秋》一书中基本上全有记载。《春秋》还有世界上关于天琴座流星雨的最早记载，有最古的陨石记录，有最早关于哈雷彗星的记录。

在行星和恒星的观测上，战国时期的成就尤为惊人。在当时的天象观测家中，影响最大的是甘德和石申夫两家。甘德，又称甘公,约生活于公元前 360 年时,齐人(一说楚人),著有《天文星占》八卷。石申夫,又作石申,魏国的司星,约在惠施为魏相时著《天文》八卷。他们的原著虽早已遗佚,但从《史记》《汉书》和《开元占经》等书的称引中,还能了解其大致内容。甘德、石申夫发现了行星的逆行现象,并且简明形象地把行星逆行弧线描绘成"巳"字型。

依据《开元占经》中引录甘德论及木星时所说"若有小赤星附于其侧"等文字,今人席泽宗仔细研究后认为,甘德在当时已经用肉眼观测到木星最亮的卫星——木卫二。这就意味着:甘德的发现要比西方伽利略发明望远镜之后才发现木星卫星早了近2 000 年!这堪称是星象观测史上的一项具有世界水平的成就。

二、青铜冶铸技术的发展

所谓青铜,主要是铜、锡、铅等元素的合金,其熔点相对低,硬度相对高,具有较好的铸造性能和机械性能。夏、商、西周是我国的青铜时代,青铜器的冶铸集中体现了夏、商、西周的科学技术水平。在夏、商、西周,青铜器是人们最重要的生活和生产用具。

在先秦时期,我国青铜器的冶铸技术有一个发展的过程。《左传》《墨子》《史记》等文献有禹、夏启铸鼎的记载,所用的"金",显然是青铜。二里头文化约与夏至早商相当,而它以青铜器的大量铸造使用为重要特征。其品种有工具、兵器、礼器等。其遗址铸铜作坊面积达 1 万平方米以上。所出土的一件铜爵,据电子探针方法定量分析,含铜 92%、锡 7%。铜爵制作规整,器壁厚薄均匀,已采用复合范铸造。"在一件直径 17 厘米、厚 0.5 厘米的圆形铜片上,四边用 61 块长方形绿松石镶嵌,中间则用绿松石嵌出两圈十字形的图案,每圈都是 13 个。"[①]这说明二里头文化的青铜铸造技术已经发展到了一个较高的水平。

---

① 中国科学院考古研究所二里头工作队:《偃师二里头遗址新发现的铜器和玉器》,考古,1976 年第 4 期。

到二里岗文化时期,青铜铸造技术又得到了进一步发展。青铜器的品种有新的增加,铜器的表面增加了装饰花纹,较大地提高了铅、锡含量,开始分为锡青铜和铅青铜,而且还出现了大件铜器。这时已基本形成了具有我国特色的陶范熔铸技术。"1974年郑州杜岭镇出土了两件大方鼎,一件高 100 厘米,重 86.4 公斤,一件高 87 厘米,重 64.25 公斤。含铜 75.09%、锡 3.48%、铅 17%。形制为平底方腹,上有双耳,下有 4 个圆柱形空足,器表用兽面纹和乳丁纹装饰。"[1]因此可知,在夏代和商代前期,我国的青铜器冶铸技术已经趋于成熟。

商代晚期和西周时期是我国青铜时代的鼎盛时期。这一时期铸造的青铜器,器形大,数量多,纹饰华丽,铸工精良。1938 年安阳武官村出土的后母戊鼎带耳通高 133 厘米,横长 110 厘米,宽 78 厘米,重达 875 公斤。"光谱定性分析和化学分析的沉淀法所进行的定量分析表明,其含铜 84.77%,锡 11.64%,铅 2.78%。锡、铅相加为 14.42%。"[2]《考工记》说:"六分其金,而锡居其一,谓之钟鼎之齐。"这是说,鼎、钟之类的合金,锡占 1/6。后母戊鼎锡和铅所占的比例与《考工计》的记载相同。

像后母戊鼎这样体形较大、制作工艺复杂的青铜器,都是用分铸法铸成的。所谓分铸法,是先铸造器物的一些部位,然后再嵌到陶范中与器身铸接到一起;也有的是先铸器身,然后再在器身上安铸附件。在小屯时期,以后一种方法为主。这是一种具有我国特色的范铸技术,是我国青铜器铸造技术的一大杰出创造。

春秋战国时期,曾侯乙编钟的设计铸造进一步体现了青铜铸造具有十分高超的技术与技巧。这套编钟由 1 件镈钟、45 件甬钟和 19 件钮钟组成,共分 8 组,悬挂在曲尺形钟架上。每个钟都可以发两个音,整套钟的音域达五个半八度有余,十二个半音齐备,可旋宫转调,音色十分优美。从铸造工艺看,特别是下层甬钟,纹

---

[1]　河南省博物馆:《郑州新出土的商代前期大铜鼎》,文物,1975 年第 6 期。
[2]　杨根,丁家盈:《司母戊大鼎的合金成分及其铸造技术的初步研究》,文物,1959 年第 12 期。

饰繁缛十分细腻,做工极为精细。据研究,这些钟都是块范法铸造的。以中层甬钟为例,是分两段铸型,四个层次,由 136 块范和芯组成铸型,一次铸接成型。在铸型制作过程中,共用了 12 种模具,表现出工艺技巧的高超,一些有识之士把曾侯乙编钟称为"世界第八奇迹"[①]。

失蜡铸造在春秋战国时期已具有很高水平。目前在中国发现最早的失蜡青铜铸件是河南淅川下寺春秋晚期楚墓出土的青铜禁和青铜盏。铜禁是祭祀时承放酒樽的礼器,形如方案,中间为一平板,四围为透空花边,四沿附有 12 个怪兽,下边有 12 只兽形足。四围的透空花边由数层铜梗组成,内层铜梗较粗且直,中层稍细并向外伸展,外层最细,这三层铜梗互相接合,玲珑剔透。如此复杂的结构,如果不是失蜡铸造,将难以成型。

从世界范围看,冶铜技术在我国并非发明得最早,但我国很快就发明了铜—锡二元合金和铜—锡—铅三元合金,形成了一整套从冶炼、熔炼到铸造的独特技术路线,在短时间内即走到了世界各国的冶铜技术的前列。

三、冶铁技术的发展

从文献记载来看,中国大约在西周时期已经进入铁器时代。《诗经·秦风》中,有"驷驖孔阜"的诗句。古代即有学者认为"驖"是最早的"铁"字,是马色如铁的意思[②]。《国语·齐语》中说,管仲向齐桓公建议:"美金以铸剑戟,试诸狗马;恶金以铸鉏夷斤斸,试诸壤土。"有人认为这里的"美金"指青铜,"恶金"指铁,是用来铸造农具的。郭沫若认为:"如果齐桓公既以使用铁作为耕具,则铁的出现必然更要早些。一种有价值的物质真正被有效地使用,是要费相当长远的摸索过程的,特别是在古代。因此铁的

---

① 华觉明:《中国古代金属技术》,郑州:大象出版社,1999 年,第 210～214 页。
② 选自《毛诗正义》。

最初出现,必然还远在春秋以前。"[①] 近年来的考古发现已经证实了上述论断。1978 年,在甘肃灵台县景家庄春秋一号墓出土一把铜柄铁叶剑,年代属春秋早期;陕西凤翔秦公一号墓出土铁工具四件,此墓由碳 14 测定年代为公元 870±150 年,也属于春秋早期。灵台和凤翔出土的铁器年代均接近西周末期。1990 年三门峡市上村岭虢国一号墓出土一件铁柄铜剑,被冶金史工作者确认为是人工冶铁制品,并证实是"以块炼法锻制而成"[②]。以上实物证据说明,我国很可能在西周末期就已经出现人工冶铁,开始制作和使用铁器。

在春秋战国中后期,我国冶铁技术已经具备了较为实用的水平。在对"块炼法"炼铁进行熟练的掌握之后,我国又在世界上最早发明了生铁冶炼技术。据《左传》昭公二十九年记载,周敬王七年(前 513),晋国铸造了一个铁制刑鼎,把范宣子所作的刑书铸在上面。铸刑鼎的铁,是作为军赋向民间征收来的,这说明至迟在春秋战国末期出现了民间炼铁作坊,而且已经对生铁的冶炼技术有了较好的掌握。近几十年来相继出土了一些春秋战国末期吴楚等国的铁器遗物,其中江苏六合程桥吴墓出土的铁丸,经检验为白口铸铁件;长沙窑岭 15 号墓出土的铁鼎系用含有放射状石墨的麻口铁铸成,含碳约 4.3%;在湖南长沙杨家山 65 号墓出土的铁鼎,经金相学考察证明是莱氏体的铸成;湖北铜绿山古矿井出土的战国中晚期铁锤边为麻口铁[③]。这些事实充分证明,至迟在公元前 6 世纪的春秋晚期,我国已经以高温液体还原法对生铁进行冶炼。生铁的冶炼在冶金史上是一个具有划时代意义的重大事件。欧洲一些国家在公元前 1000 年前后已经可以生产块炼铁,公元初罗马已经偶然能够得到生铁,但多废弃不用,直到公元 14 世纪才使用铸铁,其间经历了相当漫长的发展道路[④]。而

① 郭沫若:《奴隶制时代》,北京:人民出版社,1973 年,第 203~204 页。
② 《虢国墓地再次出土大量珍贵文物》,中国文物报,1991 年 1 月 6 日。
③ 《虢国墓地再次出土大量珍贵文物》,中国文物报,1991 年 1 月 6 日。
④ 杜石然:《中国科学技术史稿》上册,北京:科学出版社,1982 年,第 89 页。

我国之所以可以很早发明生铁冶铸技术,主要是因为当时冶炼工匠运用了长期积累的丰富经验,并且对青铜冶铸技术进行了继承和发展。

最晚在春秋战国之交,我国又创造了铸铁柔化处理技术。所谓柔化处理就是把白口铸铁进行退火处理,使碳化铁分解为铁和石墨,对大块的渗碳体进行消除,使白口铁变为展性铸铁。可锻铸铁的出现,可以说是冶金史上又一划时代的进步,它为生铁广泛用作生产工具提供了条件,使其成为一种现实。

战国中期以后,铁器已经成功取代铜器成为主要的生产工具,冶铁业已在广大的地区普遍建立起来,成为一种关系国计民生的重要手工业,其生产规模也开始日益扩大。例如,河北易县燕下都城址内有冶铁遗址 3 处,总面积也达 30 余万平方米。山东临淄齐国故都冶铁遗址面积达 40 余万平方米。这一时期出现了许多著名的冶铁手工业中心,如宛(今河南南阳)、邓(今河南孟县东南)、邯郸等,出现了像魏国的孔氏、赵国的卓氏、齐国的程郑等一批因冶铁致富的铁商。铁器的使用,也逐渐推广到社会生活的许多方面。《孟子·许行章》有"许子以铁耕乎?"的话。这是文献上关于当时使用铁农具的记载。辽宁抚顺莲花堡的燕国遗址出土的铁农具,在该国农具中已占 85% 以上;河北石家庄赵国遗址出土的铁农具已占全部农具的 65%[①]。这些考古发掘的事实证明,铁农具在当时的农业生产中逐渐取得了主导性地位,而且这一时期出土的铁器,从兵器到各种手工工具和生活用具等,种类多种多样,数量大量增长,质量完好无缺,出土的地点几乎遍及全国各地。

四、制车技术的发展

我国在很早的时候,就开始制造车。传说奚仲作车,作了夏

---

①　廖名春:《中国文化发展史》(先秦卷),济南:山东教育出版社,2013 年,第 456 页。

朝的车正,可知夏代已能制车。但是,至今尚未出土夏代的木车。近年考古发现商代前期的车辙印,证明在我国商代前期已在城市中使用双轮车[①]。在河南安阳大司空村、孝民屯都出土过商代中期的车子。陕西长安张家坡等地出土过西周的车子。这些车子都是两轮独辕的,车厢为方形,在后面开门,辐条18到24根。

春秋时期,群雄争霸,战火纷飞,各国都倾力制车,对制车技术的发展起到了很大的推动作用。制车工匠们积累了丰富的经验并形成一定的理性认识,这集中反映在《考工记》制车的篇章中。由《考工记》可以看出,当时已经可以根据用途不同进行实用设计,已能为下料加工方便进行模数设计,也能够考虑马与车的整体配合进行优化设计,可以说,在设计上,已消除了商周木车存在的用材比例不合理、重心偏高等方面的缺欠[②]。

在《考工记》的《轮人》《车人》《辀人》诸篇中,对车轮的制作和检验,提出了一系列技术要求。第一,要用工具规精细地校准轮子的外形,使它尽量接近于理想的圆。第二,轮子的平面必须平正。第三,用悬锤比较各个辐条是否笔直。第四,毂的长短粗细要适宜,选择车毂的尺寸时,要充分考虑车辆的用途和行车地形。第五,制造车辆,必须选用适时采伐的坚实木材。第六,将轮子放入水中,看各处的浮沉是否一致,以确定其各部分是否均衡。第七,轮子的整体结构必须坚固。第八,车轮的高度一定要适宜,使车在平地上运行时车辕大体保持与马的高低相适应。第九,以量具对两个轮子的尺寸大小和轻重进行测量,以求相等。第十,车轴必须选材精美,坚固、耐用,转动起来灵便。[③]

此外,《考工记》分别叙述了车辕、车架的制作,各个部件的连接方法以及不同用途的车辆的要求等。《庄子·天道》记载齐桓公时(前685—前643)一个叫轮扁的著名车匠对齐桓公说:"斫

① 中国社会科学院考古研究所河南第二工作队:《偃师商城获重大考古新成果》,中国文物报,1996年12月8日。
② 杜石然:《中国科学技术史稿》上册,北京:科学出版社,1982年,第11页。
③ 刘杰:《中国古代车辆(二)》,交通与运输,2008年第4期。

轮,徐则甘而不固,疾则苦而不入,不徐不疾,得之手于而应于心,口不能言,有数存焉于其间。"这是说做轮子是有数理要求的,太宽了就会松垮,从而不坚固;太紧了,就难以装配上去,必须不宽不紧。从这些记载可以看出,当时车辆的制造技术已经达到了较高的水平,对各个部件都做出了较为周密严格的技术规定;已经认识到并且可以自觉地加以应用其中的一些科学道理。这正是对商周以来我国制车和用车的科学概括。

出于战争的需要,春秋战国时期还发明了楼车、巢车等高驾车辆,出现了用于攻城摧坚的冲车等。

五、原始瓷与建筑陶器

(一)原始瓷

在世界范围内,我国是最早发明瓷器的国家。在河南的安阳、洛阳、郑州,江西的吴城,陕西的西安,甘肃的灵台,江苏的丹徒、吴县,安徽的屯溪等黄河中游及长江下游的商代、西周遗址中,都发现了完整的"青釉器"或残片。这些"青釉器"是瓷,具有一定的原始性和过渡性,学术界通常将其称为"原始瓷",也称"原始青瓷"。

在春秋战国时期,我国江南地区原始青釉瓷器的出产量极大,其烧制和使用的数量与同期的陶器不相上下。此外,原始瓷器的质量也得到了显著的提高,以江浙一带出土的原始瓷器为例,胎质更为细腻,呈灰白色,器性形规整,胎壁变薄,厚薄均匀,釉色分青绿、黄绿、灰绿等。据考古发现,这一时期烧造印纹硬陶、原始瓷器生产规模较大的这些窑址大多位于水源充足、山林茂盛、瓷土丰富的半山区,如浙江萧山和绍兴两地共发现 20 多处窑址,且窑的建造相当密集,大多是具有南方特色的龙窑。

龙窑是根据南方丘陵地形的特点发展起来的。火膛和窑室连为一体的升焰窑发展到后期,将窑顶封闭,窑身倾斜,最低一端改为火膛,最高一端来开排烟口,就成了龙窑。这种窑具有较大的装烧面积,自然抽力大,能够较快地升温,可以烧高温,因而适宜在南方丘陵地区烧制高温瓷器。后来,人们对龙窑不断进行改进,但窑形一直未大变而流传到近代。

（二）建筑陶器

在我国历史上,建筑陶器的制造始于夏末商初。在河南偃师二里头发掘的商代早期大型宫殿遗址内,发现了有供排水用的、互相套接的排水陶管。在商代中、后期的建筑、遗址中,发现了更多的这类陶制水管,这清楚地表明陶器的制作已介入建筑业这一重要生产领域。[①] 各种类型的瓦的出现是我国古代建筑发展的重要成果,也是制陶工艺发展的又一领域,在战国时期获得了较大程度的发展。

战国时期,各国诸侯为了表明自己的强盛,不仅增加礼仪,而且纷纷在都城大兴土木,建造城市和宫殿,于是瓦、砖等建筑陶器开始大量生产,品种迅速增加。瓦有板瓦、筒瓦、瓦当和瓦钉等;砖有压模成型、外饰花纹的方砖、长方砖以及大而稳重的空心砖。这些表面有纹饰、造型又很独特的砖瓦,既是生产用砖,也是艺术品,从而构成了我国建筑艺术上的特色和风格。砖瓦的大量使用不仅是建筑材料、建筑结构上的重要突破,同时也有助于提高建筑质量。纹饰砖发展到汉代,出现了极有历史意义和艺术价值的画像砖。陶水管和陶井的推广运用对于改善人们的生活有着重要的意义。砖、瓦等建筑陶器的生产由于社会的需求而快速发展,使它从制陶业中逐步独立出来,成为建筑业领域的一个重要生产部门。

六、纺织技术的发展

在我国历史上,手摇纺车的出现可以追溯到商代。1973 年,藁城商代遗址出土了一件陶质滑轮,形状和大小均类似于后世手

---

① 到了西周又增加了大型宫殿建筑所用的板瓦、筒瓦和瓦当等陶制构。

摇纺车上的锭盘,很可能就是手摇纺车上的零件。藁城商代铜器上的一件丝织品,捻度高达每米千捻,很可能就是利用了纺车加捻而成。从考古发掘看,商代西周时就出现了繁缛的几何花纹和小提花织品,斜纹始见于商,复杂组织始见于西周,绞纱织物在商周都可看到,这些都在一定程度上反映了我国先秦时期纺织工具的发展。

春秋时期,我国已发展并普遍使用一种鲁机,其结构和原理是从原始腰机发展而来的。原始腰机的主要成就是使用了分经棍、提综杆和打纬刀。鲁机采用了长方形平面机架,经轴固定于远端机架上,卷布轴仍系于织工腰部以控制经纱张力。织者坐在板上,一手提综,提起奇数或偶数的经纱,形成一个梭口,另一手引纬,然后放下综,靠分经棍形成的自然梭口再引纬并打纬,织工双手从左右两个方向引纬循环织制。[①] 根据《列子·汤问》的记载和战国、汉代织锦工艺分析,鲁机也采用了"蹑",即脚踏提综板。鲁机上还有"样",即幅筘,像梳形,以每筘齿穿几根经线来对经纱的密度进行控制,并且起到梳理经纱的作用。商周至春秋战国丝织品中出现的回纹、畦纹等纹样应该是用鲁机织造的。

从战国织锦的大花纹组织分析,这时期应已出现了更先进的斜织机。目前,共发现九块汉代画像石上有斜织机图。江苏铜山洪楼汉画像石上刻有历史上著名的曾母断机训子的故事,其织机图为斜织机。斜织机的经面与水平机架成50°～60°倾角,织工坐着操作,可清楚地看到与织工卷布轴形成一个倾角。经纱可均匀地张紧,织物平面可以更加均匀丰满,织工也较省力。从汉画像石上可以看到斜织机已经采用踏板(蹑)开口提综,这是织机史上一项重要发明。从战国舞人动物纹锦和马王堆绒圈锦的织制工艺看,应为多综多蹑机织造。这种脚踏提综开口式斜织机是中国古代工匠的杰出创造,直至公元13世纪,欧洲才广泛应用这种斜织机。

---

① 廖名春:《中国文化发展史》(先秦卷),济南:山东教育出版社,2013年,第451页。

第二节　农业生产技术的发展

一、先秦时期农业技术的发展

（一）夏、商、西周时期农业技术的发展

1. 轮耕制

在夏、商、西周时期，我国农业的发展主要是以自我延续的村落聚居农业为主。这种农业的耕作方式开始是"砍烧法""游耕制"，后来逐渐演变为三年周期的轮流休耕制。根据《尔雅·释地》对"田"的解释，新开垦的地称为"菑"，也就是第一年待耕而未耕之田，这种田已经清除了杂草等野生植物，也已经翻掘平整了土块，不过土壤内仍有大量植物残体没有腐烂，在这种情况下播种，往往不会有太多收获。到了第二年，新开垦的土地才正式播种，此时的田称为"新田"。这种田中原有的植物残体已经彻底化为腐质，在这种田中播种，往往能够获得较高的产量。到了第三年，继续在田中播种，此时的田称为"畬"。前一年收获后，人们会将田地里的草木进行焚烧，将其作为肥料。这一记载清晰地反映了一个短期三年的轮耕制。

关于三年轮耕制，在《周礼·大司徒》中也有相应的文字记载："不易之地家百亩，一易之地家二百亩，再易之地家三百亩。"其中，"不易之地"就是连年耕种的田地，"一易之地"就是三年中休耕一年的田地，"再易之地"就是三年中休耕两年的田地。这种轮流休耕的制度，能够提高作物产量。因此，在当时，其产生了深远的影响。

2. 农业生产工具的改进

从夏、商时期到西周时期，我国古代的农业生产工具有了明

显的进步。

在二里头文化遗址（夏代晚期都城遗址）中，考古家们发现了诸多生产工具，主要有斧、镰、铲、锛、耒等，主要由石、骨或蚌壳等材料制作。

商代出现了少量的青铜农具。例如，江西省新干县的商代大墓中，就出土了一批珍贵的青铜农具，有犁、镈、铲、耜、镰等（图5-1）。

西周时期，农业生产工具又增加了一些，主要有耜、钱、镈、铚、艾、刀等。其中，耜、钱是翻土、挖土的工具，镈是除草的工具，铚和艾是收割粮食的工具。关于制作农业生产工具的材料，与商代基本相同，不过金属制品比商代要多。

图 5-1

3. 耕作技术的发展

从古代的相关文献资料可知，夏人已知道根据星象和物候来从事农业活动。从《禹贡》中的"任土作贡"（依据土地的具体情况，制定贡赋的品种和数量）说，就可以推测到夏人已意识到了土质与农作物品种之间的相关性。

商代农业已发展成为早期的精耕细作的锄耕农业。这从甲骨文中的一些字、词就可以看出。甲骨文中有"衷田"一词，意为开荒；有"立黍""立稷"之说，主要指种植庄稼，时间都在一月、二月和三月，也就是现在农历的二至三月前后，春播季节与现在同；有"蓐"字，字中的"辰"指的是蚌质农具，整个字像手持蚌器除草松土形；有"畎"字，意为田间小沟，这说明商人已懂得挖掘水沟，以引水灌溉；有"屎田"的记载，"屎田"即"粪田"，指对农作物施肥；有"刈"字、"啬"字，意为收获；有"廪"字，指的是存粮的地方。

西周实行耦耕。西周的百姓对各种谷物的品质优劣已经有了较为详细的了解，而且还知道选种，注意掌握时间。根据《诗经》可知，周人在田间管理上要进行"耘耔"，所谓"耘"，即除草；所谓"耔"，即在作物根部培土。同时，周人已使用绿肥，也有了防治病虫害的知识。

（二）春秋战国时期农业技术的发展

春秋战国时期，我国传统农业技术发展进入了一个重要的阶段。这主要表现在以下几个方面。

1. 铁农具和牛耕的使用

铁农具和牛耕的使用为春秋战国时期兴修水利、开垦荒地和改进耕作技术准备了条件。

春秋时期，我国开始使用铁农具。到战国时期，铁农具的使用范围已较为广泛。《管子》一书中记载："一农之事，必有一耜、一铫、一镰、一鎒、一椎、一铚，然后成为农。"这是我国有关使用铁器进行农业生产的最早文字记载。在湖南、江苏等地的春秋墓葬中，人们曾发现过一批铁农具。春秋战国时期的铁农具可分为三大类，即整地的铁农具、中耕除草的铁农具、收获的铁农具。

传说神农氏是"牛首人身"，这在一定程度上表明，牛很早就与农业有了一定的联系。不过，真正将牛用于耕作的时代是春秋时期。《史记·仲尼弟子列传》提到"冉耕字伯牛""司马耕字子牛"，以牛作为名耕的表字，说明当时已使用了牛耕。耕犁和牛耕技术首先在黄河中下游地区实行起来。现代有很多学者都认为，牛耕是我国农业史上的一次革命。

铁农具和牛耕的使用和推广，使得当时的土地利用率和农作物产量有了非常明显的提高。

2. 开始大量施肥, 改良土壤

春秋战国时期, 开始大量地使用肥料, 改良土壤, 这也是农业技术的一个重大进步。当时使用的肥料主要是"粪"。从《韩非子·解老》中记载的"积力于田畴, 必粪且溉"和《荀子·富国》中记载的"多粪肥田, 是农夫众庶之事"就可以看出, 战国时期, 人们已经把施肥提到了非常重要的地位。由于大量使用包括人畜粪溺在内的废弃物作肥料, 所以, "粪"字后来也就成了肥料的专称。

在改良土壤方面, 春秋战国时期还发明了一种"土化之法"。《周礼·地官》中有"草人"一职, 草人就主要负责"掌土化之法, 以物地, 相其宜而为之种"。根据郑玄解释, 所谓"土化之法"即"化之使美", 就是指用粪改良土壤。

3. 农书的出现

春秋战国时期还出现了专门讲述农业生产和农业技术的农书。根据《汉书·艺文志》的著录, 汉代及汉代以前有农家著作九种, 其中《神农》20 篇和《野老》17 篇都是"六国"时的作品。可惜的是, 这些六国时的作品都已失传, 流传至今的比较系统地反映先秦时期农业生产和农业技术的文献是《吕氏春秋》中的《上农》等四篇。

《吕氏春秋》成书于秦王政八年 (前 239)。其中,《土容论》中有《上农》《任地》《辨土》《审时》四篇。这四篇专门阐述了农业生产和农业技术。

《上农》论述重农抑商政策的必要性及其措施, 是中国保存至今的最早的农业政策论文之一。

《任地》主要论述了土壤耕作和作物栽培的原则和方法, 文中提出了农业生产技术的十大问题, 前五个问题主要是针对耕作提出的, 目的是为农作物提供良好的生长发育条件; 后五个问题是针对栽培提出的, 目的在于提高作物的产量和品质。这篇文献中还提出了正确处理土壤坚硬与柔和、休闲与连种、瘦瘠与肥沃、紧密与疏松、潮湿与干燥等矛盾的耕作原则,论述了畎亩制的利用和整地方法、及时耕作等问题。

《辨土》承接《任地》讨论了土壤耕作和作物栽培的具体技术方法,如土壤耕作的顺序、"三窃"(地窃、苗窃、草窃)三种危害的防治等。

《审时》主要论述适时耕种同作物产量与质量的关系,并具体列举了禾、黍、稻、麻、菽、麦等六种作物,对其耕种"适时"与"失时"的结果进行了一定的比较,强调了适时耕作的重要性。

本书在上面所提到的《任地》《辨土》《审时》,是中国保存至今的最早的农业技术论文。

二、先秦时期灌溉与堤防工程技术的发展

(一)灌溉技术的发展

在西周时期,我国就有了引水灌溉的相关记载。《诗经·小雅·白桦》中就有"滮池北流,浸彼稻田"的文字记载。这里所说的滮池是指渭水支流滮水的上源,所灌稻田在今西安西南,即西周都城丰镐附近。

到了春秋战国时期,出于发展经济、富民强国的需要,各个统治者都对修建灌溉工程比较重视。这一时期先后兴修的大型灌溉工程有芍陂、西门渠、都江堰和郑国渠等。

1. 芍陂

芍陂位于今安徽寿县安丰城南,又叫安丰塘,是公元前 6 世纪末楚国令尹孙叔敖领导修建的。它是古代淮河流域较早兴建的一座大型蓄水灌溉工程。芍陂巧妙地利用了当地东、南、西三面较高,北面低洼的地势状况,利用天然湖泊在四周筑堤,引淠水经白芍亭东积而成湖。据《水经注·肥水注》的记载,"陂有五门,吐纳川流",说明其可能已有闸门设施。

芍陂及附近其他陂塘的兴建,使得当时的水稻种植得到了很大发展,使那一带的人民的生活水平有了很大的提高。

2. 西门渠

战国初期,魏国的重要之地邺(今河北临漳县邺镇)位于太行山东部冲积平原上。漳水从此地流过,河道不畅,雨季洪水泛滥成灾。魏文侯(前446—前397)时,李悝等推行变法,在公元前422年任西门豹为邺令。西门豹沉重打击了当地劣绅和女巫勾结玩弄的"河伯娶妇"的迷信活动,领导百姓在漳河上修建了12道低滚水坝,开凿了12条大渠,引水灌溉漳河右岸土地,变水害为水利。漳河十二渠的形成,西门豹功不可没,于是现在很多人也将其称为西门渠。魏襄王时,史起为邺令,他大兴引漳灌邺工程,将大片盐碱地变成水稻田,使魏国河内地区更加富庶。

3. 都江堰

都江堰位于四川灌县。秦昭王(前306—前251)时,李冰担任蜀郡的郡守。他看到岷江洪水经常泛滥,而四川西部的肥沃平原却缺乏灌溉水源,于是组织百姓在岷江进入平原地区的起点处"凿离堆,穿二江成都之中"(《史记·河渠书》)。伟大的都江堰引水灌溉工程便形成了。该渠既可以行舟,又可以用来灌溉农田。

都江堰由分水鱼嘴、泄洪飞沙堰和进水的宝瓶口三大基本建筑构成。鱼嘴把岷江一分为二:东面为内江,供灌溉之用;西面为外江,是岷江的本流。沿江筑有堤防,鱼嘴和堤防的修筑均就地取材,采用装有卵石的大竹笼叠成。飞沙堰能将多余的水排出,起着调节入渠水量的溢洪道的作用。宝瓶口是内江水流入成都平原上密布的农田灌渠的闸堤工程。这三者相辅相成,构成了一个完整的工程系统。

据《华阳国志·蜀志》记载,李冰在都江中还立了三个石人。这些石人实际上起着水尺的作用。这是史籍记载中最早的水位观测设施。由于可以测知内江的水位,估算进水量,为整个工程系统调节水位提供依据,因而非常有利于合理地灌溉、防洪,分配洪、枯水量。

4.郑国渠

郑国渠是公元前246年在关中引泾兴建的大型灌溉工程,由一位名叫郑国的水工设计和领导施工。郑国渠渠首在仲山西麓瓠口(今陕西泾阳县西北50里的谷口),引泾水东流注入洛水,全长300多里,用了十多年时间才完工。

郑国渠的设计体现了较高的水流水文学知识。

首先,谷口是泾水进入渭北平原的一个峡口,东面是广阔的平原,地形西北略高,东南稍低。

其次,渠首的选址,使整个水利工程自然形成一个全部自流灌溉系统。引水口选在谷口泾河凹岸稍偏下游处,此段河流流速最大,由此增大了渠道的进水量,使水中大量富有肥效的细泥也进入渠道"粪灌"。引水口处两股水流形成的横向环流(上层由凸岸流向凹岸的水流和下层由凹岸流向凸岸的水流)既在上层增大了引水口的进水量,又在下层使较重的粗沙冲向凸岸,避免了粗沙入渠堵塞渠道。

郑国渠首开了引泾灌溉之先河,对后世引泾灌溉产生了极为深远的影响。

(二)堤防工程技术的发展

在先秦时期,堤防工程技术也取得了一定的成就。虽然没有明确的记载,但是堤防应该在西周时期就出现了。春秋中期,小规模的堤防修筑已经非常普遍。战国时期,毗邻黄河的几个诸侯国各自修建了较大规模的防洪堤。率先筑起大堤的是黄河以东的齐国,齐国筑了大堤之后,洪水上涨时便向西边的赵国和魏国泛滥,于是赵国和魏国也筑了堤,以便挡水。由于他们各自为政,而且相互间不时争战,因此这一时期的堤防修建无法统一规划,并不合理。

随着堤防修筑实践经验的增加,这一时期有关的工程技术问题得到了重视,这从《管子》和《考工记》中可以看出。例如,《管子·度地》提出,堤防横断面要做成"大其下,小其上"的梯形。

关于梯形两腰的坡度，《考工记·匠人》有具体规定："凡为防,广与崇方。其蠢叁分去一,大防外蠢。"郑玄注："崇,高也;方,犹等也;蠢者,薄其上。"(《周礼注疏》)也就是说,堤防下基的宽度与堤高相等,上顶宽度是下基的三分之二。这种解释也存在一定问题,因为按照这样的规定,堤防过于陡峻,既不易施工,也难以稳固。所以,现代有些学者认为引文中"广"指堤顶之宽,"叁分去一"为堤两面坡度的总和(即每边的边坡都分别是 1∶1.5,也就是横为 1.5、纵为 1)。[①]

　　在先秦时期,人们已经对堤防施工的季节问题进行了深层次的思考。在不同的季节,土壤含水量是不同的,这会影响工程土料的物理性质。这在《管子》中有相关的记载。《管子·度地》就明确提到堤防施工的时间性,强调了土料含水量和季节的关系以及对堤防质量的影响。文中指出夏历"春三月"是堤防施工的最好时机,原因是这个季节"天地干燥",土料的含水量比较适宜,容易保证施工质量。同时还指出此时可以在河床滩地上取土筑堤,这能够大大节约堤外的土源,确保夏秋防汛抢险时的土料之需。实际上,直到今天,这个原则还具有很高的应用价值。除了指出春季是筑堤的最好时机外,《管子·度地》还对其他季节不利于筑堤的原因进行了具体的分析。"夏三月"为农忙季节,兴建水利工程占用劳力多,会耽误农事;"秋三月"土壤含水量大,不宜筑堤;"冬三月"天寒地冻,取土困难,冻土含水量很不均匀,堤防的质量难以得到有效的保障。

---

① 《中国水利史稿》编写组:《中国水利史稿》,北京:水利电力出版社,1979 年,第 110 页。

第六章　先秦时期的民族关系研究

我国多民族的历史由来已久，早在先秦时期，我国就出现了多种多样的民族。可以说，我国的历史就是各民族历史的总和。为了更好地了解我国的历史，我们有必要了解其他民族的历史发展情况，以便解决民族历史遗留的问题，为加强民族团结做出不懈的努力。鉴于此，本章将对先秦时期民族关系的发展进行分析。

第一节　传说时代的民族关系

一、传说人物的族属问题

由于我国存在许多有关原始时代的传说，比如"三皇"和"五帝"，因而原始时代也被称为传说时代。探讨这一时代的民族关系，就应当首先了解我国新石器时代的文化系统和传说人物的族属。

伴随着国家的产生，民族也逐渐出现。原始时代基于共同的地域而形成的部落共同体显然还不是真正意义上的民族，但已经具有了一定程度的民族特征，从而可以称为广义的民族。

我国新石器时代存在不同的文化系统，这些文化系统的分布情况反映了不同的民族集团以及当时民族的分布情况。但是，考古材料只给我们文化的名称，没有给我们民族的名称，所以，我们只能靠传说和记载来了解有关民族的名称。传说记载最早的民族族称是夏、夷、蛮、狄、戎或华夏、东夷、南蛮、北狄、西戎。华夏分布在黄河的中下游地区，这一地区的居民，本来是以民族集团的形式分布的,经过长期的发展融合,形成了华夏族。东夷、南蛮、北狄、西戎的东西南北表示以华夏为中心的四个方面,而夷蛮狄戎则是不同于华夏族的这四个方面存在的民族。当然,通过方向来定族称,一定会把很多的民族都包括进去。实质上,东西南北中这样的方位观念很早便在各个民族中产生了。早在五帝时期,黄河下游的河南、河北、山西、山东交界地区就是按照方位来称呼的。

关于华夏和四方的夷蛮狄戎等族称产生于何时,至今还没有确定的研究结果。这些族称涉及时代最早的见于《史记》有关尧舜的记载,如"流共工于幽州以变北狄,放驩兜于崇山以变南蛮,迁三苗于三危以变西戎,殛鲧于羽山以变东夷"①。可是,《尚书》在记述这一事迹时,却只有"流共工于幽州,放驩兜于崇山,迁三苗于三危,殛鲧于羽山"②,没有变狄蛮戎夷之说。因此,我们对司马迁记载的民族称呼产生了怀疑。但是,在尧舜时期,也就是在原始社会向阶级社会过渡和到了阶级社会门槛的时候,真正意义上的民族已经形成了。而且当时的地缘关系开始逐渐替代血缘关系。在这样的背景下,把自己看作是中土,把周围的民族看作是含有一定贬意的夷蛮戎狄,是有很大可能性的,也就是说在客观上是存在一定的依据的。因此,我们认为司马迁的记载是有根据的,是合乎情理的,并不是自己无故杜撰出来的。同时,我们也不难理解为什么称四方民族为夷蛮戎狄,而称自己所居的中央为夏或华夏。因为,夏或华夏有"位于中央"的意思。这样看来,我国华夏、东夷、南蛮、西戎、北狄五大民族集团,无论在历史上的发展过程是怎样的,他们在原始时期都具备存在的因素,按五大民族集团划分从一定程度上反映了当时的客观情况。即便不存在这些族称,也客观存在着这五大民族集团。

按照五大民族集团,我们可以推测出赫赫有名的传说人物黄帝、炎帝、颛顼、喾、尧、舜、鲧、共工、禹属于华夏民族集团,太皞、

① 《史记》卷1《五帝本纪》。
② 《十三经注疏》上册,第128页。

少暤、蚩尤属于东夷民族集团；祝融也是出自华夏，但他与南蛮民族集团具有十分紧密的关系，导致了他后来的部分族支也归属到了南蛮民族。根据这样的民族划分，结合考古材料来看，华夏民族集团的分布区大体相当于仰韶文化和后来的河南、河北、山西、陕西的龙山文化，东夷民族集团大体相当于大汶口文化、江北类型的青莲岗文化和后来的山东龙山文化（包括皖北和苏北的龙山文化）；南蛮民族集团分布区则属于河姆渡文化、马家浜文化、良渚文化和大溪文化、屈家岭文化系统。上述传说人物的族属说明，他们基本上属于华夏和东夷的传说人物。这里所说的东夷，是指居于山东、江苏以及安徽、河南部分地区的居民，而非秦汉以后的东夷。这带居民，在新石器时代的大汶口文化和青莲岗文化时期，就与当时华夏族的仰韶文化具有了千丝万缕的联系。到了龙山文化时期，虽然龙山文化分山东型、河南型、河北型、陕西型，但既以龙山文化概括，就足以说明这些文化所代表的华夏民族集团和东夷民族集团之间具有更加亲密的关系。春秋战国之后，华夏和东夷这两大民族集团完全融合在一起。以后所谓的东夷便指我国东北地区及其以外的民族。既然华夏和东夷已经融为一体，都成为华夏和后称的亲人、汉人，他们分别传说的人物也会随之综合在一起，为人们所共同传颂。因此，我国古代的传说人物，大多数都自然地出自华夏、东夷民族集团。

二、各民族集团之间的关系

对于新石器时代的文化系统和传说人物的族属我们国家已经做出了大致的划分。根据传说，当时我国已存在着华夏、东夷、南蛮、西戎、北狄五大民族集团，华夏民族作为主体的这种趋势基本上已经形成。从考古的材料中可以看出，五大民族集团之间的关系是密切的。传说材料虽然多是有关华夏、东夷祖先们的事迹，但也涉及一定的民族关系，可以了解到当时民族发展的部分内容。

在原始社会,部落之间经常发生残酷的战争。尤其是在阶级社会即将出现的时候,部落和部落联盟之间的战争愈加频繁。这时的战争目的更加明确,土地和人口都纳入到了抢夺的目标当中。国家的产生和形成,其根本原因固然是源于经济的作用,但在某种意义上讲,它却产生和形成于这种战争的过程之中。我国的原始时代并不是和平的,尤其是到了原始社会向阶级社会过渡的"五帝"时期,战争持续不断。《吕氏春秋·孟秋纪》云:"未有蚩尤之时,民固削木为战矣,胜者为长。"[①] "黄帝五十五战而天下服"[②],虽然这些数字的真实性还有待于进一步地证实,但却对当时战争频繁的历史情况进行了一定程度的反映。其中见于传说记载的比较大的战争有黄帝与炎帝的阪泉之战,黄帝与蚩尤的涿鹿之战,颛顼和帝喾与九黎之争,尧伐南蛮于丹水或尧伐驩兜,舜和禹与三苗之战,等等。这些战争,只有阪泉之战是华夏民族内部之战,其他都发生在不同的民族之间。

涿鹿之战是华夏与东夷之间的战争。关于战争的原因和过程在《山海经》和《史记》中可以得到一些答案。《山海经》云:"蚩尤作兵伐黄帝。黄帝乃令应龙攻之冀州之野。应龙畜水,蚩尤请风伯、雨师以从大风雨。黄帝乃下天女曰魃以止雨,遂杀蚩尤。"[③] 《史记》云:"轩辕之时,……蚩尤作乱,不用帝命。于是黄帝乃征师诸侯,与蚩尤战于涿鹿之野,遂禽杀蚩尤。"[④] 后来,徐旭生对蚩尤之战进行了分析认为:华夏族炎帝、黄帝二支原来居住在陕甘一带的高原,后来向东部方向迁移。迁徙路线,炎帝支偏南,沿黄河两岸或更南;黄帝支偏北,在黄河的北岸,沿中条山及太行山,或已到燕山以北(即今涿鹿一带)。炎帝支走到黄河北曲处(即今河南、山东交界地区),那里的地面较为平坦、土壤较为肥沃,人口十分稠密。炎帝支和原住在这里的东夷接触之后,便为

---

① 维乔,杨宽,沈延国,赵善诒:《吕氏春秋汇校》,北京:中华书局,1937年,第174页。
② 《太平御览》卷79。
③ 《山海经》卷17《大荒北经》。
④ 《史记》卷1《五帝本纪》。

争夺土地和人口产生了矛盾和斗争。东夷的大首领蚩尤领导东夷与炎帝展开了激烈的战争。炎帝斗不过蚩尤，求救于黄帝支。这时，黄帝支也感到"唇亡齿寒"的苦痛，于是便出兵与蚩尤战于涿鹿。①徐氏的这种分析，还是很接近于历史的，可能在具体的问题上还有待于进一步的证实。华夏中的首领黄、炎与东夷中的首领蚩尤接触之后，一定会发生矛盾和斗争。而在当时的条件下，战争发生的重要原因是为了争夺人们赖以生存的土地，从而扩大领土和奴役其他部落的人们也成为社会的趋势了。

《史记》云："少暤氏之衰也，九黎乱德，民神杂扰，不可放物，祸菑荐至，莫尽其气。颛顼受之，乃命正重司天以属神，命正黎司地以属民，使复旧常，无相侵渎。"②《帝王世纪》则云："颛顼平九黎之乱。"③颛顼为华夏族。"九黎"据"蚩尤为九黎之君"，应属东夷民族集团。颛顼与九黎之间的战争，也表现了华夏与东夷的关系。这一矛盾，大概是黄帝与蚩尤矛盾的继续，也具有同样的性质。

尧舜禹时，作为华夏族中首领的尧舜禹曾经多次与南方民族"三苗"发生战争。三苗属于南蛮民族集团，或称有苗、苗民，是族称。《尚书》云："窜三苗于三危""分北三苗"。《吕氏春秋·恃君览》云："尧战于丹水之浦，以服南蛮。"④《韩非子·五蠹》云："当舜之时，有苗不服。禹将伐之，舜曰：'不可。上德不厚而行武，非常也。'乃修教三年，执干戚舞，有苗乃服。"⑤《史记》云：尧时"三苗在江淮荆州，数为乱。于是舜归而言于帝，请……迁三苗于三危以变西戎"⑥。

战国人吴起说："昔者三苗之居，左彭蠡之波，右有洞庭之

① 徐旭生：《中国古史的传说时代》，桂林：广西师范大学出版社，2003年，第51～52页。
② 《史记》卷26《历书》。
③ 《太平御览》卷79。
④ 维乔，杨宽，沈延国，赵善诒：《吕氏春秋汇校》，北京：中华书局，1937年，第520页。
⑤ 陈奇猷：《韩非子集解》上册，北京：中华书局，1985年，第1042页。
⑥ 《史记》卷1《五帝本纪》。

水,文山在其南,而衡山在其北。"①彭蠡就是现在的鄱阳湖,洞庭就是现在的洞庭湖,文山没有可以考查的资料,衡山则是现在的荆山,在湖北保康、南障等县境。司马迁所说"三苗在江淮荆州",与吴起的说法是吻合的。这样看来,三苗的分布区还是非常广阔的,大概东至鄱阳湖,西至洞庭湖,北至湖北北部,南如果以荆州南界则至五岭。尧与南蛮所战的丹水,有人考定为丹江。丹江的源头出自陕西,流经河南西南部,最后到达湖北襄阳流入汉水。这样一个地望,正好在三苗分布的北部,与上述分布区也是吻合的。

　　尧舜禹与三苗发生战争的原因,并不像上书所说的"昏迷不恭,侮慢自贤,反道败德,君子在野,小人在位,民弃不保,天降之咎"②或"作五虐之刑曰法,杀戮无辜"。真正的原因,可能是三苗想独立出来,摆脱尧舜禹的控制,或者试图抵制尧舜禹势力的不断扩展。记载中的"苗民弗用灵"或"有苗弗率""有苗氏处南蛮不服""有苗氏负固不服",或者"三苗……数为乱",都是这方面的反映。很显然,尧舜禹与三苗之间的战争,与华夏族不断扩张领土有很大的关系。在这场争战中,三苗虽然进行顽强的反抗,但还是以失败告终。"窜三苗于三危"或"分北三苗",可能有部分苗民被迫他迁,但大部分苗民则依旧处于上述居住区,也有可能更向南收缩了。至于《吕刑》所说"遏绝苗民,无世在下"和《礼记·缁衣》引孔子说的"苗民……有恶德,而遂绝其世也",就显得比较过分了,是不值得人们参考的。因为,在当时的条件下,让分布广泛且人数较多的三苗迁到"三危",是缺乏条件和合理性的;即便灭国,也不是杀掉全部的苗民,绝大部分苗民仍然继续存在下来,或改变族称而得以保存生命。所谓"分北三苗""善留恶去",即把善良的人留下来,把不好的人迁走。夏商周以来,的确看不到关于三苗、有苗和苗民的传说记载了,但是并不能说明这个民族就不存在了,很有可能是它的族称发生了改变。这种情

---

① 高诱:《战国策》卷22"魏1",北京:商务印书馆,1958年,第92页。
② 杨善群:《古文〈尚书〉与旧籍引语的比较研究》,齐鲁学刊,2003年第5期。

况,在民族的发展演变中应该是比较常见的。

在传说记载中,有舜"放驩兜于崇山"或"放驩兜于崇山以变南蛮"。驩兜,有说他生于三苗氏,有说是黄帝之后,有说是尧臣。这些虽然不能确信,但有一点却是可能的,即他是与三苗关系密切的南方民族的一个传说人物。他可能原来属于南蛮,也可能是原属华夏而后"流放"于南蛮的,当然以前者的可能性为大。驩兜"流放"的崇山,有人考证在今湖南慈利县,该县并有驩兜冢。慈利一带,不仅是三苗居住区,也是后来苗族的分布区。这都说明,驩兜是"南蛮"或"三苗"中的一个领袖人物。他因为在与华夏族的斗争中失败,所以遭到贬辞,甚至成为四凶族之一的"浑沌"。

第二节　夏朝的民族关系

一、夏朝民族关系的概况

夏朝时期,我国各民族的生产发展水平已经出现了比较明显的差异。夏国形成的时候,在其他的地方仍然存在着许多的部落组织。禹会诸侯于塗山,"执玉帛者万国",反映了当时部落组织的数量。这些国家和部落组织,有的与夏王国为同姓国,有的为异姓国,有的同属于夏族,有的则为不同的民族。《尚书·禹贡》记载:"五百里甸服,百里赋纳总,二百里纳铚,三百里纳秸服,四百里粟,五百里米。五百里侯服,百里采,二百里男邦,三百里诸侯。五百里绥服,三百里揆文教,二百里奋武卫。五百里要服,三百里夷,二百里蔡。五百里荒服,三百里蛮,二百里流。"[①] "五服"的规定,可能我们还不能真正意义上的去理解,但是却能在一定程度上看出夏朝与四方民族的关系。在"要服",尤其在"荒服"

---

① 《尚书正义》卷6,《十三经注疏》上册。

区域,居住的居民多半与夏朝不同,与夏王朝的关系也是比较疏远的,虽然有"要服"和"荒服"之称,事实上是独立自主的。

根据《尚书·夏书》《史记·夏本纪》和《竹书纪年》等书,夏朝存在的依据不同于夏族的族称,东方有堣夷、莱夷、于夷、白夷、赤夷、玄夷、阳夷、淮夷、风夷、黄夷、方夷,西方有析支、崐崘、渠搜;北方(包括东北和西北)有畎夷、皮服岛夷;南方有卉服岛夷、裸国、有苗、和夷等等。这些族称,有的是根据地名来命名的,如堣夷、莱夷、淮夷、崐崘、析支、和夷等;有的以衣着或其他特点称之,如白夷、赤夷、黄夷、风夷、畎夷、皮服岛夷、卉服岛夷和裸国等。根据《禹贡》的记载,皮服岛夷居于冀州,包括现在的山西、河北及以北地区。但是也有学者根据他们的服饰认为他们是东北居民。堣夷、莱夷居于青州,在今山东省东半部。淮夷居于徐州,在今淮河流域一带。卉服岛夷居于扬州。卉服的岛夷和没有衣服或不穿衣服的"裸国"可能有密切关系,甚至可能指的是同一民族集团。《论衡·书虚》云:"禹时,吴为裸国,断发文身。"由此看来,卉服岛夷和裸国应属于后来吴越系统的居民,即古越族的一部分。和夷居于梁州,分布在今长江上游的区域,其大概是该区域内的一个族称。崐崘、析支、渠搜居于雍州,分布在黄河的中上游地区。所谓崐崘是居于崐崘山区的居民。崐崘广泛分布在的山区,当时所指应在甘肃、青海之境。析支即赐支,指居于青海湖至扎陵湖、鄂陵湖地区的民族。渠搜可能与后来的义渠有关系。义渠是春秋战国时期的一个比较大的民族,属西戎民族集团,居住在今甘肃东部和宁夏南部,与秦曾经关系相当密切,最后被秦所灭。畎夷也居于雍州,主要分布在雍州的北部地区,其大概就是商周时期的犬戎,属我国北方的游牧民族,为北狄民族集团的一部分。

夷,是夏族对其他民族的总称。从《禹贡》的记载可以看出,不论是什么民族、处在什么方位,都称之为"夷"。夏朝时期"四夷"的观念可能会在传说时代的观念之上得到进一步的发展。因为,夏国和夏族是当时我国最先进的部分,并且又以"中央"自居。

既然有"中",就有东西南北这些方向。在处于天下之中的夏族之外,必然存在着其他民族,这就是夏之所以称其他民族为东西南北方"夷"人的原因。[①]《尚书·大禹谟》:"无怠无荒,四夷来王。"《庄子·天下》:"墨子称道曰:'昔禹之湮洪水,决江河而通四夷九州'。"《淮南子·原道训》:禹"施之以德,海外宾伏,四夷纳职"。《路史》:"太康既尸天子,以佚豫蔑厥德,……于是四夷背叛,黎民咸贰。"这些记载,虽然是由后人所记的,但也是有一定的根据的,证明当时已存在着"四夷"。关于夏时是否存在东夷、北狄、西戎、南蛮的概念和称谓,在目前还并不能确定。如果从文献记载来看,是存在这些概念和称谓的。《尚书·禹贡》中书有"夷""西戎"和"蛮"。"夷""蛮"虽没有表明方位,但夷的具体地点则大多集中在东方的青、徐等州。《史记·五帝本纪》记有尧舜之时,"流共工于幽州以变北狄,放驩兜于崇山以变南蛮,迁三苗于三危以变西戎,殛鲧于羽山以变东夷"[②]"蛮夷率服""蛮夷猾夏""西戎、析支、渠搜、氐、羌"等等。既然尧舜时这些称呼已经出现,夏时这些称呼也就自然而然地会出现了。这些记载虽出于后人之手,但都应该是有所依据的,而且在当时夏族的四方,的确客观存在着所称的夷蛮狄戎等族称的人们共同体。殷墟出土的甲骨文,已经有了夷(尸)、狄、戎、蛮等字。如果这些字代表的是四方民族的称谓,那么,这些族称的产生要远远早于这些字的产生,推至夏朝也是有很大可能性的。

从现有的记载看,夏与四方民族发生较多关系的是东方的夷和南方的蛮,也就是三苗或有苗。而与西北方民族发生关系的记载就比较少。夏朝与四方民族的关系既有亲近的,也有疏远的,但从总体上来看,属于"要服"和"荒服"之列。按照后来注释家的解释,"要服"只是"要束以文教",承认夏王朝的"天下共主"

---

① 黎小龙,徐难于:《"五方之民"格局与大一统国家民族地理观的形成》,民族研究,2008年第6期。

② 施由明:《论中原文化在赣鄱区域的早期传播与影响》,黄河科技大学学报,2010年第4期。

的地位,随意向夏王朝贡纳方物,"荒服"就是"因其故俗而治之",不拒绝前来发展友好关系的民族,也不妨碍其他民族远离自己而去。夏朝与四方民族的这种关系,也在一定程度上体现了它所实施的民族政策。

二、夏朝与南方民族的关系

在前面我们也谈到过,尧舜时曾与南方民族的三苗发生了战争。虽然尧舜在这场战争中以胜利告终,但是也不可能从根本上消灭三苗。到了禹时,与南方苗民的关系也没有得到缓和。当禹平治水土,"辅成五服",受舜之禅"受命于神宗"之后,有苗依旧"顽不即功"。于是,禹率领军队讨伐苗,"三旬,苗民逆命"。禹采纳益的意见,"班师振旅","诞敷文德","七旬,有苗格"。[1]《墨子·非攻下》记载禹征三苗,与《尚书》略微有所不同,云:"昔者三苗大乱,天命殛之。日妖宵出,雨血三朝,龙生于庙,犬哭乎市,夏冰,地坼及泉,五谷变化,民乃大振。高阳乃命玄宫禹亲把天之瑞令,以征有苗。四电诱祇,有神人面鸟身,若瑾以待,搤矢有苗之祥。苗师大乱,后乃遂几。禹既已克有三苗,焉磨为山川,别物上下,卿制大极,而神民不违,天下乃静。则此禹之所以征有苗也。"[2]自从禹将苗或三苗打败之后,三苗、有苗或苗民等族称就没有在文献中再出现过了。当然,这也不能说明族群的消失,他们很可能受制于夏族向南发展的威胁,而向更南部迁移了,也可能是将原来的族称改变了。后来商周时的以荆山和荆州命名的荆蛮,大概就包括了苗的族体。

三、夏朝与东方民族的关系

夏朝与东夷的关系十分密切。据说,皋陶偃姓,益(又称伯益)嬴姓,为少皞之后。少皞属东夷民族集团,皋陶和益也应属东夷

---

① 《尚书正义》卷4《大禹谟》,《十三经注疏》上册。
② 《尚书正义》卷4《大禹谟》,《十三经注疏》上册。

民族集团。皋陶的部分后裔英、六、群舒,益之部分后裔淮夷、徐国,直到春秋时期,还被诸夏看作是东夷民族集团的一部分。根据记载,禹、皋陶、益,都是舜"臣",并和益一起治理洪水。禹成为天子之后,皋陶、益成为禹的左膀右臂。皋陶敬重禹的美德,所以带着众多的百姓来归顺于他。禹后来举荐皋陶,并且把帝位传给他。皋陶去世后,封皋陶之后于"英、六或在许"。禹后来又推选益,让他来处理政事。禹去世之后,把帝位传给了益。"三年之丧毕,益让帝禹之子启而辟居箕山之阳。禹子启贤,天下属意焉……于是启遂即天子之位。"[①] 这些记载,虽然难以让后人全部信服,但却反映了尧舜和禹所属的中原地区的夏族集团与皋陶、益所属的东夷民族集团之间的关系,东夷中的一部分甚至与夏族集团融合在一起。考古材料也证明了夏族和东夷这种密切的关系。尧舜和"三王"时期的东夷,不同于秦汉以后的东夷,当然也不排除前后东夷在族源和文化上存在一定的关系。"三王"及其以前的东夷主要指分布在渤海以南、长江以北的今山东、江苏、安徽一带的居民。秦汉以后的东夷,指我国东北地区以及海外的民族。"三王"时期的东夷,所处的新石器时代属于大汶口文化,后又发展为山东的龙山文化。而中原地区的居民,也就是尧舜禹等所属的夏族或华夏族的民族集团所处的新石器时代,则属于仰韶文化,后来发展为河南龙山文化、陕西龙山文化、河北龙山文化。山西的龙山文化,则分别属于河南龙山文化和河北龙山文化。山东、河南、河北和陕西等龙山文化,虽然有一定的区别,但都统称为龙山文化,就说明它们有基本的共同点。这基本的共同点,表现了不同文化的融合。而考古文化的接近和融合,虽然不能代表民族就是融合的,但却能在一定程度上反映民族融合的趋势和内容。作为我国原始社会晚期的文化,龙山文化包括传说中的"五帝"时期。因此,也就不难理解生于原始社会之末和阶级社会之初的禹和皋陶、益具有十分亲密的关系。

---

① 《史记》卷2《夏本纪》。

在原始文化的发展中,从考古材料和文献记载来看,"东夷"的文化发展程度实际上是要高于"华夏"文化的发展程度的。但是,后来中原地区的夏族集团在实行了一系列的发展措施之后,其发展水平就超越了东夷民族集团,出现了第一个阶级社会的国家——夏朝。这种现象的出现也是比较普遍的。很多落后的国家或者是民族在经过了一系列的改革和发展之后都会超过原来比较先进的民族。比如,四大文明古国就被后来的西方文化所超越。实际上,夏民族集团之所以会发展成为第一个阶级社会和建立夏朝,也是建立在一定的社会基础条件上的。夏朝所居住的地区,是仰韶文化的主要分布区,同时它在地理位置上也接近南方和东方民族的文化,这就使它在发展中处于比较有利的地位。当夏族创立了比较先进的文化和经过了夏商周长期所处的政治上的统治地位,华夏族的文化便获得了更好的发展条件,使它一直处于领先的地位。从这里我们也可以看出,东夷民族文化极大地影响了夏族的文化,而到了东夷民族与华夏民族融合之后,原东夷的文化也就成了华夏文化的一个重要的来源和构成部分。

四、夏朝与北方、西方的民族关系

关于夏朝与北方、西方民族关系的记载还是比较少的。《竹书纪年》在后相和后泄时,都提到畎夷,并云:"帝癸即位,畎夷入于岐以叛。元年,岐踵戎来朝。"《路史》云:"癸不务德……于是犬戎侵岐居之。"[①]《路史》说的犬戎,就是《竹书纪年》的畎夷。在夏衰和夏末的时候,畎夷(即犬戎)是完全有可能入居于陕西岐山一带的。而在岐山以北的地区是他们主要的游牧地区。《史记·匈奴传》还记有"桀崩,其子淳维妻其众妾,遁于北野,随畜转徙,号荤育,逮周日盛,曰猃狁"[②]。荤育也可以称作熏粥,即殷时的鬼方,周时的猃狁,在战国之后被叫作匈奴。当商人打败夏朝

———————————

① 《路史》《后记》卷14。
② 《史记》卷110《匈奴传》。

统治者之后,夏族的人有一部分可能跑到北方民族中,这部分跑到北方的人,也就与北方原来居住的民族逐渐融合了。从游牧文化的分布中可以看出,在夏时,我国北方居住着如荤育、畎夷等游牧民族。至于这些具体的族称是否已经出现,还需要进一步地研究和考证。夏时,北方和西方的游牧民族还处于零散分布的状态,可以说是广义上的民族,难以对夏朝造成严重的威胁。到了商朝,北方民族成为威胁中原的重要力量。

第三节　商朝的民族关系

在商代,夏族已经成为主体民族,相比之下,其他民族皆可称为少数民族。在夏族内部,也会存在一些人称上的变化,如商人(殷人)、崇人、孤竹人、周人、黎人、唐人等等。这些不同的人称,与周时的周人、晋人、齐人、鲁人一样,是同一民族的不同的诸侯国或地区的名称。

商朝称诸侯国为"方"或"邦"。这两个字在含义上并没有什么不同。"方"的称呼主要出现在《汤诰》《太甲上》《咸有一德》等篇,如"万方百姓""抚绥万方""监于万方"等;而"邦"的称呼主要出现在《尚书》《商书》中的《伊训》《太甲下》《说命上》等篇,如"万邦""万邦为庆""天子惟君万邦""万邦以贞"等。在甲骨文中,皆称为"方"。所谓"万邦"或"万方",主要都是用来形容"多"的意思。下面我们将探讨在殷朝众多的"方"或"邦"之中,哪些是与夏族不同的少数民族,它们与商朝之间的关系是怎样的。

一、商朝与北方民族的关系

在商的北方和西北方,甲骨文记有土方、⚓方、鬼方、邛方、御方和狄之称;文献记有薰育、獫狁、鬼方、犬戎、畎夷、狄(翟)等称。文献记载的上述族称在周朝时期都分布在北部以及西北部地区。这些族称，有的是对北方民族的统称，有的是对某一部分人的称谓，很难对其进行具体区分。从当时的社会发展情况来看，这些名称所代表的族体大概指的是一些部落群，即是由许多部落组成的某种人们共同体。我们称之为广义上的民族。甲骨文中记载的族称，虽然大多不同于文献上的族称，但所指的也是当时北方和西北方的游牧民族。由于他们处于部落状态，存在着不同的政治中心，所以有土方、𢀛方、鬼方等的不同名称。郭沫若说："第 512 片：'五日丁酉允出来鼓自西，沚𢦏告曰：土方征于我东图，戈二邑，𢀛方亦牧我晶田'。据此，则沚国在殷之西，土方在沚之东，𢀛方在沚之西。由殷而言，则土方当在殷之西北和正北，𢀛方当在殷之西北矣。至其距离远近，则由本片可以推知……土方之距殷京（即今安阳）约有十二、三日之路程，每日行程平均八十里计，已在千里上下，则土方之地望在今山西北部。𢀛方或更在河套附近也。要之卜辞之习见之土方与𢀛方，必为獯狁之部族无疑。"①在《甲骨文字研究》一书中，郭沫若又进一步谈到："土方之疆域当在包头附近，而𢀛方更在其西。《诗》言'城彼朔方'。朔、驭、土古音同部，当即同一个族，盖獯狁一部落也。"②后来，郭沫若把𢀛方视为舌方，并认为"舌方和土方是居住在今山西、陕西北部直到内蒙河套以北的游牧民族"，而"鬼方距商朝更远，游动在今陕北、内蒙及其以北的辽阔地区，壁是强大的游牧部落。"③

对土方、𢀛方的解释和地望，学者还持有不同的意见。刘鹗认为𢀛方即苦方即昌方。孙诒让也释𢀛为昌。王国维则认为昌字无作𢀛之理，而释𢀛为吉。丁山亦释𢀛为吉。叶玉森则认为𢀛方始即苦国，其国出矢……苦方以矢著作，故殷求之，所谓楛矢是也。④至于它们的居地，陈梦家认为"殷代的鬼方似当在晋南。

① 选自《卜辞通纂》《征伐》。
② 选自《甲骨文字研究》。
③ 选自《中国史稿》第一册。
④ 选自《殷虚书契前编集释》卷 1。

但西周和春秋时代,此族的侵犯是多方的,似在西北的陕境"。"春秋时代的赤狄即殷代的鬼方。""御方是猃狁族的一支。"① 邹衡结合考古资料则认为,土方在今山西石楼一带,鬼方则历经多次迁徙,到春秋之时,其分布比较集中在山西南部,其在夏商时期,其应当分布于往北的方向。

对土方、🦫方和鬼方的解释和地望,比较一致的意见就是它们都是我国北方的游牧民族。游牧民放的特点是经常迁徙,当然也有基本的游牧区。在殷代,土方、🦫方和鬼方,居于山西北部、陕西北部以及河套地区,大概是与实际情况相符合的。从考古材料看,商中期以后,山西境内大概分为两种文化类型,一类是临近河南的晋东南地区,以长子北高庙遗址为代表,出土的尊、鼎、爵、觚等铜器,同河南省郑州、安阳等地的商文化遗物基本相同。另一类在黄河沿岸的山西省西部地区,有保德林遮峪、石楼县的桃花庄、后蓝家沟、下庄岇、永和县下辛角村、平陆县盘南村等十几处,出土了大批青铜器和玉石装饰品。青铜器有鼎、觚、觥、罍、卣、提梁卣、钟、爵等,工具有锛、凿、刀削等,兵器有戈、镞、钺等。这批商代墓葬出土的青铜器不仅具有商代的特点,同时也吸收了北方基斯泰文化的作风,可能是受到了商王朝控制的边疆少数民族的影响,也可能就是商代的鬼方。

土方、🦫方、鬼方等等,虽然都属于北方游牧民族,分布在山西、陕西的北部以及内蒙古地区,但从他们与殷朝的交往来看,土方和🦫方比较偏东,鬼方则比较偏西,与周地相距较近。当然也不排除他们在基本活动区域之外,向殷、周地区深入和游动。从这一分布情况看,我国北方游牧民族的分布更加靠内地了,也就是更加向南移动了。

商朝与🦫方、土方、鬼方等北方游牧民族具有十分密切的经济文化关系,这从他们使用的青铜器的构造中可以看出来。他们与商朝之间也时常会有战争产生。商王武丁之前,与北方民族间

---

① 陈梦家:《殷虚卜辞综述》,北京:科学出版社,1956年,第111页。

的战争关系,缺乏记载。武丁及其以后,记载比较多的是关于商朝及其诸侯国与𢀛方、土方、鬼方、犬戎等的战争。殷墟出土的甲骨卜辞中,"𢀛方允𢦒戋""伐𢀛方""𢀛方𢦒""𢀛方其来,逆伐"之类的卜辞约有数十条;"伐土方""我受土方又""正土方""土方征"等卜辞也有十几条。文献也记载了比较多的商朝与北方民族的战争事件。例如,武丁伐鬼方,用了三年的时间就使其降服。武乙时,周古公亶父因受薰育或狄人攻击,选择从豳迁居于岐下。纣十七年,周文王讨伐敌人。当时殷朝对北方民族用兵的规模最多达 5 000 人。武丁三十年七、八、九三个月中,为迎击𢀛方来侵,连续征兵 7 次,其中有 6 次为 3 000 人,一次为 5 000 人。

殷朝与北方游牧民族之所以经常发生入侵和战争事件,与当时的游牧民族的社会发展有一定的关联。他们为了寻求新的牧场和狩猎场所,经常需要游动。在新石器时代如果居住在后来的长城以北,到了夏朝末年,他们很可能随着经济文化的发展向南迁移。《竹书纪年》云:"帝癸(桀)即位,畎夷入于岐。"反映了北方游牧民族向南流动的情况。北方游牧民族南移,还不仅发生在山西、陕西北部地区,也发生在河北北部地区。例如,夏家店下层文化的基本特征与中原文化类似,是以农业为主的定居民族的文化。可是夏家店上层文化却属于北方游牧民族的文化。这一事实显然是北方游牧民族在殷周之际迁居这带地区的结果,是他们南移而占有原为中原文化居民区的证明。根据文献记载,北方民族向南移动始于夏朝,在商朝又继续得以发展,到了周代,他们中的某些部落甚至到达了山西南部(如潞氏、皋落氏、留吁等等)、陕西泾水、渭水一带,后来,在犬戎的被迫之下,周从丰镐(今西安地区)迁至洛邑(今洛阳地区)。

二、商朝与西方民族的关系

在殷西方的民族,有西戎、氐、羌、昆夷等等。西戎是西方民族的总称。氐羌的称呼是从什么时候开始的已经无从考证。从甲骨卜辞和文献上看,商朝时候已经出现了。例如,《竹书纪年》中"汤十九年,氐羌来宾"。"武丁三十四年,王师克鬼方,氐羌来降"。周武王伐纣时,在他的联军中有庸、羌、彭、微、濮等人。羌,就是羌族。殷墟出土的甲骨卜辞中,更是有大量关于羌的卜辞。昆夷,见于殷末周古公和文王之时。《诗·大雅·緜》:"古公亶父,来朝走马,率西水浒,至于岐下。……混夷駾矣,维其喙矣。"《诗·小雅·采薇》序云:"文王之时,西有昆夷之患,北有玁狁之难。以天子之命,命将率,遣戍役,以守卫中国,故歌采薇以遣之。"从这些材料看,古公亶父因受北方薰育或狄或玁狁的逼迫,从幽(邠)迁居到岐下,这才与昆夷(或混夷)产生了关系。这样看来,昆夷不属于北方狄或犷狁的系统,而属于周以西的民族。

羌族的羌字,甲骨文书为 ⚇ 、⚇ 、⚇ 、⚇ 等,而羊字为 ⚇ 或 ⚇;金文为 ⚇ 、⚇ 等,而羊字为 ⚇ 、⚇ 或 ⚇。叶玉森云:"羊为初文,羌为后起。殷人所谓羌者,即用羊字。"据此,一般认为羌族在商朝时,是一个游牧民族。而以羌族为主要成分的西戎,大概当时处于以畜牧业为主的经济状态。他们的畜牧业中,羊类所占的比重较大,因此以牧羊而得名。羌不仅是牧羊人的意思,也就很可能是殷人对西方"牧羊人"的称呼。武丁时期,卜辞中除称羌方外,尚有"多马羌""北羌"之称。从名称中大致可以推断出,多马羌以马多而得名,北羌是以分布在羌族的北部而得名,都是羌族的一部分。

羌族分布在殷之西方,也就是夏族或华夏族的西方,因而属于西戎的一部分。但是,对于它的具体分布位置目前还尚未确定。陈梦家认为羌方应是一个流动的游牧民族,羌是他们的种姓。卜辞的马羌可能是马方之羌,而马方的活动范围似乎是在今天山西晋南地区。

从考古材料看来,今甘肃、青海一带,很早就是多民族的居住区,这里分布着多种多样的考古文化。目前大致可以确定为商周时期的青铜器文化有辛店文化、沙井文化、寺洼文化、卡约文化、火烧沟文化。在这些文化中,寺洼文化、火烧沟文化可以认为是羌族文化。寺洼文化因为首先发现于甘肃临洮寺洼山而得名,新中国成立后,在洮河流域的武山县一带共发现十几处寺洼文化的遗址、墓地。寺洼文化的产生不会早于辛店文化,因而只能晚于齐家文化。它的"安国式"陶器的鬲与西周的作风十分接近,因此在年代上应该与西周很接近。寺洼文化发现最多的是石器工具,以打制石刀为主。土葬与火葬同时并存。火葬是将骨灰盛在一个陶罐里,并用沙石盖住口部。考古工作者根据后来文献记载羌族行火葬之俗,结合寺洼文化分布的地区,而认为寺洼文化与羌族具有一定的关系,或者认为寺洼文化就是羌族的文化。

　　火烧沟文化分布在河西地区的山丹、民乐、酒泉、玉门等地,它因于1976年最初发现在玉门市火烧沟遗址而得名。火烧沟遗址发掘和清理了312座墓葬,出铜器的106座。铜器以模铸为主,有斧、镢、镰、凿、刀、匕首、矛等200余件。随葬的彩陶占陶器的二分之一以上,花纹黑陶多而红彩少。殉葬有狗、猪、牛、马、羊等,以羊为多而普遍。也发现有20多座人殉和人祭的墓。墓葬除少数竖穴外,大多为竖井带台的侧穴墓。东西长方形土坑,头向东方,以仰身直肢单葬为主。墓葬呈现出十分显著的贫富和等级差别。根据火烧沟文化遗物分析,它受到了齐家文化较大程度的影响,其社会已进入了早期奴隶社会。在墓葬中,发现用金银或铜制的鼻饮器,男子佩戴的金耳环,很多男女头顶有骨针,好像是椎发用具,这明显可以看出是少数民族的习俗。结合普遍用羊殉葬,和古代羌族被称为"牧羊人"的记载,可以断定火烧沟文化应当是属于羌族文化的一支。

　　从考古材料和周武王伐纣时的羌族分布情况来看,殷代的羌族主要应分布在今甘肃、青海地区,也就是在岐周之西。当然,由于他们是随畜迁徙的游牧民族,也可能有一部分向东迁移。所迁移到的地方的羌人与殷朝之间有着更加接近和密切的关系,这在甲骨文中得到了较多的反映。

　　殷朝与羌人的关系,或者说夏族与羌族的关系,是十分密切的。上面提到的属于羌族文化的寺洼文化和火烧沟文化,曾受了齐家文化的很大影响。而齐家文化又起源于仰韶文化,仰韶文化又是夏族的原始文化。从这里可以看出,夏族与羌族之间具有密切的关系,在考古文化上几乎可以说是具有同源的关系。到了商代,夏族和羌族就有了更加亲密的经济文化的关系。这可以从作为夏族一支的周人与羌族的关系反映出来,也可以从殷朝与羌族的战争关系反映出来。根据相关统计,甲骨卜辞中有关征伐、俘获羌人和以羌人为祭品的记载,武丁 60 多件,廪辛 4 件,康丁 6 件,武乙 1 件,乙辛 1 件。殷朝征伐羌人的规模是很大的。例如,武丁时伐羌用兵最多的一次曾达 13 000 多人,远远多于征土方和🐓方用的兵力。通过战争,殷朝曾俘获了大量的羌人以及他们的首领"羌白"。殷人对这些俘虏的处置主要有两种方式,一是将他们用于祭祀的牺牲品,现存很多用羌人为牺牲的甲骨卜辞;二是把他们变为奴隶,用于生产。殷人对羌用兵多于土方和🐓方等北方民族,大量俘获羌人用以奴隶劳动和祭品,这不仅反映了羌人和殷朝之间具有十分密切的关系,也反映了商人力量的强大以及对殷朝所产生的意义和价值,反映了羌人的社会发展水平可能高于北方民族。

三、商朝与东方民族的关系

殷之东方有所谓"夷"族集团。许慎云:"夷,平也,从大,从弓,东方之人也。"根据郭沫若、陈梦家等人的考释,甲骨文中的尸方、儿方、人方,即夷方,与金文中的尸为夷是相同的。甲骨文中尸与夷的使用一样,有的指东方的夷人,有的具有统称的意义又指其他方面的少数民族。另外,在甲骨文中还有盂方、林方和蓸、爵等,都在殷之东南方。这些方邦,虽然很难去判断其一定是东夷的部分,但至少与东夷民族集团有着十分密切的关系。

殷朝与东夷之间的关系密切,不仅表现在原本就有的渊源关系上,而且在文化方面也表现出了一定的相通性。当然,商与东夷之间也会发生一些摩擦和战争。《纪年》:"仲丁征于蓝夷。""河亶甲征蓝夷,再征班方。"《通典》:"桀为暴虐,诸夷内侵。商汤革命,伐而定之。至于仲丁,蓝夷作寇。自是或服或叛三百馀年。武乙衰弊,东夷寝盛,遂分迁淮岱,渐居中土。"[1]在甲骨卜辞中,也有不少"正尸方""伐尸方""伐儿方"的记载。"正"和"伐",是一种战争关系。

四、商朝与南方民族的关系

在殷的南方有荆(或名荆楚)、庸、濮、蜀、微、越(粤)等。《竹书纪年》:夏末,"商师征有洛,克之,遂征荆。荆降"。《诗·商颂·殷武》是对殷王武丁进行歌颂的,云"挞彼殷武,奋伐荆楚,采入其阻,衰荆之旅。有截其所,汤孙之绪。维女荆楚,居国南乡"。这些记载,说明商汤和武丁都与荆楚产生过征伐关系。"荆"以荆山而得名。这一族称大概是泛指,即指居于荆山地区及其以南的民族。楚也是地区名,与荆有着相同的意义。因此,史书上有时称楚,有时称荆,有时荆楚连用。不管是荆还是楚,大概都是对黄河流域的人们对南方民族的统称。

周武王伐纣时,他的联军中有庸、蜀、羌、微、彭、髳、卢、濮等人。孔安国注《尚书》云:"八国皆蛮夷戎狄属文王者国名。羌在西,蜀叟微髳在巴蜀,卢彭在西北,庸濮在江汉之南。"在这八国之中,蜀、微、髳、庸、濮都是南方和西南方的民族。与周为联军,受周武王统帅,这说明这几个国家的居地应当不会距离周太远。庸、濮、蜀,在春秋时还存在着,有的甚至一直存在到战国末年。这时它们的所在是确定的。庸在今湖北竹山县,濮在荆楚西南,为今湖北、湖南、贵州交界地区及其西南,蜀在今四川成都地区。蛮,在甲骨文和金文中都存在,它大概是殷朝或夏族对南方民族的总称,与"南方"具有同样的意义。

根据考古材料,商周时期,在我国南方广泛分布着一种印纹陶文化,这是以陶器纹饰的特征命名的一种文化。印纹陶是指在

---

① 《通典》卷185《边防1》。

陶器表面印有各种几何纹饰,质料粗硬,且为泥质与夹砂质的陶器。这种文化的石器工具则以有段石锛和有段石斧为特征。印纹陶文化主要分布在我们的东南部,并传播到菲律宾、印度等国家和地区。印纹陶文化就其自身的发展情况来说,是新石器时代晚期的文化,在有些地方发展为青铜器时代,从我国发展的历史来说,它大约起始于商代,发展于西周,盛行于春秋,一直延续到战国和秦汉。

在印纹陶文化的分布区,"吴城文化""湖熟文化"是印纹陶文化的一部分,由于它们距离中原地区较近,所以它们与商的关系也十分密切,在商文化的影响之下,它们的文化成了整个印纹陶文化的先进部分。吴城文化是在江西省清江县吴城发现的一种青铜文化,主要分布在江西北部地区。清江吴城遗址,根据地层堆积和出土物的特点,可分为上中下三层,或称三个时期。上层为商末周初,中层为商代晚期,下层为商代中期,距今大约有3 300 ~ 3 000 年。出土有石锛、石刀、石镰、石斧、石网坠、石纺轮等,少量的青铜工具如铜凿、铜刀、铜斧、铜锛、礼器等,还有特制的陶刀、陶纺轮。吴城文化中商文化的痕迹比较明显。它的青铜礼器与商朝的青铜礼器非常类似。吴城一期的罐、盆、鬲、豆等器物,颇为接近郑州二里岗商代遗址的同类器物。吴城二期的鬲与安阳殷虚早期的同类器物较为近似,三期的瘪裆鬲与西周初期的鬲完全相同。湖熟文化是因为 1951 年首次发现于江苏省江宁县湖熟镇而得名。它是一种以几何印纹软陶为特征的青铜器文化,分布在江苏、安徽的长江两岸地区。湖熟文化晚于当地相当于龙山文化的地层,下限年代一般认为早于东周时代的吴城文化,即它相当于商代和西周时期。

印纹陶文化的族属,一般认为是古越族的文化,其主要有以下两个根据:第一,印纹陶文化的分布区是后来文献记载的越族或百越的分布区;第二,越族的文化特点与印纹陶文化的特点客观存在着一定的共同性。这是具有一定可信性的。但也应指出,印纹陶文化的分布地区还是非常广阔的,不可能只是包括越族,所谓"百越"也不仅仅包括越族,除越族外,还可能包括后发展为苗瑶语族的民族。越族以及后来发展为壮侗语族与苗瑶语族的关系,是具有一定研究价值的。但现在对这些知道的很少。如果印纹陶文化属于越族的文化,那么越族在殷代不管被叫作何种名称,也是殷朝南方的一个大的民族集团。而这一集团的北部,也就是靠近殷地的部分,因与中原文化有着较为密切的关系,受到较大的影响,也就成了本民族集团的先进部分。这一点,从上面提到的吴城文化、湖熟文化与印纹陶文化的福建黄土崙文化相比较,就明显地反映出来了。黄土崙文化遗址位于闽江南岸,发现于 1974 年,四年后,进行了发掘。黄土崙文化也属于青铜器时期的文化遗存,它的年代经碳素测定为公元前 1300 ± 150 年,大概相当于商晚期和西周初期。它的文化发展程度比起湖熟文化和吴城文化显然是落后的。

殷朝与南方民族的关系是比较明显的。除上面谈到的商文化极大地影响了印纹陶文化之外,有些商人(也就是夏族或华夏族)还迁居到长江以南,到达湖南等地,这也极大地加强了文化的交流。商朝与南方民族的战争关系记载很少,只有上面提到的商汤和武丁两条。一方面可能是部分的记载没有保存下来,另一方面也可能是这一时期战争发生得确实很少。从商都迁殷之后,特别从武丁以来,商朝与四方民族的战争关系多发生在北方和西方,东方和南方则比较少。所以郭沫若根据甲骨文的记载得出结论说:"殷人之敌在西北,东南无劲敌。"这种情况,不仅是商代,以后的朝代都是如此。与西北方较为频繁的发生民族战争关系,而东南没有强劲的敌人,这与四方民族的经济和文化生活以及社会形态具有十分密切的关系。东南方的民族都是农业民族,与夏族比较接近,这决定了他们直接较少会发生矛盾和战争,即便发生战争也不至于那样的激烈或者说残酷。北方和西方民族多是游牧民族,他们擅长骑马涉猎,一般多随水草而居。他们的经济文化与中原文化还是存在着很大的差别,并且在生活习俗等方面也存在着很大的不同,加之北方民族有向南迁移的趋势,所以就产生了较多的矛盾和战争关系,战争也表现得较为激烈。

从以上的民族分布和民族关系来讲,殷朝的"四夷"概念,即东夷、北狄、西戎、南蛮,在夏朝的基础上得到了一定的发展。这种发展,不仅表现在对夷狄的记载逐渐增多,而且在甲骨文中还固定下来了这些族称。文字是以语言为基础的,是事物的反映。这意味着语言和事物的存在远远早于文字产生之前。因此,既然殷代有了夷狄戎蛮等字,这些族称应当早已存在。这不仅说明殷代已经存在比较固定的对四方民族的总称——夷狄戎蛮或东夷、北狄、西戎、南蛮,而且也说明这些族称存在于殷之前。

第四节　周朝的民族关系

在夏朝和商朝的民族中,我们已经谈到四方夷狄的存在。周朝时的五大民族集团是继夏商发展来的。夏商时期,对各民族发展情况的记载还是比较缺乏的,周朝对各民族发展情况的记载就比较多,各民族的特点也在这一时期变得鲜明起来。本节主要对周朝的民族关系进行探讨,在这之前需要首先了解周朝的五大民族集团,即华夏、东夷、北狄、西戎、南蛮,以及周朝的民族观与民族政策。

华夏族是周朝的主体民族,人口最多,分布在南至长江、北至长城、中沿黄河的广大地区。华夏族不仅包括周天子的王畿,也包括卫、齐、鲁、燕等诸侯国,到了春秋以后也应包括楚国。至战国末年,经过互相兼并,华夏族的国家只有齐、燕、赵、韩、魏、秦、楚七个大国和周、卫等。最后,秦灭诸国,实现了我国大部分地区的统一。在先秦的史书上,对华夏族的称呼有夏、华、华夏。夏具有大和中的意思,反映了中原地区实现大民族的事实。华,是由于服饰的特点而得名。作为人们共同体,夏与华指的是同一个民族。华夏,就是把具有同样意义的夏和华合一而称。与华夏族密切联系的有"中国"这个概念。该概念在夏商时,是指夏王畿和商王畿的所在地,具有众国之中的国家和大国之义。到了周朝,中国不仅具有众国之中和大国的意思,还具有与夏族或华夏族同等的性质。中国与华夏具有同等的意义,是周朝有关"中国"内涵的发展。这一发展影响了以后各代。秦汉以后,就更加把中国等同于华夏族或汉族。直到近代,中国的概念才又发展到一个新阶段。它的含义,不仅包括汉族,而且包括了我国其他民族,成为中华民族的统一体。

周时的华夏、东夷、西戎、南蛮、北狄五大民族集团的划分,与民族划分的标准是完全一致的。不仅体现在地域上的不同,而且具有不同的语言、服饰、习俗,反映了不同的民族在文化上的差异。

华夏、夷、狄、戎、蛮五大民族集团都具有各自的特点。华夏居于"天下之中",衣服为右衽,留满头发,结扎带冠饰笄,而四夷左衽和被发、断发,因此这种服饰和发式的特点是当时华夏与其他民族区分的一个重要标志。对于华夏族来说,左衽不仅被看作是夷狄的习俗,也是丧服的标志。南方荆蛮和吴越之人为断发或称祝发,或称剪发,无冠。西方戎人为被发无冠。因此,蓄发冠带也就成了华夏族的一个重要标志。在当时各民族中,华夏族的经济文化发展水平是最高的,因此,华夏族的民族意识较强,轻视其他民族。

华夏族是一个人们共同体。虽然有所谓"诸夏",但它们在民族上并无区别。东夷、北狄、西戎、南蛮四个民族集团的内部关系十分复杂。它们内部虽然也有某些共同性,但不是单一的民族。夷狄或戎蛮是对四方民族的统称。各书对四夷的记载也不一致。《礼记·明堂位》云:"九夷、八蛮、六戎、五狄。"《周礼·职方》云:"四夷、八蛮、七闽、九貉、五戎、六狄。"这些数字的不同,一方面可能反映了四方民族对周臣服的国数由于时间的不同而呈现出一定的差异,另一方面则反映了各民族集团中的民族差别。

关于东夷的特点,文献上的记载还是非常少的,这是因为东夷和华夏融合的趋势逐渐加强,到了周朝,东夷实际上与华夏族并无太大区别,可能仅仅只是在某些风俗上存在差异。比如,大概在东夷的某些部分,还存在着以人祭鬼的习俗。秦统一之后,东夷成为秦人的一部分。秦汉以后的东夷,是指我国东北和朝鲜、日本等地的民族。北狄是居于华夏族北方的民族统称。它的内部不是单一的人们共同体。根据当时的记载和参考以后的情况,北狄大致可以分为两个民族系统:一个民族系统是獫狁、犬戎、狄,战国时称为胡和匈奴,分布地点偏西;另一个民族系统是肃慎、貊、貉、山戎,战国时称为东胡,分布地点偏东。北狄不管哪一部分,都过着以狩猎牧畜经济为主的游牧生活。虽然他们也种有少许黍类,但主要是食肉。他们的服装和发式为"被发左衽",有的衣"羽衣",有的"鞨巾而裘"。他们的住房,主要是穴居和庐帐。他们性格勇猛、喜欢争强好胜,这与他们的社会发展条件有关,也与他们生存的经济形态有一定的关系。西戎的记载也有五戎、六戎、七戎之别,这反映了在西戎内部,也有一定的部落差异。西戎也是以游牧为生,服式为左衽。在西戎中,有氐羌和义渠等族称。氐羌和义渠都存在着火葬的习俗。蛮是南方民族的统称,也记有八、六之不同和蛮闽之区别。周时,在南蛮之中,有荆蛮、越、濮几个系统。南蛮习俗方面的特点为"文身"、把头发剪短、不穿鞋子跣足,并且多浴、男女同川而浴。

五大民族集团各自的特点和不同,主要是受到地理环境、社会条件等客观因素的影响形成的。首先归之于自然环境,如南方湿热,导致男女同川而浴。其次是社会条件,包括教育和"积靡"。如"于月夷貉之子,生而同声,长而异俗,教之使之然"。虽然古人的一些看法受到历史条件的限制还存在一些不妥之处,但总的看来基本上是唯物主义的,是科学的。

周代华夏族是奴隶社会兴盛至没落以及演变为封建社会的时期。奴隶主和封建主是当时社会的统治阶级。在阶级社会,人们是不平等的社会关系,民族与民族之间的关系同样是不平等的。因此,周朝的民族关系是不平等的关系,它的民族政策也是一种民族压迫政策。华夏族是当时占统治地位的民族,经济和文化比其他民族先进。华夏族中的大多数虽然是受压迫剥削的劳动者，但由于占社会统治地位的是剥削统治阶级，所以，作为一个民族，它与其他民族是不平等的。华夏族的劳动人民，也不可避免地会受到统治阶级的政策和思想的影响，而对其他民族具有程度不同的歧视观念。

周朝民族间的不平等，主要表现在对夷狄戎蛮等少数民族的歧视和压迫上。在周朝的著作中，经常可以看到把戎狄比作豺狼的记载。当时的一些著作，在书写少数民族的族称时，往往加上一个犬旁或一个虫字；至于轻视和歧视蛮夷戎狄的说法和做法就更多了。周天子与诸侯国和夷、蛮、戎、狄等族的关系，其中的要服和荒服的规定，就是对待少数民族的具体办法。周朝统治者在处理民族关系时，又往往结合具体情况，采用武力征伐和"文教"安抚两种手法。后来各朝民族政策的很多内容也多沿袭周朝，甚至把周朝的某些做法视为"范例"。

在对周朝的五大民族集团以及周朝的民族观与民族政策进行一定的了解之后，我们将对东夷与周朝的关系、南蛮民族集团与周朝的关系、北狄与周朝的关系进行分析。

一、周朝与东方民族的关系

周朝对四方民族的总称为"四夷"，或简称"夷"，又分别称为东夷、南蛮、北狄、西戎。但是在先秦的著作中，也存在着一些"混乱"情况。虽然各书有不同的用法，但东夷、南蛮、西戎、北狄则是比较固定的。到了战国年间，对北方民族的总称，又出现了"胡"，而对南方民族的总称，用"越"概括的比较多一点，如"扬越""百越"。

东夷与南蛮、西戎、北狄等族称一样，是东方民族的总称。它究竟包括哪些具体民族，因时间的不同也呈现出一定的差异。

在西周时期，东夷民族集团记载最多的有徐戎和淮夷。所谓徐戎，是居于徐、泗一带的夷人。西周时的徐国徐偃王，春秋时的徐国，大概都属徐戎或是徐戎的分支。所谓淮夷，是分布在淮河流域的夷人。因此,从民族意义上看,它可能是一个民族,也可能包括相近的不同的民族。徐戎和淮夷,虽然名称不同,但又不能将它们完全分开。因为,从总体上来看,徐戎的分布地区也是淮河流域的一部分,从而徐戎也可以说是淮夷的一部分。

除了淮夷、徐戎,周初尚有奄和蒲姑。奄,在今山东曲阜地区,即鲁国;蒲姑,在今山东临淄一带,为齐国。奄和蒲姑源于东夷,但经过商朝的发展变化,它们与华夏更为接近,也可以说是华夏族的一部分。虽然如此,但在周初周人的眼中,还通常把它们当作是东夷的一部分,而且一些史书的记载也确实是把它们划分到了东夷里面。由于历史的原因,奄和蒲姑在某些习俗方面与淮夷、徐戎也确有某些共同性。这反映着它们还并未完全向华夏族靠拢,直到齐鲁建国很长一段时间之后,它们才完全属于华夏族,而明显不同于尚存的淮夷、徐戎以及其他东夷的国家和部落。

西周时期,淮夷、徐戎等东方民族集团是强大的政治力量,严重威胁着周朝统治者。它们在与周朝争夺势力范围的过程中,经常发生矛盾和战争。其中规模较大和记载较多的有成王周公与淮夷之战,穆王与徐偃王之战,厉王、宣王征淮夷等。

武王灭商后,又东伐奄等,在海隅杀掉了纣的奸臣飞廉,灭掉了大大小小的国家五十多个,这就奠定了周朝的统治。武王死后,成王年纪较小,权力落在了周公手里。管权、蔡叔与武庚联合淮夷、商奄背叛了周,周公亲自率领军队,经过三年的激烈战争,平息了这场"叛乱",巩固了周对东方的统治地位。成王亲政之后,淮夷、徐戎又发生了叛变。关于成王征淮夷的具体情况,缺乏记载,但从《尚书》所记的内容中,可以看出成王征淮夷又取得了胜利。

周穆王与徐戎发生过一次较大的战争,即所谓徐偃王事件。关于徐偃王的记载,各个文献资料并不太一致。他的事迹最早见于《尸子》。《尸子》曰:"徐偃王有筋而无骨。"后来,许多文献在记载的时候就产生了分歧,主要的矛盾是徐偃王生存的时间。目前存在的说法主要有三种:一在周穆王时,一在楚文王时,一在楚庄王时。由于周穆王和楚文王时间相差二百多年,与楚庄王的差时更大,这是不可能统一起来的。因此,我们只能取一说,即周穆王之时。周穆王是西周时人,楚文王和楚庄王是春秋时人。春秋时期,周天子的力量已经衰落了,这时双方出现战争的可能性已经不大。再者,春秋时期也有徐国,应是由徐戎和徐偃王之徐国发展演变下来的。春秋时的徐国,是被吴所灭。徐被吴灭的时间为楚昭王四年,上距楚庄王末年长达80年。从这些历史事实看,周与徐之间的战争,应该发生在西周时期,说徐偃王与周穆王同时,应该是可信的。

周厉王和宣王时,与淮夷、徐戎又发生了战争。淮夷、徐戎只是东夷的一部分。从文献记载的战事来看,淮夷、徐戎的力量在西周的时候是十分强大的。周初,封齐于蒲姑之地,封鲁于奄之地,就是对付东夷的势力。后经几起几落,淮夷与徐戎的力量便衰落了。到了春秋之时,它们变得相当弱小。

春秋和战国时期,"东夷"之称还是经常出现的。如《左传》记:"若出于东方,观兵予东夷,循海而归。"除称东夷,尚有"九夷"之称。如《论语》:"子欲居九夷。"

东夷和"九夷"的意义基本相同。"东夷",具有方向的含义;"九夷",是借用已往的名称泛指东方的夷人。春秋战国时期,东夷指居于今山东东部、淮河中下游安徽、江苏一带的夷民,具体包括徐、淮夷、郯、介、根牟等国。徐国在今江苏泗洪西南,后被吴灭时可能已迁居盱眙。淮夷是地区名,居于淮水中游。但从《春秋》所记看来,它又像是一个"政治体",是国名。莒国,在今山东莒县。根牟,在今山东莒县东南沂水流域。

这些东夷族的国家,与华夏族的关系也十分密切。从历史上看,它们大多是少暤之后和祖于少暤的皋陶、伯益之后。在传说时代,属于东夷的少暤就与华夏族的"五帝"具有密切关系。皋陶和伯益,更与夏禹仕尧舜一起治理洪水。这种关系,必然使得双方互相影响与接近,以致逐渐融合。到了春秋时期,它们相互接近和融合的程度已是很明显了。在发式上,东夷与华复的区别并不是太大。如徐国被吴灭时,徐君留的是满头发,与华夏相同。有时东夷之国也自比为中国的一部分。例如,郯成季文子把自己与蛮夷相区别,而列入中国华夏的范畴。他引《诗》而喻之,说明已与诸夏等国有了共同的文化。而且,东夷之国有些地方还表现出较高的文化水平。但是,东夷与华夏作为不同的民族,当然还是有一定区别的,主要表现在语言、服饰和其他某些习俗上。

春秋战国时的东夷,又经过与华夏族的长期交往与杂处,其差别就渐少,共同点也就渐多。公元前 600 年,鲁取根牟,公元前 567 年,齐灭莱;公元前 548 年,楚灭众舒;公元前 512 年,吴灭徐,后越灭吴,楚又灭越;战国初年,楚灭莒,后又属齐,越灭郯,楚又灭越。经过这样的过程,东夷都纳入华夏族的范畴了。政治上受华夏族统治者管辖,在很大程度上加快了东夷的华夏化。至战国末年,尤其是秦统一之后,东夷也就与华夏没有什么区别。秦汉以后的东夷,就指我国东北地区和朝鲜、日本等地的民族,而不再指淮、泗流域和山东沿海的居民。

二、周朝与南方民族的关系

周时,南蛮民族集团的族称有荆蛮、越、闽、庸、濮、麇、蜀、巴、髳、微、焦侥、越裳等。

(一)越族

越是周时我国南方的一个大族。先秦史书中,有的称越,有的称於越。"於"是虚词,有说是语气词,没有实际意义。越是实词,越与於族的内涵是完全一致的。《周礼》所记"四夷八蛮七闽九貉五戎六狄之人民"的"闽"显然是个族称,它从以后的发展和指的地区看来,与越有着十分密切的关系,很可能是越族的别称。

关于越族的具体发展情况,文献中记载很少。从现有的文献记载可以看出,越族的语言和习俗与华夏族和夷狄是不相同的。越族的习俗是与南方气候的温和与水乡生活相适应的,其中最突出的是断发文身、错臂左衽等。

越族中比较先进的部分是越王允常和勾践所建立的越国。传说越王勾践为夏禹苗裔、少康庶子之后,或者说他与楚国同祖同姓,也出自祝融和姓芈。即便这样,也不能改变越族的民族成分。勾践的祖先,只能融合于当地民族,即融合于越族。允常和勾践建国之后,越族的一部分也就进入阶级社会。越国在战国初期曾兴盛一时,横行江淮之间。传至越王无强之时,与中国争强。楚威王兴兵讨伐越国,获得全胜,杀无强,占领故吴地至浙江。越国从此分崩离析,诸子争立,臣服于楚。

允常、勾践所建的越国虽然被楚所消灭,但越族并没因此而消亡。战国时期,扬越、百越之称多起来了。扬越之称最早见于西周周夷王时。顾名思义,"扬越"是九州之一扬州之越也。"淮海惟扬州",它的领域北至淮河,东南至于海,西与荆州以鄱阳湖为界,包括今江苏、安徽南部,江西东部,浙江、福建、广东等省。"百越"意思是众多越族,包括越族的众多的国家和部落,其中不仅包括越王勾践之后的越族,也包括自会稽至交趾7 000余里广大地区越族建立的其他国家和部落,甚至很有可能包括一部分"苗瑶"系统的民族。所以,从战国到秦汉,往往对北方民族总称胡,对南方民族总称越或百越。汉时的"百越刀"就比较具体化了,它包括东瓯、闽越(东越)、南越、西瓯骆越等。

扬越和百越虽然各有不同的由来,但有时却具有同样的含义。因此,有些史书常常把百越与扬越同等使用或互相使用。例如,秦国名将王翦攻破楚军俘获楚王,向南征讨百越这件事,《史记》用"百越",而顾炎武《天下郡国利病书》用"扬越"。[①]

(二)荆蛮

荆蛮在商初的记载中就有出现。《竹书纪年》:汤时,"商师征有洛,克之。遂征荆,荆降"。西周及春秋初年,荆蛮这个族称经常使用。如太伯、虞仲(又称仲雍)"亡如荆蛮",宣王时"蛮荆

---

① 王文光,翟国强:《先秦时期历史文献中的越民族群体》,云南师范大学学报(哲学社会科学版),2005年第1期。

来威"等等。"荆"为当时九州之一,"荆蛮"是居于荆州的蛮人。根据《禹贡》的记载,荆蛮是以地区名之,它是荆州各蛮族的统称。后来,随着楚国在荆州的发展和强大,它兼并了居于荆州的许多华夏族以及荆蛮的国家和部落,荆与楚便逐步具有了同等的含义,出现了荆与楚的交替使用,或荆楚连用。

前面已经谈到,楚国的统治者,一般认为出自祝融,而祝融又出自颛顼。颛顼和祝融都属于华夏民族集团,只是祝融在地理位置上更加偏南,与南方民族关系密切。周成王时,全部的文武功臣在楚地被封,才有楚国。从当时的文献资料来看,楚一直是融合于荆蛮的。直到春秋时期,还把楚看作是蛮夷。春秋末年,楚还自称"蛮夷"。西周和春秋时期,无论楚人还是"诸夏",都把楚视为"蛮夷"或"夷狄"之国。但同样明显的,楚国与"诸夏"的经济文化关系十分密切,并且逐渐出现了融合的趋势。当楚国大量地兼并了汉水和淮水流域的华夏族的诸侯国,吸收了华夏族的文化和习俗之后,它也就变成"冠带之国"。"冠带之国"是华夏族与四夷、荆蛮进行区分的一个重要标志。楚国变为华夏族的另一个重要标志,就是它的通用语言也与华夏族无异。例如,出土的楚国遗物铭文和它通行的货币爰金所铸"郢爰"字样,都是华夏的文字。文字是语言的反映,既然文字相同,语言也就基本一致了。当然,这并不排除同一语言还有方言的差异。楚国这部分荆蛮与华夏族的融合经过了一个相当长的过程。但到了战国时期,楚的统治民族已经属于华夏族的一部分。

以上史实说明,楚国的统治者在民族成分上走了一条曲线。如果他们的祖先祝融出自华夏,那么他们因生活于荆蛮之中,便逐渐融合于荆蛮,后来,又由荆蛮融合于华夏。但是,必须指出,楚国是一个多民族的国家。所谓与华夏族融合,是指楚国的统治民族,而非楚国的所有民族。楚国的统治民族大概是由楚直接统治下的荆蛮与楚兼并来的华夏族融合而成。至于"荆蛮"中的其他部分,如越、濮等,则依然保持着本民族的特点而继续存在与发展。

（三）蜀和巴

1. 蜀

在殷墟甲骨卜辞中,就有了蜀字,而且是个国名,也可能是个族名。商末周初,在武王伐纣的联军中,有庸、蜀、羌、微、彭、濮等。可见蜀不仅是国名,还是族称,处于今四川境内。武王以后至于春秋,有关蜀的事迹几乎不见记载。到了战国,蜀又与秦发生了关系。秦惠王(又称惠文王)后九年(前316),巴、蜀相互攻击对方,情况紧急都告知于秦。秦惠王想要讨伐蜀国,不能决断,所以和大臣们商量。张仪不主张讨伐蜀,主张出兵三川,司马错则主张伐蜀。秦惠王听信司马错的建议,于是起兵伐蜀,并取得了胜利。自此,蜀属于秦。

蜀为"西辟之国""戎狄之长",只是说明了它与华夏族存在着很大的不同。但是,并不能说明它是南蛮还是西戎。如果说蜀属于南蛮系统,也是存在一定依据的,蜀与巴有着极其密切的关系。例如,巴传说为"廪君"之后,显然属于南蛮民族集团;如果说它属于西戎,即属于氐羌系统,也是可以找出一些根据的,如蜀的西方和南方很早以来以至秦汉都是西戎民族集团的氐羌分布区,汉时所称的西南夷,主要就是他们。蜀属于西戎集团还是属于南蛮集团,有待进一步研究,但从它的地理位置来看,它与这两个集团都有十分密切的关系。蜀被秦灭后,就成为秦国的一部分了。秦于此建蜀郡,其居民也成为秦人。汉朝建立后,蜀地主要居民已经是汉族。

蜀的历史渊源,《世本》《山海经》《蜀王本纪》《本蜀论》《华阳国志》《十三州志》都有记载,但是内容都比较简单,并且也都十分类似。这些记载反映了蜀的历史悠久,也反映了它与中原地区和华夏族之间具有十分密切的关系。

2. 巴

巴国的事迹,最早在春秋时期的文献中可以看见。《左传》

云：桓公九年（前703，周桓王十七年）春，"巴子使韩服告于楚，请与邓为好……"在春秋战国时期，巴和楚、蜀一样被"诸夏"看作是蛮夷之国。春秋时，巴与楚经常联军，但是彼此之间又战争不断。例如，楚文王十四年（前676，周惠王元年）"巴人叛楚而伐那处（今湖北荆门县地），取之，遂门于楚。……冬，巴人因之以伐楚"。楚文王十五年（前675）"春，楚子御之，大败于津"。

战国时，巴常与楚结为婚姻关系。及七国称王，巴也称王。后来，巴国发生了叛乱，将军蔓子请求楚国出兵援助，许诺赠予楚国三座城。于是，楚王出兵救巴国。巴国平定叛乱之后，楚国派出使者来要城。

蔓子要求以自己的首级来感谢楚国的帮助，于是把自己的头割下来交给楚国使者。楚王惊叹有这样的臣子还要城池有何用。于是，楚王用葬上卿的礼仪来葬蔓子的头。周显王时，楚国力量衰弱，秦惠王与巴蜀友好相处。蜀王弟苴（侯）私亲于巴。巴蜀世战争。

从《华阳国志》等书的记载来看，巴最后被秦所灭。有些书却记载巴最后被楚灭。关于巴被谁所灭，这些书的记载都是有矛盾的，但却都反映了一定的事实，即巴大概是楚和秦相互争夺的一个地区，它为楚所灭或为秦所灭，只是反映着不同地区和不同时间的史实罢了。

巴国的辖区初在湖北西部与四川交界，后包括了今重庆市。巴这个名称的起源，很难考证，有些说法也很难置信。例如，《史记》《集解》引徐广云："谯周曰：益州'天苴'读为'包黎'之'包'，音与巴相近，以为今之巴郡。"根据相关文献记载来看，巴很可能以巴山得名，当然也不排除其他的说法。既然以巴山得名，后又成为巴国，显然巴原是个地区名和国名。因此，巴国就不一定是一个民族。从其辖区广阔的情况看来，它应该包括十分复杂的民族，当然也有一个主要民族，这个主要的民族，就是传说记载中的廪君蛮或廪君的后裔。

《通典》和《太平寰宇记》等书对于廪君的记载，多转抄《水经注》,但也记有:"廪君于是君乎夷城(今湖北宜昌市),四姓皆臣之。巴梁间诸巴皆是也。战国时,秦惠王并巴中,以巴氏为蛮夷君长。"这些记载表明,巴蛮廪君种源于湖北、四川的交界地区,后向四方发展。战国时,巴被楚和被秦灭后,其地分属于和相继属于楚、秦两国。巴蛮以后的发展,一部分融合于华夏,一部分依旧作为少数民族保存下来。保存下来的巴蛮,汉时称为南郡蛮,有一些则成了武陵蛮的一部分。板楯蛮、賨人和沔中蛮则属于巴蛮的后裔,黔中的五溪蛮也与巴蛮具有十分密切的关系,如《文献通考》云:"战国时秦惠王并巴中,以巴氏为蛮夷君长。……建武二十三年,南郡奏渚山蛮雷迁等始反叛,武威将军刘尚讨破之,徙其种人七千余置江夏界,其后沔中蛮是也。""沔中蛮至晋时刘石乱后,渐得北迁,陆浑以南满于山谷。宋时荆州置南蛮校尉、雍州置宁蛮校尉。"巴蛮以后的发展,就更为模糊了,大概揉于"五溪蛮"或"黔中蛮"之中。

(四)吴国的族属

吴国统治者虽然与周同源,出自太伯、仲雍,但它的人民依旧属于南蛮民族集团。太伯、仲雍为了统治当地人民,也不得不随当地的习俗文身断发。他们的后代,也就完全融合于南蛮。吴国的"南蛮",有的说它是"荆蛮",有的说它是"荆越"。春秋后期,吴虽然强盛一时,侵占楚都,战败越国,争霸中原,但始终被诸夏看作是蛮夷之邦。

称吴为"荆蛮""荆越""蛮夷""夷狄",只是与华夏族有一定的区别和属于南方民族。吴在南蛮民族集团中,应该属于越族的一部分。当然,各地的越族也有地区性的差别和社会发展的不平衡。吴由于接近诸夏,深受中原文化的影响,所以在经济文化上比其他越族先进,在习俗方面也与其他越族呈现出一定的差异。虽有不同之处,但在民族上仍应看作越族的一部分。战国初年,吴被越灭。又过130多年,楚又灭越"尽取故吴地至浙江",吴人从此成为楚人。秦灭六国,吴地的楚人也成为秦人的一部分,经过长期的接近融合吴人变为华夏族。

（五）夔、罗、庸、麇和濮

1. 夔

夔是国名。其统治者,据说与楚同源,都为鬻熊之后。夔国的地望,在今湖北秭归县。秭归之地,也曾是楚祖熊绎始国地。这样看来,夔与楚应该属于同一个民族。西周时,夔的事迹不见记载。

《史记》对楚灭夔有记载,不过记为楚成王三十九年（前633）,与《春秋左传》所记差一年。夔国在春秋时只有这一个记载,此后便成为楚国的一部分。夔和楚一样,也被"诸夏"看作是"夷狄"之邦。《春秋》:僖公二十六年"秋,楚人灭夔,以夔子归"。这里就是把夔看作是"夷狄之微国",所以只记时,不记月、日。

殷墟甲骨卜辞中有"伐归白（伯）"。郭沫若经过考证认为殷之归国即周之夔国,熊挚到夔国为君,只不过是统治者的变化。如果夔国存在于殷代,而与其相邻的楚国之民或楚,也应该早于周朝。成王时,熊绎封于楚,大概是在原来国君的基础上加封的,即成王加封之前,熊绎就已经是楚的实际国君。

2. 罗

罗国的最早记载也出现在春秋时期。关于罗国的地望,是有迁徙变化的。根据楚人伐罗所涉的鄢水,即后来的夷水、蛮水,今湖北省蛮河,东入汉水,罗国应在蛮河之北,今宜城地区。故《水经注》云:"夷水蛮水也。桓温父名夷,改曰蛮水。夷水……东南流历宜城西山谓之夷溪,又东南迳罗川城,故罗国也。"[1]这与杜预所说"罗在宜城县西山中"完全相合。后来,罗国徙于湖北枝江县,又被楚文王徙于长沙,今湖南汨罗县地。罗也是熊姓之国,与楚

---

[1] 赵平安:《〈楚居〉的性质、作者及写作年代》,清华大学学报（哲学社会科学版）,2011年第4期。

同源,其民族也应与楚同。

3. 庸

庸在周武王伐纣的《牧誓》中,列于"庸蜀羌髳微卢彭濮"八个蛮夷之国的首位。西周和春秋时,它是个小国,后来被楚国所灭,成为楚国的一部分。根据《左传》的记载,庸到春秋已经是小国,并属于楚,终被楚灭。其地望,为汉时的上庸县,今湖北竹山县。《通典》:"房州竹山县,古庸国,汉上庸县。"

庸随武王伐纣时,尚为蛮夷之族。被楚国灭掉之后,遂成为楚人的一部分。战国时,楚已变为华夏,秦灭楚后,成为秦人。由于庸处于楚之北方,接近中原诸夏,它当然也随着这一演变而演变,而且还可能大走在前面。

4. 麇

麇的记载也最早见于春秋时期。从《春秋》和《左传》的记载来看,麇是春秋时期的一个小国,臣属于楚,后又被楚国灭掉,成为楚国的一部分。因此,楚昭王十一年,吴讨伐楚,抗拒秦国的军队时,曾居于麇。这时的麇已经是楚的一个地名,而非国名了。麇的地望,与庸相近或为邻。《通典》云:"房州(今理房陵县)古麇庸二国之地。春秋楚子败麇师于防渚即此也。"房陵县,为今湖北房县,而麇则在今湖北白河县。

麇也被诸夏看作是蛮夷之邦。麇人的发展和演变大概与庸人一样,先成为楚人,后成为华夏族。

5. 濮

濮这个族称具有悠久的历史。它不仅是周武王伐纣联军中八"蛮夷"国之一,而且在殷墟甲骨卜辞中也有记载。根据相关记载,濮这个族称应当早在商朝就已经存在了,它应在楚之南方偏西,即今湖南、贵州北部地区。

直到春秋之时,濮人的社会发展水平还是比较落后的。据《左传》上面所说濮人还处于分散狭小的部落状态。这种部落,属于原始社会末期的部落形态。也正因为分散和"无君长揔统",所以称为"百濮"。

"百濮"和战国时期所称的"百越"还是存在一定差别的。从地区上看,"百越"主要指楚东南及两广地区的越族,当然也可能包括其他语族的部分居民,"百濮"是指楚西南地区的居民,也就是后来的武陵蛮和苗瑶系统。因此,我们认为,"百濮"可能与古三苗有族源关系,与后来的苗瑶有着十分密切的关系。也有人认为,濮应当是今彝族的前辈。至于周时的濮人与后来的云南地区属于南亚语系孟高棉语族佤德语支的濮人,有无关系以及有着什么样的关系,当然需要进一步研究,但从已知情况看,这两者之间几乎是没有必然联系的。

(六)僬侥、越裳及其他

1. 僬侥

僬侥这个族称,最早见于《山海经》。《山海经》云:海外自西南陬至东南陬者,结匈国、羽民国、讙头国、三苗国、贯匈国、交胫国、岐舌国、羿、三首国,"周饶在其东,其为人短小冠带,一曰僬侥国"。《竹书纪年》《国语》《淮南子·坠形训》《尔雅》都有关于僬侥的记载,这些说明僬侥在周确实是作为族称而存在的。它所在的地方应当是在比较遥远的南方,更确切些说是西南方。关于僬侥究竟属于什么民族,有人认为它指的是南洋地区的小黑人;但是,如果结合《后汉书》所记僬侥在"永昌徼外",即今云南西南部澜沧江和怒江流域,很可能是南亚语系孟高棉语族佤德语支的先民。我国佤德语支包括佤族、布朗族和德昂族,它们自古以来就分布在云南西南部和与缅甸交界的地区。僬侥不仅与佤德语支具有相同的分布地区,而且至今佤族还有自称"布饶克"的,这非常接近于僬侥的语音。

2. 越裳

越裳,见于周朝初期。越裳氏是古越族的一部分。据"交趾之南有越裳国"和《水经注》:"九德县,属九真郡,在郡之南与日南接……周越裳氏之夷国"，越裳大概居于今越南北部地区。

在周代，在南蛮民族集团中，还存在着有食人习俗的民族。《墨子·鲁问》云："鲁阳文君语子墨子曰：楚之南有啖人之国者。……其国之长子生，则解而食之，谓之宜弟。美，则以遗其君。君喜，则赏其父。"这种有食人风俗和以人祭鬼的民族，在古越人和苗瑶系统中，都是存在的。例如，汉时及以后的乌浒人、黎人等，就有这种习俗。在苗瑶系统的某些部分，直到宋朝还存在杀人祭鬼的习惯。

南蛮所包括的民族是复杂的，大体可以分为荆蛮、濮、苗瑶和越两大系统。至秦汉，越族发展到鼎盛时，同时也趋于没落和转化，濮、苗瑶系统也发展演变为武陵蛮、五溪蛮等等。

三、周朝与北方民族的关系

狄，是北方民族的统称。它产生于周以前，广泛称于周时期，秦汉以后也沿用。因此，狄不可能是单一的民族，而是民族的统称，在狄的内部，存在着很复杂的民族关系。这种复杂性，不仅体现为多民族的同时存在，而且表现在同一民族在不同时期的发展和族称的变化。根据周朝北方民族的发展情况，北狄在西周时有薰育、猃狁、犬戎，春秋时有北戎、赤狄等等，战国时有胡、林胡等等。这些族体大都分布在今宁夏、内蒙古、陕西北部和山西北部地区。分布在河北北部及其东北地区的肃慎、山戎、东胡等，有时也包括在北狄的范畴之内，只是到了战国以后，才逐渐地将它们明确区分为东胡。

（一）西周时期的北方民族

西周时期，北方民族的称谓主要有猃狁、薰育、犬戎和肃慎等。

1. 猃狁

猃狁，又称獫狁、岩允，见于西周时期。《诗·小雅·出车》与《诗·小雅·采薇》都是反映和歌颂周文王时与猃狁征战的事迹。

从这两首诗中也可以看出,猃狁对周人造成了严重的威胁。《诗·小雅·六月》和《诗·小雅·采芑》,都是反映和歌颂周宣王时北征猃狁、南征荆蛮的事迹。从这里可以看出,当时玁狁、荆蛮对周的威胁。

上述诗只反映了周与猃狁关系的片段,从中也可以看出,猃狁在当时是相当活跃的,具有十分强大的势力,因此对周也是造成了很严重的威胁。它向南侵犯到"洛之阳",甚至镐京。战争的规模也不小,如铭文记载的一战就"折首五百,执讯五十"。从西周猃狁的活动和大王在薰育的逼迫下而迁岐,表明猃狁与薰育应是同一民族的不同族称,或者就是同一族称的不同写法。

2. 薰育

薰育,又写为獯鬻、獯粥。这个族称见于商末周初。即便在同一本书中和同一个人讲的话,如孟子在谈到大王可以以小事大时,称作"獯鬻",在谈到大王被迫迁徙时则称作"狄人"。可见,薰育和狄人,是对同一民族的不同称谓。

3. 犬戎

犬戎是西周时期相当活跃的一个民族。在犬戎更多逼迫之下,周幽王倒台,周平王东迁。到了春秋时期,《左传》还记有:"闵公二年(前660,周惠王十七年)春,虢公败犬戎于渭汭。"(《春秋公羊传正义》卷18)自此以后,犬戎这个族称就不见于记载了。这并不意味着这一族体不存在了,而是为其他的族称所代替。

从《穆天子传》的记载和相关考证来看,犬戎的居地就在今山西北部和内蒙古呼和浩特地区。周穆王北巡和西征,是在周穆王十三年。幽王时,申侯能够与犬戎联兵讨伐幽王,至于镐京,则表明犬戎的势力已经发展得十分强大。

犬戎也就是《尚书大传》所称的"畎夷"。"戎"和"夷"在这里都有对四方民族"总称"或"统称"的意思,"犬"和"畎"才是这一民族的特点。犬和畎的由来,大概是由于本民族的牲畜以犬为主或者以犬为贵,这反映着游牧和狩猎的经济生活。当时养有大量的畜犬,而且以犬为贵的民族主要是北方民族。既然北方民族犬多和以犬为贵,将犬与玉、马并列为三宝,那么以犬命名也就说得通了。从此也可以联想到,为什么北方民族的族称如獯鬻、猃狁、狄等,多带犬旁。从《史记》记载"赵简子之子赵襄子杀代王而有其地",这条记载虽然具有一定的神秘成分,是为赵襄子并代而编造的,但把代之先说成"一翟犬"是有一定的根据的。这个根据,就是代之先属于北狄的一部分,而犬戎的居地也在这个地区。从中可以看出,犬戎就是狄人的一部分,也是战国时期胡人的一部分。

4.肃慎

西周时期,肃慎也是北方一个比较重要的民族。肃慎又写为息慎,不仅见于西周,这在关于周的记载当中都有所见。《竹书纪年》《史记》《尚书》《纪年》等记载表明,肃慎是相当古老的一个民族,存在于商朝和西周。但自春秋之后,它就不见记载了,只是后人在记述东北一些民族(如东胡、挹娄、勿吉等)时,说是肃慎后裔。

肃慎的地理位置,也是比较清楚的。根据《山海经·大荒北经》和《左传》的记载,肃慎为周朝的北土,在燕国的北面。燕在今北京地区,"之北"大概就是今燕山以北的地方。从肃慎的地理分布来看,它与春秋时的山戎有着一定的关系。

根据考古材料,在河北、辽宁和内蒙古交界的地区,有一种以赤峰夏家店下层遗址命名的文化——夏家店下层文化,该文化的年代相当于殷代和西周时期,晚于龙山文化,早于东周文化。它的分布很广泛,北越西拉木伦河,南过拒马河,自辽河以西,包括京津在内的燕山南北一带都发现了该文化的遗址、墓葬和遗物。夏家店下层文化属于铜器时代的文化,即有了铜器,但石器依旧是主要的生产工具。有打制粗糙的石锄和磨制的石铲、石斧、半圆形石镰,也有极少量的细石器。这些工具,反映了该文化环境下的人们过着以农业为主的经济生活,同时也从事畜牧和狩猎。这显然是农业民族。所以,一般认为夏家店下层文化与黄河流域早期铜器时代具有相似的文化面貌,而又有些龙山文化的特征,或者说是龙山文化的变种。它的族属问题,一般也就认为是商朝的孤竹、令支和西周时的燕、亳的文化。

在夏家店下层文化的遗址里,往往迭压有夏家店上层文化。也就是说,夏家店上层文化继夏家店下层文化而兴起。该文化,"下限当在以燕秦为代表的战国文化到达这里之前,上限在春秋之前",与夏家店下层文化有一定的关系,但没有呈现出明显的继承性和连续性。根据承德、唐山、张家口等地遗址的发掘,夏家店上层文化的器物反映了这种文化与草原游牧民族文化的联系。夏家店上层文化,一般认为是属于周时的肃慎、山戎和东胡的文化。而这几个族称又关系密切,甚至是同一民族的不同时期的称谓。

上述考古资料表明,这带地区的文化系统应该有两个。如果说夏家店下层文化属于中原文化系统,是孤竹、令支以及燕、亳等文化,上层文化属于游牧民族的文化系统,是肃慎、山戎、东胡等的文化,那么,这带地区在殷周时期曾经有过一个争夺过程,即夏家店下层文化区后来被肃慎、山戎、东胡等民族占领。夏家店上层文化落后于下层文化,也表明这一争夺过程的存在,表明它们不是一个民族和文化系统。但是,肃慎、山戎和东胡是怎样迁到这个地区的,至今难以查考。

(二)春秋时期的北方民族

春秋时期,北方民族的主要称谓有戎和狄。

1. 戎

戎又分别称为戎、北戎、山戎;狄又分别称为狄、赤狄、白狄、长狄。从《春秋左传》这部书看来,在鲁庄公三十二年(前662)开始有狄这一族称。在此以前,称北方民族为戎、北戎和山戎;在此以后,对北方民族就开始称狄,或赤狄、白狄、长狄,而很少称戎。《春秋左传》这部书,记载了从鲁隐公元年(前722)算起,至鲁哀公十九年(前476)结束,共246年的历史。长达60多年的时间称北方民族为戎、北戎、山戎者,即在春秋初期。其后便明确地称为狄了。戎这个族称,虽然有时也用于称其他方面的民族,如东方的"徐戎",北方的"楚西之戎""北戎""山戎""戎"等,但较多的则为西方民族的统称——西戎。因此,春秋初期称北方民族为戎,就很容易与西方民族相混淆。如果把它们区分开来,也就不能只看"戎"这个族称,还要根据其他方面的情况和条件。从鲁庄公三十二年,《春秋左传》开始称北方民族为狄,进而区分为长狄、赤狄、白狄,则反映了孔丘和左丘明等对民族有了更加清楚的认识,从而也就更加明确地区分开西方民族和北方民族了。

北戎在春秋初期是比较活跃的,经常与诸夏发生战争和会盟关系。例如,鲁隐公二年(前721),春正月,鲁国和戎在今天的山东济宁相会。八月份的时候,鲁国与戎在今山东金乡县结盟。隐公七年(前716)冬,周国大夫凡伯到鲁国下聘,戎在今河南濮阳县讨伐凡伯。上面所提到的戎,都属于北方之戎,也属于狄的系统。

在北戎中,又有所谓山戎。山戎,从字面上讲,是居于山区的戎人,当时被看作是北戎的一部分,战国以后就被称为东胡。孤竹,也就是指殷朝的孤竹国,属于殷人的一部分,其故城在"平州卢龙县南一十里",即今河北卢龙县境。从地区上看来,当时的山戎已经南下到燕山以南,对燕国产生了直接的威胁,所以才有齐桓公北伐山戎这一举动。而齐桓公的这一举动,不仅救了燕,也极大地推动了诸夏继续抗拒北方民族。

2. 狄

狄这个族称在《春秋左传》中,始见于鲁庄公三十二年(前662)。该年冬,《春秋》云:"狄伐邢。"自此以来,狄人十分活跃,不断南下讨伐诸夏各国。其中比较大的事件,如鲁闵公二年(前660),狄灭卫,卫逃居楚丘(今河南濮阳)。鲁僖公元年(前659)狄灭邢(今河北邢台市),迫使邢迁于夷仪(今山东聊城县西南),等等。

狄又分白狄、赤狄和长狄。在《春秋左传》中,白狄始见于僖公三十三年(前627),"狄伐晋,及箕。八月戊子,晋侯败狄于箕,郤缺获白狄子"。赤狄始见于宣公三年(前606)秋,"赤狄侵齐"。长狄见于文公十一年(前616)冬十月,鲁"败狄于鹹,获长狄侨如"。白狄、赤狄、长狄在《春秋左传》中始见于上述年代,并不是说直到这个时候才出现或存在这些族体,它们早就存在了,只是笼统地都归之于狄。白狄、长狄、赤狄的区分,说明进一步深入地认识了狄这一民族集团,开始从中区分出不同的部落体。

(1)白狄

白狄主要分布在今宁夏、陕西北部、山西北部及其以北的内蒙古地区。它的支属鲜虞(今河北正定地区)、肥(今河北藁城)、鼓(今河北晋县),已达河北石家庄一带了。白狄与"诸夏"(尤其是晋、秦)总是发生战争,有时还与晋国的军队联合讨伐秦国,或与秦国的军队联合讨伐晋国。白狄的支属或"别种"肥于鲁昭公十二年(前530)为晋所灭,鼓于鲁昭公二十二年(前520)为晋所灭,鲜虞也经常与晋发生战争。鲜虞在春秋晚期又称中山(该称始见于鲁定公四年)。中山国在战国时期,曾长期存在,并参与山东六国"合从"以讨伐秦国,最后被赵国所灭。肥、鼓和鲜虞,虽然被称为白狄别种,但它们与"诸夏"之间具有十分密切的关系,也较早地接受了华夏的文化。肥、鼓被晋国灭后,便成为晋国的一部分,其人民也就成为华夏族。鲜虞虽然没有被晋国所灭,但也日益向华夏族演变。到了战国,即改称中山国以后,它与华夏也就没有明显区别,即融合于华夏。

(2)赤狄

赤狄主要分布在山西东南部和与河南交界的地区。它的支属很多,包括东山皋落氏(今山西昔阳、和顺地区)、潞氏(今山西潞城地区)、留吁(今山西屯留一带)、甲氏(今河北曲周县境)、铎辰(今山西长治一带)、廧咎如(今山西平顺县东和与河南交界处)。赤狄在春秋时期相当强盛,曾经先后消灭卫、邢、温。周襄王所召伐郑之狄和周昭公所召伐襄王之狄,也是隗氏赤狄。赤狄还侵犯了齐国和晋国。同时，它还奴役狄人内部的众部落。例如，"晋郤成子求成于众狄。众狄疾赤狄之役，遂服于晋"。"众狄疾赤狄之役"，表明了他们受到了赤狄的严重剥削与压迫。但不久，赤狄却被晋所灭。从此之后，赤狄就不见记载了。赤狄之所以被晋所灭，大概是因为如下的情况：赤狄潞氏在赤狄和众狄中是比较强大的，也可以说是一个政治中心。上面谈到，"众狄疾赤狄之役，遂服于晋"，表明赤狄潞氏因为对众狄进行压迫，而使他们叛离。这就削弱了赤狄潞氏的势力，赤狄潞氏被灭。《左传》还记有潞与晋的矛盾，也反映了潞君臣和统治者内部的斗争。潞统治者不仅压迫"众狄"，使矛盾激化，统治集团内部又互相争权斗争，这大概就是潞氏灭亡的内在原因。潞氏灭后，赤狄也就失去了政治中心，其他支属也相继被灭。赤狄被灭之后，其土地纳入了晋国的版图，其人民也大部分成为晋人，也可能有一部分逃跑迁移至其他地区了。成为晋人的这一部分，大概通过了"战俘"的过程。

（3）长狄

长狄又称"鄋瞒"，以身材魁梧高大得名。关于长狄的活动，根据《左传》的记载，长狄或鄋瞒至少存在了170多年，至鲁宣公十五年焚如被获而亡。长狄或鄋瞒的居地，一说在齐之北，一说在山西东南部与河北交界的太行山区。从"晋之灭潞也，获侨如之弟焚如"看来，长狄很可能是赤狄的一支，至少它与赤狄有着较为亲密的关系。它的居地，也应该与赤狄大体相连，应当居于太行山区。

白狄、赤狄和长狄居住的地区，曾是华夏族的分布区。白狄居地有一部分是传说中的黄帝起源地区和周人曾居住过的豳或邠。白狄支属鲜虞、肥、鼓，是传说时代的唐尧后人活动的地区。赤狄主要的居地，是殷朝诸侯黎国所在地，甚至包括了商王畿的一部分。这样看来，商末至春秋，北方民族有过南迁的活动，这一迁徙活动具体情况如何很难搞清楚，所能知道的只是一些片段。据殷虚甲骨卜辞的记载，商朝最主要的劲敌是西北方的土方、方和鬼方。鬼方就是赤狄隗氏。商晚期，古公亶父受狄人的逼迫，离开豳(邠)迁岐。豳地便为狄人的居住地。幽王被犬戎所杀,平王东迁洛邑,也是北狄南下的结果。鲁闵公和僖公时,狄人对诸夏进行侵伐,先后灭卫、邢、温,这些都是狄人南迁的事实。晋灭赤狄潞氏,认为它的罪状总共有五条,其中之一是"夺黎氏地",也就是夺占黎侯之地。可见,这带赤狄也是后迁而至的。以上虽是片段的记载,却是狄人南下的事实和大致过程。这个迁徙过程,至春秋中叶灭邢、卫、温之后,因遭到黄河中下游以齐、晋、秦等为首的诸夏的强力抵抗,逐渐停止。春秋后期,从晋灭赤狄潞氏开始,居于中原地区的狄人,便逐渐被华夏各国所征灭与驱逐。而在这方面起主要作用的是晋国,它先灭居于山西东南部的赤狄,进而又灭居于河北石家庄一带的肥、鼓,并尽量地向北方扩展自己的辖区以夺取狄人之地。到了春秋晚期,狄人在中原地区的国家和部落便不复存在,它们又回缩到山西、河北、陕西等省的北部及其以北地区。

(三)战国时期的北方民族

战国时期,北狄民族集团的族称有胡、东胡、貉、林胡、楼烦、匈奴以及戎等。东胡、山戎在燕之东北,今河北北部、辽宁东部及其以北地区。它们是过去的肃慎和秦汉以后的乌桓、鲜卑以及东夷的部分居民。林胡、楼烦在晋之西北。林胡分布在今内蒙古河套地区的东胜一带,楼烦分布在今山西西北部。林胡、楼烦和东胡,史称"三胡"。由于它们活跃于战国时期,并成为燕晋等国的主要敌国,便以胡作为北方民族的统称。绲戎、翟獂、义渠、大荔、乌氏等分布在秦之西北方和北方,个别的如大荔甚至居于渭水和黄河的三角地带,今陕西大荔地区。这些戎、狄的国家和部落,多在战国时期被燕、赵、秦所灭,也有的人们的土地被占领而北迁。燕夺取东胡山戎居地置上谷(河北张家口一带)、渔阳(北京怀柔县以东,密云县西南地区)、右北平(河北承德地区)、辽西(辽宁锦州市一带)四郡。赵取林胡、楼烦和代地,置云中(内蒙古和与陕西、山西交界地区)、雁门(山西西北部大同、朔县一带)、代(山西东北部和与河北交界处）三郡。秦取戎狄之地置陇西（甘肃兰州、天水一带）、北地（宁夏和甘肃东部）、上郡（陕东北部，治榆林）三郡。

战国期间，燕、赵、秦向北扩展领域，记载最多和比较具体的是赵国的事迹。赵、韩、魏于战国初分晋之后，赵据有晋之北部地区，北与代、楼烦、林胡为邻。战国初期，赵襄子为了侵占代地，先把自己的女儿嫁给代君作为妻子，后邀请代君饮晏欢舞，然后指挥军队在此设下埋伏杀掉他。战国后期，赵武灵王为了强兵"畧中山之地"，"启胡翟之乡"，穿胡人的衣服，练习骑马、射箭。后来，赵的地域已达包头以西地区，的确是"辟地千里"。

战国晚期，我国匈奴族在北方崛起。匈奴属于北狄民族集团的一部，是《史记》所说的"百有余戎"的一支。后来，它逐渐强盛起来，征服北方其他各支，便以匈奴这个族称概称。探讨匈奴的起源，说它是从殷时的土方、 方、鬼方，西周时的薰育、猃狁、犬戎，春秋时的白狄、赤狄以及战国前期的胡这些民族演变来的，是比较合理的。因为，它是这些族称的一部分，也是在这些族体的基础上发展起来的。匈奴最初主要居住在赵国的北方，因此与赵不断发生战争，严重威胁了赵的存在。在抗击匈奴的战争中，赵国的李牧，是史学家所公认的良将。在秦与山东六国的征战中，匈奴不仅乘机强于北方，而且六国还曾想借其力以抗秦。

为了防御和抗拒北方匈奴，秦、赵、燕在北边都筑有长城。秦昭王在陇西、北地、上郡筑有长城。赵武灵王自代郡（今河北蔚县）经明山至高阙，也修筑了长城。燕所筑长城，西起上谷郡的造阳（河北怀来县境），东抵襄平（辽宁辽阳县）。辽宁和内蒙古的考古工作者，曾实地考查了战国时期和秦、汉的长城遗址，他们确定了这两条燕赵长城基本上就是后来秦汉长城的基础。

周时，在北方民族中，还有一个族称"貉"或"貊"。从《尚书·武成》《周礼·职方氏》《礼记·中庸》《孟子·告子》《荀子·劝学》《晏子春秋·内篇谏》《战国策》《史记》等记载来看，貉有时是指单一民族，有时又是北方民族的统称。当它与胡并用时，不仅可以将它理解为与胡具有同样的意义,又可以理解为它与胡有着一定的区别。如果与秦汉及其以后的秽貊联系起来考虑,貉大概与秽貊有某种关系,也就是说,它是偏居于东北的民族。从孟子所说的"貉道"和《风俗通》所说的"貊者略也,云无礼法"(《太平御览》卷799),反映了貉当时的社会是比较落后的,大概还处于原始社会向阶级社会过渡阶段。

四、周朝与西方民族的关系

周时,戎虽然通常是对四方民族的泛称,也用以指北方的、东方的以及南方的民族,但主要的是指西方的民族,所以,史书上多记为西戎。

戎是兵器的统称,反映了西方民族好斗的特征。至少诸夏是这样看待西方民族的。从总体上来看,联系到过去和以后,周时的西戎,应是氏羌的系统。氏和羌在当时难以进行区分。在殷墟甲骨卜辞中,有很多关于羌的记载,并与商朝发生了频繁的战争关系。这表明,羌族在商朝时就已形成了规模相当大的人们共同体,广泛地居住在陕西、甘肃及其以西、以南的地区。周朝称氏羌系统的民族为戎,即西戎。战国以后,又出现了羌这个族称,以致沿用到后代。

周代所称之戎,虽然主要指西方民族,但也经常用于称其他方向的民族,尤其是用于称北方的民族。因此,所称之戎,需要认真辨别哪些指的是西方民族。周朝对西方民族一般都统称西戎,但也有一些具体的族称。例如,西周时有所谓混夷(昆夷),春秋时有骊戎、邽戎、冀戎、扬拒、泉皋、伊洛之戎、陆浑之戎、蛮氏,茅戎、阴戎、九州之戎,春秋末及战国时期有绲戎、义渠、大荔、乌氏、朐衍、羌等等。

从《诗·大雅·緜》《诗·小雅·采薇》《竹书纪年》的记载来看,人们对昆夷的族属的看法是不同的。有人认为它是"西戎之国",有人认为它是属于北狄系统。例如,王国维《鬼方考》就把昆夷看作是北狄的一支。岑仲勉的看法基本与王国维一致。但是，昆夷与狄人是区分开来的。古公亶父是因为北狄薰育的压迫，才从豳迁居岐下的，也是在迁徙的过程中，才遇到昆夷的。周文王时，周西方的昆夷也明确与北方狄人的猃狁分开。昆夷与北狄的獯鬻，不仅有大小之分，而且有方位上的不同，显然不是同一民族集团。它可能就是《史记》中所说的春秋战国时的绲戎。绲戎属于西戎民族集团。

春秋时期的骊戎、邽戎、冀戎、扬拒、泉皋、伊洛之戎、陆浑之戎、茅戎、蛮氏、阴戎、九州之戎，都是以地名之。骊戎即居于骊山之戎，在今陕西临潼县境。邽戎、冀戎，在今甘肃天水、甘谷一带。扬拒，泉皋、伊洛之戎，即居予伊水、洛水之间的两个戎。扬拒、泉皋是其中的两个戎邑。陆浑之戎，原居于秦西陆浑之地，因受到秦人的压迫，归于晋。晋惠公十三年（前638），将其迁于伊洛地区，仍称为陆浑之戎。后因此而有陆浑县，在今河南伊川、嵩县二县之间。阴戎属陆浑之戎，居晋之阴地者。九州之戎也属陆浑之戎，居晋九州之地者。晋之阴地和九州之地皆在伊洛地区。蛮氏在汉新城县，今河南伊川县境。从上述诸戎的居地可以看出，西戎的部分支属已深入到诸夏的腹地，甚至居住在周都洛邑附近。

西戎与周朝和诸夏具有十分亲密的关系，也经常发生战争。周穆王时，西戎来宾。懿王时，西戎侵镐。孝王时，伐西戎，西戎来献。舆宣王使秦仲伐西戎，为戎所杀。从上述记载，反映了西戎在西周时正在逐步发展自己的势力，以致北狄犬戎迫使周王向东迁移。

周平王东迁之后，进入了春秋时期。春秋时，秦国是与西戎抗衡的主要力量的。秦襄公与西戎之间多次发生战争。秦文公十六年（前750），秦文公讨伐西戎，西戎战败，遂收周遗民有之，地至岐，岐以东献之周。（《史记》卷5《秦本纪》）从此，秦不仅在与西戎的斗争中取得了初步的胜利，并且逐渐将自己的统治范围扩大。

在秦与西戎斗争的同时，深入诸夏腹部的西戎支属也与诸夏发生了密切的关系。例如,晋献公十一年(前 666)出兵讨伐骊戎,纳骊姬,曾引起晋国统治集团内部的夺权斗争。周襄王三年(前 649),扬拒、泉皋、伊洛之戎,因襄王与弟子带争权和受子带之召,"同伐京师,入王城,焚东门"。在齐等诸侯的帮助之下,襄王才平了戎难。(《史记》卷 32《齐太公世家》)诸戎也常与诸夏会盟,如鲁文公八年(前 619),鲁与伊洛之戎会盟,等等。深入诸夏腹部的戎人,由于他们与诸夏具有极其亲密的关系,在很大程度上受到了诸夏经济文化的影响,便走向了融合于华夏的过程。比如,诸戎尤其是他们的上层如驹支等,已经懂得并能运用华夏语言,而且会背诵华夏诗词。

深入诸夏腹部的诸戎,经过较长期的与诸夏的交往,到了春秋晚期,便逐个被诸夏征灭。根据《春秋左传》的记载,鲁昭公十六年(前 526),楚国诱杀了戎蛮子,取得蛮氏之后,又将其子立为王。鲁哀公四年(前 491),楚国灭掉了蛮氏取而代之。被灭后的诸戎,大部分变成晋人、楚人和秦人,也就是华夏了,也有一些"遗脱者"搬迁到西方去了。

春秋末和战国时期,西戎存在于秦之西方和西北方。其中主要的和比较强大的有居于今甘肃陇西的、天水地区的绵诸,平凉地区的乌氏,庆阳、宁县一带的义渠,陕西大荔一带的大荔之戎和陇西的众氏羌。随着秦国势力的发展,这些西戎之国或部落陆陆续续被秦国所灭。自此之后,西戎也就远居于秦陇之西,统称之为氏羌。

关于羌人在战国年间的活动和发展,《后汉书》中有一些记载,这些记载表明,战国时期居住在秦西方的众戎或称众羌,不仅与秦国有着十分密切的关系,以至有某种臣属关系,又独立地和分散地自我发展。从"少五谷""以涉猎为事""爰剑教之以田畜"和"忍生九子为九种,舞生十七子为十七种"来看,当时的羌人大概还处于氏族部落的发展阶段,落后于西戎中的义渠、大荔等。

第七章　先秦时期的女性

从世界范围来看,性别问题和女性地位无论是在理论上还是在现实中,都是人们广泛关注和讨论的话题。这个话题不仅关系到女性的生存与生活问题,而且关系到整个国家和社会的发展。因此,研究先秦时期的社会发展与变迁,也有必要了解先秦时期的女性,本章将对先秦时期女性的社会地位、贞节观念和娼妓制度进行分析。

第一节　先秦时期女性的社会地位

性别社会地位是指男性／女性在社会体系中所处的位置,及其参与社会活动的维度、社会评价系统的认可程度。本节先从世界文化视角考察男女社会地位的分化,继而探讨先秦时期制约女性社会地位的因素,以更清楚地认识文明社会中女性社会地位问题。

一、男女社会地位的初步分化

一个人的社会地位通常取决于其所占有、控制某几项关键资源。因此可以从社会控制这个切入口对两性社会地位的分化问题进行研究。社会控制是一种社会行为,它通过各种手段调动各种因素,使社会成员有效地遵从社会规范,保证社会有序、协调地运作。社会控制是一个复杂的体系,如果不触及其赖以存在的特定的文化,它的社会控制力量则是难以被动摇的。对社会控制力量的不同掌握,是男女社会地位分化的根源。这具体可表现在婚后居住方式、宗教巫术对性别的选择利用、对女性的禁忌、战争的性别特征、男子政治社会的建立等。

（一）婚后居住方式

根据人类学家的调查和分析研究,人类婚后居住方式一般分为新居制、从夫居制、从妻居制、两方居制、两可居制和从舅居制（图7-1）。从世界范围来看,大多数民族的婚后居住方式主要为从父居和从母居。婚后居住方式在很大程度上影响着两性的社会地位。婚后,男女双方通常不能全部维持原来的合作团体,新加入的成员总会在生活上面临诸多新困境。对此,人类学家提供了不少鲜活实例。

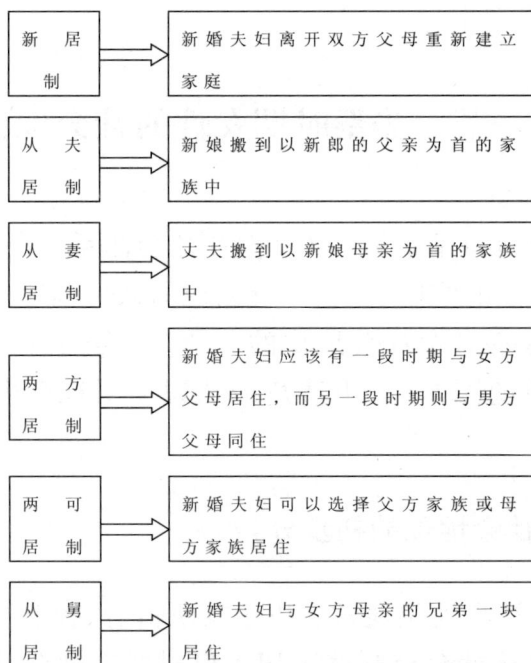

新居制	新婚夫妇离开双方父母重新建立家庭
从夫居制	新娘搬到以新郎的父亲为首的家族中
从妻居制	丈夫搬到以新娘母亲为首的家族中
两方居制	新婚夫妇应该有一段时期与女方父母居住,而另一段时期则与男方父母同住
两可居制	新婚夫妇可以选择父方家族或母方家族居住
从舅居制	新婚夫妇与女方母亲的兄弟一块居住

图 7-1

在实行从夫居制的地方,男子长期生活在自己出生的社区里,所交往的人也多为和自己一起长大的人,或者熟悉的人,其交际网络是熟人型的。而出嫁的女子搬到丈夫社区,属于新加入的成员,需要面对、接触很多生面孔,也远离了旧有社区的熟人交际网络,在举目无亲的情况下,只能听命于夫家。她唯一的出路和反抗更多的是返回娘家。同理,在实行从妻居的地方,妻子的交际网络都是熟人,都是亲朋好友,丈夫在全新的交际圈里,也不能不听命于妻子家的指挥,对妻子及其家人也就不得不低声下气一些。最为关键的是,在从妻居制社会里,丈夫几乎没有属于自己的财产,这使他更像是一个寄宿的客人,而非一个重要的家庭成员。易洛魁人的妇女随时可以将丈夫驱赶走,即使是一点琐细小事或心血来潮,都可以断绝夫妻关系。亚利桑那和新墨西哥的大多数印第安人实行女方随母共居制,人们欲表示拒绝丈夫入门只需要将其鹿皮鞋放在大门之外。

多布人给夫妻提供共居住所,并对其房中私情的保护十分重视。夫妻一起耕种,共同供养孩子。比较特别的地方在于,双方婚后直到死亡,都是轮流到各自的社区里生活几年。轮换期间,作为地主的配偶一方有自己团体的支撑,占有支配和控制的地位,而作为外来人的配偶一方,他(她)在配偶村民面前基本没什么地位可言,必须要自惭形秽,忘却自我。因此,多布村民们通常被分为两大对立团体:一方是母亲族人,称为村主;另一方是婚后进入的人和所有男人的孩子。村主总有支配和控制权,常常摆出一副冷漠生硬的面孔,对婚后暂住于此的人进行随意支配、指挥,将其置于不利地位,因此和外来人群体也没有什么联系。依据多布社会的习俗要求,在轮换的年月里,外来的配偶一方,要扮演着耻辱的角色。在夫妇当时居住的村子里,人们经常不满于外来配偶的行为。夫妻轮流交换居住地的形式,直到死亡,都以十分相同的礼仪保持。

在中国,传统的婚姻形态以父权家庭为主,婚后居住方式多为从夫居制。《仪礼·士婚礼》就记载了先秦婚姻礼俗,其中的"亲迎礼"则有力地说明了婚后从居的方式为从夫居制。因为"亲迎"就是男子亲自往女子家迎娶,这在《诗经》《左传》中也有很多的记载。在这种婚娶方式里,女性多被视为"外来人",因此其也就被婚礼文化赋予了太多的顺从性质,到文明时期发展演变成"三从"。

赘婚的婚后居住方式——从妻居制,也可以说明婚后居住方式对男女社会地位的影响。赘婚是父权制婚姻形态下的变体,在这种婚姻形态下,女子依旧长期生活在自己熟悉的家族里,尽管女子仍受父权伦理道德规范的约束,但与从夫居制下的妇女相比,则有相对多的自主性了,地位也相对较高。《汉书·贾谊传》就曾记载:"秦人家贫子壮则出赘。"应劭注曰:"出作赘婿也。"颜师古注曰:"谓之赘婿者,言其不当生在妻家,亦犹人身体之疣赘,非应所有也。"[①]可见,从妻居的婚居方式对入赘男子的社会地位产生了深刻影响。

即使是今天,中国云南西北部、滇川交界地区的永宁摩梭人还实行较为原始的走婚制,其婚姻家庭形式的特点是"男不娶、女不嫁",配偶双方分开居住,平时居住在母家,只有夜晚时男方到女方家访宿,凌晨离开。在这样的婚姻关系当中,女方的主动性比较大,男女的社会地位相对平等。

可见,婚后居住方式的不同,对男女社会地位的分化有很大的影响。

(二)巫术对性别的选择

根据人类学家的调查研究和分析,巫术在原始的部落社会里是重要的社会控制力量,也是社会意识形态的制造者。因此,巫术与社会地位关系密切。作为传统遗留下来的控制力量,巫术被某一团体、人所控制和掌握,也就意味其的社会地位将要得到提升。

与特罗布里恩德岛妇女相比,多布人妇女的社会地位相对较高,这正是因为她们控制和掌握了生产活动中的巫术手段,甚至操控着惩罚过错的特殊权力。在努尔人社会里,女人有时候扮演着预言家或巫师的角色,并因此获得良好的社会声望。与女人相

---

① 班固:《汉书》,北京:中华书局,1962年,第2244～2245页。

比,男人通过掌控巫术提高自己社会地位的现象更为突出。在大多数部落社会里,男性的重要特长就是巫术。同时,巫术更是男性酋长不可缺少的特长。在特罗布里恩德岛,酋长周边汇聚着最好的巫师,因此这也强化了控制民众的力量。当酋长的权威被冒犯,或者有人开罪他时,他便可以召唤巫师,用黑巫术 ① 公开地将对立者、反抗者置于死地。土著人也因此对酋长产生很大的恐惧之情。酋长还可以为了发泄他对子民的不满而施法造成长期的干旱天气,并由此提高自己的权威。可见,巫术力量的掌控对两性社会地位的影响是相当大的。

根据英国人类学家弗雷泽的研究,巫术可分为"个体巫术"和"公众巫术"。前者是为了个人的利益而施行的,后者是为了整个部落的利益而施行的。"公众巫术"是从"个体巫术"里分化出来的,但也并没有完全取代"个体巫术",只是在社会中扮演了更加重要的角色,而"个体巫术"的影响则是微乎其微了。在"公众巫术"的时代里,巫师已经不再是简单的个人代表,更多的时候相当于今天的公务人员。当部落的整体利益需要通过举行巫术仪式实现时,巫师享有很高的声望和社会地位,而且很有可能获得一个首领或相当于国王的身份和权势。因此,巫师职业通常会成为部落里一些最能干的、最有野心的人进入显贵阶层的工具。巫师职业更有可能给他们带来尊荣、财富和权力,这是其他职业难以提供的。对此,弗雷泽就总结说,"巫术公务职能曾是最能干的人们走向最高权力的道路之一" ②。

在中国历史上,巫术也曾经活跃了很长时间,甚至对当时的社会稳定造成了直接影响。《国语·楚语》中就有一段观射父对上古社会巫术发展情况的追述:

> 古者民神不杂,……在男曰觋,在女曰巫……及少

---

① 指嫁祸于别人时施用的巫术。
② ［英］弗雷泽著,徐育新、汪培基、张泽石译:《金枝》,北京:中国民间文艺出版社,1987 年,第 50 页。

昊之衰也,九黎乱德,民神杂糅,不可方物,夫人作享,家为巫史,无有要质,民匮于祀,而不知其福,蒸享无度,民神同位,民渎齐盟,无有严威,神狎民则,不蠲其为,嘉生不降,无物以享……颛顼受之,乃命南正重司天以属神,命火正黎司地以属民,使复旧常,无相侵渎,是谓绝地天通。其后,三苗复九黎之德,尧复育重、黎之后不忘旧者,使复典之,以至于夏商,故重、黎氏世叙天地,而别其分主者也。

从上述的记载文字可知:少昊以前,女性在巫术活动中表现十分活跃;到了少昊末世时,巫术活跃到了泛滥的地步,它不再为巫师专有,而是普遍到了每一个社会成员,人神可以较为随意地进行交流、沟通;面对泛滥的巫术,颛顼对之进行了整顿,命重黎"绝地天通",收回了巫术的使用权,让宗教秩序再次恢复到"民神不杂"的状态;尧舜之世,巫术再次活跃起来,于是统治者对之进行第二次整顿。前文已经论述到,巫术是一种重要的社会控制力量,掌握巫术可以提高一个人的社会地位。与之类似,张光直也认为巫觋在中国古代政治中起到了重要的作用,获得巫术相关的知识和技能,通常有助于取得某种政治权威。他说:"自天地交通断绝之后,只有控制着沟通手段的人,才握有统治的知识,即权力。"[1] 也就是说,掌握公共巫术对权力的获得具有十分重要的意义。

中国史前时期,巫术经历了两次沉重的打击,但也并没有因此而销声匿迹,而女子在巫术活动中还扮演着一些重要的角色。《周礼·春官》就对女巫进行了专门的介绍,说女巫的职责在于"掌岁时袚除衅浴,旱暵则舞雩;若王后吊,则与祝前;凡邦之大灾,歌哭而请"[2]。可见,女巫的主要任务也只是保留了求雨、免灾。《左传》僖公二十一年、《礼记·檀弓下》还记录了一些女巫真实

---

① 张光直:《美术、神话与祭祀》,沈阳:辽宁教育出版社,2002年,第29页。
② 阮元:《十三经注疏》,北京:中华书局,1981年,第816～817页。

存在的事例。根据陈梦家的研究分析，从商代开始，多由男性占有政治权力、武力、巫术使用权，而女巫通常只是出现于求雨仪式中，以祝祷祠祭神灵。后来，公共巫师也就逐渐演变为祭祀文化结构中的一个角色。《史记·滑稽列传》在对西门豹治邺的记载中，也提到了西门豹对女巫的打击，这足以说明当时女巫已经融入了祭祀阶层里，她们掌握着公共巫术，社会大众对其有很强的依赖性。尽管女巫遭受官方的打击，但这也说明了她们在民间享有较高的社会地位。

总之，巫术对性别的选择，对男女社会地位分化起到了不可忽视的促进作用。

（三）性别视域下的女性禁忌

从世界范围来看，各地初民社会都普遍存在对女性的禁忌，包括经期禁忌、孕期禁忌和产期禁忌，禁忌的结果便是对男女两性的隔离或是对女性造成了限制。

根据弗雷泽在《金枝》中的研究分析，经期、产期的妇女通常被看作是危险人物，因此将她们隔离起来，赶到偏僻的地方，禁止其与别人接触。普韦布洛人周围的其他部落里，经期妇女自己单独住一个小房间。在此期间，虽然仍属于住处范围，但生活必须自理，与外界彻底隔离；即使在家庭生活中，其也不能随便碰东西，尤其是一旦接触了猎手的工具，人们就认为工具的功能失效，继而将其焚毁。

在科维奥人社会里，禁忌期的妇女隔离于男性的现象更为突出。男子在家族住宅只能来往于男子宿舍间，而女子在家族住宅只能来往于月经小屋间；男子在进行神圣的祭供之后，消除其神性回到居住空间；女子经期结束后回归时则需要进行清洗。分娩时，女性隔离更加严格，其住处比月经期间住的小屋更偏僻，位置更低，不能接触男性，照料者多为少女。主持祭祀的祭司进入别人家里时，也不能接触女性，为此只能在男子宿舍中闭门不出，照料者多为少年男子。这种对禁忌期女性的隔离现象也见于美国西北部阿拉斯加附近较为原始的部落。即使是在文明社会中,这些禁忌还有一定的普遍性。例如,《旧约圣经》中就有这样的记载:"妇人行经,七日不洁……妇人在不洁的时期,她所睡的寝具也是不洁的,所坐的东西也是不洁的。"我国学者黄石在《关于性的迷信与风俗》中提到:"印度的妇女一入定期不洁的状态(注:月经),便立刻退居于孤僻的地方,不得与常人相接。"

随着社会的发展,有些地方保留了女性禁忌的形式和功能;有些地方则仅仅保留了功能,而形式发生了变化,或者仅仅保留了形式,失去了原本的功能而被其他功能所取代。例如,中国先秦的贵族妇女怀孕7个月后,就要搬到侧室居住,直到分娩结束,期间不能见丈夫,而丈夫也不能随便探访,如果来探访也会遭到妻子的拒绝。如果丈夫正值斋戒,更不能靠近侧室。这种"居侧室"之礼显然是对以前禁忌期隔离妇女习俗的沿袭。到了汉代,这种习俗还很流行,汉代江南人就特别忌讳妇女分娩之事,甚至产妇本家也会将妇女安排到空墓、道旁茅舍居住等偏僻无人处待产。一直到孩子满月才被允许进入家门。不但如此,时人还将对妇女的禁忌延伸到其他领域,如王充在《论衡·四讳》中说"将举吉事、入山林、远行度川泽者",都不能接触产妇及其家人。

女性禁忌功能的保留主要指的是女性禁忌观念及其影响的存在。由于古人认为女人在禁忌期是不洁的、不祥的,这种观念也在一定程度上影响了军事活动,这在下文中将有所阐释。

在人类学家看来,对女性的禁忌多归根于原始人的迷信心理,认为非常时期的女性是"不洁的、污秽的",而这种不洁会对神圣事物、神圣活动产生威胁与玷污,并以此为由不让妇女接触某种圣物、祭祀品等。从人类学家对原始部落的调查材料来看,男性确信自己从男子会所里继承来的巫术有助于狩猎、种植成功,而禁忌期女性则会对巫术的纯洁和效力产生威胁,因此必须要隔离禁忌期女性。

在部落社会中,对女性的禁忌严重影响了女性的社会地位。但是,人类学家研究中的"禁忌"不但有神圣性的意味,还有危险性的意味,而且转换也十分微妙。用日本人类学家吉田祯吾的话说,"神圣就是危险";而本尼迪克特也说,神圣之物通常也具有危险性。古人普遍将禁忌期女性看作是不洁、不祥的预兆,但也有一些部落社会给月经赋予了神圣的意义。例如,北美的阿帕契人认为女孩初潮是因为她得到了一种有力的超自然祝福,因此并不会将青春期的女孩隔离起来;在普韦布洛人社会中,行经期的妇女依然过正常的生活,没有被隔离起来;在易洛魁印第安人社会里,他们之所以将月经期女性隔离起来是因为他们认为在月经中神秘的力量达到了顶峰。这些社会尤其是易洛魁社会将禁忌的二重性都发挥了出来,因此其女子的社会地位都比较高。在中国的上古社会里,禁忌对女性来说更多的是危险性的,相对缺乏神圣性。这就使得禁忌期女性与整个社会秩序处于对立状态,甚至影响女性对其他社会活动的参与程度。

值得注意的是,早期社会对女性的禁忌还不限于经期妊娠。在中国上古社会里,许多丧期还存在着性别禁忌。曾子就曾批评子羔死后穿女人的衣服,《礼记·杂记上》记载:"子羔之袭也,……曾子曰:'不袭妇服'。"①该文献还说:"妇人非三年之丧,不踰封而弔。"意思是说,妇女一般是不能越过国境去参加丧礼的,除非是去参加父母的丧礼。《礼记·丧大记》又说:"男子不死于妇人之手,妇人不死于男子之手。"②这是说,伺候死者更衣的必须为异性。

另外,对女性的禁忌还通常涉及寡妇这一特殊人群。正所谓"寡妇门前是非多",《礼记·坊记》就说:"寡妇不夜哭",如果寡妇在夜晚哭泣,通常会招来非议。有时候,对寡妇的禁忌还会牵扯到她的孩子。

由上述可以得出,当人们把禁忌的神圣性与危险性统一起来时,妇女的社会地位较高,但当对禁忌的危险性进行片面强调时,

① 王文锦:《礼记译解》,北京:中华书局,2001年,第584页。
② 王文锦:《礼记译解》,北京:中华书局,2001年,第630页。

妇女的社会地位将受到严重的影响。这也就造成了男女社会地位的差异性。

（四）战争的性别特征

在人类发展史上，古今中外的战争都带有强烈的性别特征，因此造成了男女社会地位具有很大的差异性。这里将着重从以下几方面分析战争性别特征的文化成因及战争的性别特征对女性社会地位所产生的影响。

第一，战争最具明显的性别特征，就是胜者通常被赞赏是富有阳刚之气，而败者则常被说成是没有男子气概，或被说为女人气。在古代，人们普遍将妇女视为弱者，败者即弱者，因此也就常被嘲笑为妇女。一个在战场被打败的民族，也将被嘲笑为一个女人气的民族，表示这个民族不好战、懦弱。希罗多德的著作《历史》就对此进行了专门的阐释。书中说，塞索斯特里斯国王在征战的过程中，如果一个民族没有经过反抗就被他征服，他就会在被征服的地方竖起一个石柱，上面除了刻上自己的功业外，还要加上一个妇女的阴部图像，以嘲笑被征服的民族，嘲笑其女人气，嘲笑其不好战、软弱无能。

第二，战争的性别特征主要是由文化塑造的。在许多部落村社中，只有男子才有权力习得武器的使用技能，而妇女则没有这样的权力，甚至被禁止触摸武器，不提倡妇女入伍、行军打仗。因此，古人非常注重对男子开展好勇斗狠的训练，从小培养其尚武精神，甚至迫使其经受各种严酷的考验，以使其变得勇武好战。由于妇女很少有机会参加这样的训练，因此也就没有什么机会同男子就武力方面进行竞争和比较。在文明社会中，专门对男子进行的严酷训练也是非常显著的，如古希腊人对刚到 7 岁的男孩子就开始进行集体式的城邦教育、训练，培养其不怕吃苦、不怕困难、聪明灵活、随机应变的品格，女子则成为例外。

在人生礼仪中，也体现了文化对战争性别的塑造作用。在北美中部，男子的成年礼是通过战争来完成的，在战争中获得名誉和尊荣,或者通过了战争的考验,才表示自己成年。因此,他们在成年礼前就想方设法通过各种方式折磨自己,以期在战争中变得更加英勇和尚武。在澳大利亚,男子的成年礼是通过参加专属男子的宗教组织来完成的,这种宗教组织排斥女性。如果妇女听到男子成年礼上的牛吼器声音,将受到严厉的处罚,甚至可能被处死,因此她必须永远不知道成年仪式上的事情。人们为男子举行成年礼可谓用心良苦,精心安排,其直接目的就是抛弃女性的象征性,从而将男子培养和训练成有责任感、骄傲的人,将来具备治理社区的能力。男子的成年礼也由此强调了这样一种社会事实:与女子相比,成年男子参加社会活动的特权更加广泛,人们更加重视处于这个时期的男孩。即使是在文明时期的社会里,女性也被排除在战争之外,后来这也逐渐演变成战争中对女性的禁忌。

第三,战争的性别特征对人口的数量也产生直接的影响。在文明社会里,由于战争使得很多男子命丧战场,从而在一定程度上压低了人口增长率。然而,在更往前的部落村社里,造成极低的人口增长率并不是因为战争死了很多男子,而是"按性别杀害婴儿"[①]。生养男孩被大力倡导,并从小对他们进行训练,以获取勇猛的形象;女性则一向被战争排斥,不能打仗,因此受到社会大众的贬低。由于女性在战争中的"价值劣势",人们对其人数进行限制,或者虐待,甚至直接杀害女婴。从生理性来看,女性因生育而不能参加经常性的、远距离的社会活动,从而也导致了其不能参加战争,并且对男子的依赖更多。另外,初民的战争因为生产力水平低下而基本靠体力,而男子则正好有较强的体力,加上他们有着广泛的参加社会活动的特权,社会流动活跃,这就使得他们使用重型兵器、参加远距离作战成为可能。由于战争,集团、社区对具有战斗力男子的依赖更强烈了,由此也就表现出了男子极其优越的社会地位。

---

① ［美］马文·哈里斯著,黄晴译:《文化的起源》,北京:华夏出版社,1989年,第 35 ~ 37 页。

在中国先秦史书里，记载史前战争的信息很少，数量有限的战例也多由男性主导，如黄帝、炎帝等。到了文明社会，一些战例才开始涉及女性。例如，卜辞就有对妇好[①]征伐的记载，《库方二氏所藏甲骨卜辞》310说："辛巳卜，□，贞：登妇好三千，登旅万，乎伐羌。"[②]说的是妇好率众士卒征伐羌人。《墨子》《商君书》也记载了女性参与战争的状况，只不过她们的主要任务是供应粮饷、修筑工事、守城，这些都是辅助性的，男子依旧是作战的主力。像妇好那样统率三军征战还是很少见的，而且其麾下的战士也是以男子为主。也就是说，让女性参加纯粹的战争是十分少的，即使有，那更多的是为了突出战争形势的严峻，或者是为了鼓舞士兵作战、突出个人超乎寻常的勇敢等。由于女子通常只能参加军事后备活动，也就更加强化了女子柔弱的观念，男子给人的印象则是勇猛。可见，古代社会生活尤其是军事活动中对女性的禁忌和敌意是十分严格的、深刻的，由此也就造成了男女社会地位的差异。

（五）男子政治社会的建立

这里所说的"政治社会"与政治学中上的"政治社会"[③]是有区别的，其主要着眼的是部落社会公共权力的产生及其掌握。对于中国史前社会权力的产生问题，常金仓的"施舍聚民"之说较为出彩，可信度较高。他在考据先民传说的基础上指出，中国远古的部落村社首领是通过收罗人心而当选的，能否博施济众是对首领品质的严峻考验。《大戴礼记·五帝德》《尧典》《尸子·君治》都说帝喾、尧、舜是如何伟大，如何团结九族，如何受到百姓的爱戴，如何将恩德普布于天下，他们都是掌握权力的男子，一生似乎都是在"施舍"，目的都是为了"聚民"；由于"施舍"，民众对他们形成依赖，权力者也因此可以控制民众。当然，这个过程不是简单的、一蹴而就的，部落首领最初并不具备强制性的权力，他们掌

---

① 商朝君主武丁的妻子，中国历史上有据可查（甲骨文）的第一位女性军事统帅。
② 郑慧生：《上古华夏妇女与婚姻》，郑州：河南人民出版社，1988年，第133页。
③ 政治学上的"政治社会"主要着眼于阶级和权力，而这里的"政治社会"则是指社会分化过程中权力的最初形成及其结构。

握更多的社会控制力量后,民众对他们的依赖也就进一步增强,这又促使首领手中的权力具有更大的强制性。从世界范围来看,从部落社会到文明社会,公共权力产生的途径和方式多种多样,如有因为具备很强的调解能力而成为王者,有因为勇武而成为手执权杖者的,有因为丰富的宗教经验而成为领袖的,等等。很显然,这些途径和方式基本上也都属于"施舍"的具体形态,是绝缘于女性的,因此女性和公共权力几乎就是处于绝缘状态。

社会组织与政治社会的建立密切相关,因此也一直被人类学家关注,尤其关注当中的单性社团。顾名思义,单性社团就是只能一种性别的人参加。据人类学家的调查统计,单性团体以男性为多。以性别作为加入团体的条件,与团体目的具有直接联系。例如,很多男子单性团体的目的就是为了避开女性而探讨专属男性的事务,如狩猎、战争等,由此也加强了男子的优越地位。人种志学者发现,大量的男子会社①(或称男子公会、男馆)就属于上述那种性质的男子单性社团。这些男子会社的性别隔离十分严格,其对女子的排斥,也预示了社会正常运转中的重要环节如狩猎、战争、巫术、贸易等都是朝着利于男子的方向发展的,男子也因此获得了更多的社会控制力量。

今天的人类学家、政治学家、历史学家都普遍认为,女子广泛参与社会活动特别是政治活动,对提高其社会地位具有至关重要的意义。但是,也正如前文所论述的,在古代社会里,由于对禁忌期女性的隔离,女子基本上没有什么机会参与社会活动尤其是政治活动。

值得注意的是,历史也曾出现过"女性统治者"。这种现象大致可分为两种情况:第一种情况是常态的,它多是因为统治者以女系相传,对此,我国古代文献略有记载,如《北史》卷九七:"女国……其国世以女为王……国内丈夫唯以征伐为务, ……其俗妇女轻丈夫,而性不妒忌"②;《大唐西域记》《新唐书》也有类似

① 人类学家罗维最先提倡用"会社"指称那些不以亲属因子造成的社会单位。
② 李延寿:《北史》卷97,北京:中华书局,1974年,第3235页。

的说法。第二种情况是变态的,它多是因为男性继承人暂缺,只能由女性子嗣继承或以母后身份获得统治权,如埃及的女法老尼托科尔蒂、中美洲的卡吞女王、中国古代的武则天、日本早期的女天皇卑弥呼、古巴比伦城的谢米拉米司和尼托克里司等。

在第一种情况里,社会的传统是"以女为国""俗轻男子",说明这是由性别分工的文化造成的;同理,男性的"惟务耕战"也是文化塑造的结果。在这些社会里,男子虽然在生产和战争中发挥着至关重要的作用,但也并不因此而提高其社会地位,而女性则拥有很高的支配权、指挥权。这就涉及两性社会分工与社会评价系统的关系问题。

在第二种情况里,一些女性是因为其身份获得权力成为统治者,而不是因为其性别,而且与早期社会相比,她们所处社会的情况要更复杂。历史上就有不少这样的情况,当国王、当政者去世时,其男子继承人还未成年,无法担当执政的重任,此时就由其成年的女儿,或者妻子来执掌国政,甚至率军出征。希罗多德在《历史》中提到的阿尔铁米西亚便是例证,而且依据希罗多德的说法,阿尔铁米西亚之所以能够率大军出征希腊只是由于她的英勇好胜。在世界近代史里,英国女王伊丽莎白也是典型的案例。很显然,这变态的情况并不能对整个社会中的性别结构造成改变,也不因此能从整体上提高女性的社会地位。可见,由于男子政治社会的建立,更加大了男女社会地位的分化进程。

综上所述,从部落社会到文明社会发展的过程中,婚后居住方式的不同、巫术对性别的选择、性别视域中的女性禁忌、战争的性别特征、男子政治社会的建立等因素的相互作用,在很大程度上促进了男女社会地位的初步分化。

二、先秦时期制约女性社会地位的因素

前面从社会控制的角度论述了部落村社发展到文明社会期

间男女社会地位的初步分化,接下来本书将对文明成熟期①文化规范对女性社会的制约进行论述。可以说,这些规范是对此前男女社会地位初步分化的总结和强化。男子政治社会建立过程中,推行了一系列制度,随之也逐渐形成、培养了人们对两性行为的一些基本观念,如男女有别等。这些制度和观念在较长时期内又更加强化了女性的社会地位,对女性的行为、思维方式起到很大的约束作用,影响至今。

（一）两性社会地位之哲学观

从部落村社发展到文明社会期间,男女社会地位逐渐得到了确立,并很快就升华为一种哲学观念。从传世的先秦文献来看,《周易》是最早对中国两性关系模式产生影响的。用夏清瑕的话说,它"奠定了中国传统社会男女性别及其关系的基本模式,是几千年来传统社会认知与处理两性关系的标准和理据"②。这就不得不以《周易》作为探讨先秦时期女性社会地位问题的切入点。借助"传"③的内容,即解释性的文字,可以更好地理解《周易》本经的内涵。

古人根据自己长期接触自然界的经验,对自然界和人类社会的产生和分化的认识也开始上升到抽象层次。《周易》的作者便采用当时特有的方式即六十四卦的结构来解释分化的世界观。《系辞上》说:"易有大极（读作太极,即大一）,是生两仪。"将整体一分为二,"两仪"可以象天地、夫妇等。在这里,它表达的是浑沌未分的大一剖分为天地两个方面。《系辞上》又说:"天尊地卑,乾坤定矣",确定了"天尊地卑",上为尊、下为卑的观念。据此,《周易》的作者确定了乾坤在六十四卦中的地位。《系辞下》:"乾,阳

---

① 这里所说的"文明成熟期"指的是商周至秦统一之前这个时期,且主要是两周时期。因为在这个时期,中国文化基本上处于本土化文化阶段,其形成的一些文化特征奠定了后来中国文化面貌的基础,可以说是中国文化的源头。
② 夏清瑕:《论〈周易〉的性别哲学》,浙江学刊,2001 年第 2 期。
③ 从《易传》同其他文献在思想上的契合点来看,至少在性别哲学上,它的确反映了两周社会中普遍存在的一些制度和观念。

物也;坤,阴物也。"乾定性为纯阳,象天;坤定性为纯阴,象地。《系辞上》又说:"乾道成男,坤道成女。"乾坤反映天地性质,由此又对自然界的万事万物进行了阐发。这里的"男""女"特指万物中的阳性、阴性,而不是单纯地指人类中的两性男女。这里的男女是譬喻,此前男女地位已定,但譬喻却又对男女对立观念的正当性、普遍性、不可移动性起到了强化作用。在二分法的指导思想下,《周易》经传对自然界分化的表达是朴素的,又是与事实相符合或接近的。很快,这种认识也超出了自然界,进入了社会生活领域,为人类社会中的两性提供了一个较为理想的人格参照。在理想的人格标准里,男子应该是"刚健中正"的君子,如《乾·象》说:"天行健,君子以自强不息";女子应该是阴、柔、贞、顺的妇人,如《杂卦》言"坤柔"。此外,《周易》经传明确规定了两性合法的活动范围,《家人卦·象辞》就说:"女正位于内,男正位于外",后世的"男主外,女主内"思想大抵就是源于此。

可以看出,《周易》经传以男女——阴和阳来指示自然界的对立性。但是,作者并没有局限于此,而是看到了阴阳两性统一的一面,如《系辞下》也说:"阴阳合德,刚柔有体,以体天地之撰。"三画卦乾的性质是健,六画则是至健;三画卦坤的性质是顺,六画则是至顺。健与顺二者是互为前提、对立统一的,就如同天地、阴阳、男女不可分割。所以,古人说乾坤是"阴阳之根本,万物之祖宗"。但是,这种统一并不是无条件的,它必须以坤顺乾为前提。这就是说,《周易》的对立统一是建立在坤顺乾的基础上,从而将地、阴、坤、女置于相对天、阳、乾、男为劣的地位上。这延伸到社会生活领域里,也就为人们处理具体的男女问题提供了思路,重视两性结合,但又要顾及男女之别,并将女性置于对男性顺从的卑微地位。

总之,《周易》的初衷并不是关注两性社会地位问题及由此在社会中产生的实际效果,它只是更多地从哲学的角度作了抽象的说明,从思想上促成了社会的性别制度和观念。

（二）男女有别

探讨女性社会地位问题,不但要从哲学的角度出发,还要从历史的角度出发,以现实中的材料为依据进行分析。"男女有别"的制度及由此产生的观念都对女性社会地位产生了很大的制约作用。

1．诞生礼中的不同性别期待

在初民社会里,每个社会成员在不同的人生阶段都要举行一些相应的礼仪活动,如诞生、成年、结婚等。其中,诞生礼作为最初的礼仪,它标志着一个社会成员在"此世"的开始,"社会化"的开始。新生者开始接受一个性别上的"先赋文化"。即使发展到了文明期社会,诞生礼仍然保留着并且继续发挥其重要功能。分析诞生礼,可以看到两性在社会中性别角色及其差异的最初形成。

中国先秦文献就有对诞生礼的记载。《诗经·小雅·斯干》说:"乃生男子,载寝之床,载衣之裳,载弄之璋……室家君王:乃生女子,载寝之地,载衣之裼,载弄之瓦。"由于性别不同,婴儿出生的寝地、所着服饰、玩物也都有了男女之别,并蕴含着强烈的男尊女卑观念。此外,诞生礼也充分体现了人们不同的"性别期待"[①]:给男婴弄璋,希望他长大后有如同玉一样的品德,以获取功名;给女婴弄瓦(即纺轮),象征织丝麻为衣裳,希望她长大后在家里纺织,操持家务。无独有偶,在阿兹特克人中,男孩出生仪式上得到的是盾和四支箭,而女孩得到的是纺绳和梭,所有这些都象征了他们成年后的从业范围。

诞生礼的两性差别,在向社会传达这一信息时也是有所不同的。根据《礼记·内则》的记载,孩子出生后,"男子设弧于门左,女子设帨于门右。三日,始负子,男射女否"。郑玄注曰:"设弧设帨,表男女也。弧者,示有事于武也。帨者,事人之佩巾也。三

曰男射,始有事也。"① 这里的设弧、设帨,不但表达了以前两性自然分工的差别,而且也象征了未来两性活动的不同规范,其文化功能类似于弄璋弄瓦。即使是在今天,一些少数民族也仍然保留着这种性别的象征符号,如北方的蒙古族产男时将弓箭腰刀悬挂于帐门右侧,产女时则将一块红布悬挂于帐门左侧;云南的蒙古族产男时在门头上挂插旗、筷的陶瓶,产女时在门头上挂上篾帽。这些做法不但向社会传达了婴儿的性别信息,而且象征了不同的性别期待。由于不同的性别期待,两性也就被赋予了不同的内涵。

　　社会对两性诞生态度的不同,也对性别观念产生了影响。《国语·越语》说越王勾践为了增强国力,推行了一项鼓励生育的政策,即:"生丈夫,二壶酒,一犬;生女子,二壶酒,一豚。"虽然该政策的推行时间处于非常时期,但它也在一个侧面上反映了文化传统中的两性特征,韦昭注说:"犬,阳畜,知择人。豚,主内,阴类也。"这与《家人卦·象辞》中的"女正位于内,男正位于外"② 所表达的意思是统一的。越王采取的政策显然是受到了文化传统中性别观念的影响,这一政策的推行反过来又对现实社会中的两性差异起到了强化作用。

　　2. 教育与男女之别

　　诞生礼中的男女之别表达了人们对两性的不同看法和期待,对于诞生者本人而言,这只是外在的,而不是本质的。与之不同,教育是人类开始转变为一个真正意义上的"社会人"的关键。只有经过教育,才会产生新的、合格的"社会继体"③,以维持正常的社会运转。可以说,成年后的两性行为方式不是理所当然,而是教育塑造的结果。男女之别,是教育的结果;不同的教育,造就了男女之别。

　　在先秦时期,教育的男女之别是十分明显的。《礼记·内则》

① 阮元:《十三经注疏》,北京:中华书局,1980年,第1469页上。
② 阮元:《十三经注疏》,北京:中华书局,1980年,第50页上。
③ 费孝通:《乡土中国·生育制度》,北京:北京大学出版社,1998年,第223~233页。

就重点讲了对男子的教育,涉及女子的内容也是一笔带过,而且目的也只是为了使男子有别于她而已。古人对于女子教育是十分简略的,《礼记·内则》说:"女子十年不出,姆教婉娩听从,执麻枲,治丝茧,织纴组紃,学女事以共衣服,观于祭祀,纳酒浆笾豆,菹醢,礼相助奠。"[1] 可见,女子接受的教育在内容和范围方面都比较狭窄,多局限于容貌礼仪和织纴之事,几乎不涉及"六艺",也不学习治国、治家与社会交往的礼仪。很显然,周代的学校教育是排斥女子的。

3. 居处隔离与男女之别

在男女社会地位初步分化时,就已经对禁忌期的女性进行隔离,后来也就逐渐演变出一系列的男女居处隔离规范。《周易·家人卦·象辞》中的"女正位于内,男正位于外"可谓是男女居处隔离规范的思想基础,对后世具有深远影响。《礼记·内则》还对男女的活动范围进行了大致规定,说:"礼,始于谨夫妇,为宫室,辨内外。男子居外,女子居内,男不入,女不出。"[2] 由此可以看出两性的隔离。古人还从饮食、洗浴、出行等方面表明因男女之别的隔离,对此,《礼记·内则》又说,"七年,男女不同席,不共食","外内不共井,不共浴。不通寝席,不通乞假。男女不通衣裳","男子入内,不啸不指,夜行以烛,无烛则止。女子出门,必拥蔽其面,夜行以烛,无烛则止"。[3] 另外,男女不但在居处方面有所隔离,而且在言论方面也有所区别,《礼记·内则》就又说,"内言不出,外言不入。外言不入于梱,内言不出于梱",意思是说,男子商谈事务要避开女子。在文明社会,女子仍然不能干预男子的事情,甚至不能参与或听男子之间的交谈。

在家里,男女行为特别是女子行为需要遵循一定的规范,这些规范还可以推延至其他亲属。《左传》僖公二十二年就说"妇人送迎不出门,见兄弟不逾阈"。

---

[1] 阮元:《十三经注疏》,北京:中华书局,1980 年,第 1471 页中。
[2] 阮元:《十三经注疏》,北京:中华书局,1980 年,第 1468 页下。
[3] 阮元:《十三经注疏》,北京:中华书局,1980 年,第 1462 页下。

今人所熟知的"男女授受不亲"也是性别隔离的表现。这一原则最先见于《孟子·离娄上》,而到了《礼记·坊记》这里,就开始从礼制的层面规范"男女授受不亲"了,说是在平常的时候,"姑、姊妹、女子子已嫁而反,男子不与同席而坐"。当然,在特殊的情况又有特殊的规定,《礼记·坊记》说:"礼,非祭,男女不交爵。"可见,也只有在祭祀的时候,男女接触才是符合礼法的,否则就被视为是越礼的行为。

从先秦文献来看,叔嫂之间的接触也有严格的规定,如《礼记·杂记》说:"嫂不抚叔,叔不抚嫂。"从《仪礼·丧服》的记载来看,家庭同辈成员之间,死后都有相应服制,唯独叔嫂无服。

4. 方位与男女之别

在中国文化里,方位名词也被赋予了性别象征意义,成为指示性别的特殊符号。这典型地表现在左右这两个方位名词上。需要指出的是,这里的"左、右"并不能与今天所说的"男左女右"那样简单地比附。

首先,身体部位的左右差别表现出明显的两性差异。男女诞生后的发式就表现出了这种差异。《礼记·内则》说:"三月之末,择日翦发,男角女羁,否则男左女右。"儿童长大后,他们在迎接客人的"拜"礼方面也有性别差异,《礼记·内则》说:"凡男拜尚左手","凡女拜尚右手"。这正好证明了《老子》所说的"吉事尚左,凶事尚右"是有一定历史根据的。在吉礼中,男子与左相配,而女子与右关联;丧礼(或凶时)则反之。这也说明了男子总处于优势的地位。

左右差别还体现在道路之中。《淮南子·齐俗训》说:"帝颛顼之法,妇人不辟男子于路者,拂于四达之衢。"可见,很早的时候,男女行途就有了性别的差异。从礼书和诸子作品中也可以找到相关的记载,而且比古时更加突出了两性差异。《礼记·内则》:"道路,男子由右,女子由左";《礼记·王制》也有完全相同的说法。这行途虽然与前面提到的身体部位的尊尚是相反的,但实际上并没有那么难以理解,对此郑玄注解说:"地道尊右",仍然体现了男子为尊,女子为卑的观念。与之又不同的是,墨子在《墨子·号令》中谈军中之礼时说:"男子行左,女子行右。"其实这也符合《老子》说的"用兵则贵右","凶事尚右"。

由上述可知,左右再怎么变化,都是遵循男尊女卑观念的,女性社会地位因此也受到了很大的制约。

(三)婚姻关系中的女性

以婚姻这一两性结合的主要方式为基础,对婚姻中两性的关系以及制约女性社会地位的各要素进行考察,是因为它规范了性的关系、亲族关系,也界定了个人的社会地位。

1. 婚姻目的

相对于男性而言,女性在婚姻里主要充当的是一种繁衍后代、延续香火和发展本族外援势力的工具。《礼记·婚义》就说:"婚礼者,将合二姓之好,上以事宗庙而下以继后世也,故君子重之。"①《士婚礼》《哀公问》也说婚姻主要是为了生育子嗣,事宗庙,而《祭统》则说婚礼是为了向外求助,建立有利于发展本族的外援势力。在各民族中,婚姻存在的普遍目的是为了生育合法子嗣,人种志充分说明了这一点。就发展外援势力而言,诚然也离不开婚姻中的生育,但更突出的是对生男孩的重视,这以古代社会中的中国、印度、希腊最为典型。于是,整个社会在重视女性内、外双重价值的同时,又将她们当作为联结两族的纽带,或者是获得更多财富和权力的工具,或者是当作生育的机器。女性一生的主要活动基本上是以婚姻为主线,其社会地位一般是通过婚姻关系中的多个要素来体现的,而婚姻目的贯穿始终,并且对这些要素作用的发挥起着制约作用。

2. 婚龄差距

古人十分重视成婚年龄,其地位的重要程度甚至等同于颁爵

---

① 王文锦:《礼记译解》,北京:中华书局,2001 年,第 913 页。

位,《礼记·礼运》就说:"合男女、颁爵禄,必当年德。"[①]关于成婚年龄,尽管古人的说法不一,但一般都是男子在 20 ~ 30 岁之间,女子在 15 ~ 20 岁之间。《礼记·内则》说:"男子二十而冠,始学礼;三十而有室,始理男事。女子十有五年而筓,二十而嫁。"[②]当然,这些规定也不可能完全贯彻于实践中。依据《大戴礼》的说法,在正常情况下,男女婚龄相差大致在 5 ~ 10 岁之间。

婚龄纵然是婚姻成立的一个条件,但也在无形中影响和制约着女性的社会地位。由于婚龄的差距,女性也就不得不对男性形成很大的依赖。这在古时代的雅典和印度中表现十分突出。从色诺芬的《经济论》、梭伦的著作残篇、柏拉图的《法律篇》、亚里士多德的《政治学》中波梅罗伊推断出,古雅典女孩的理想婚龄是 14 岁,而男子则为 30 岁。可见,古雅典的男女成婚年龄相差相当大,差距达十几岁。如此大的差距,使得古雅典的丈夫们和妻子们没有共同的语言,也没有共同的朋友,他们的关系与其说是夫妻关系,不如说是父女关系,这就注定了女子在婚姻中的不平等地位。由于年龄上的优势,丈夫对妻子的情感更多的是家长式的,是统治式的。而作为妻子,古雅典妇女更像个孩子,面对年长且生活经验丰富的丈夫,只能百依百顺,只能尊敬和服从。在古印度,女孩成年的标志就是结婚,其婚龄一般大大早于她的兄弟——10 来岁甚至更早即行结婚。因此,古印度女孩在很小的时候就出嫁了,对丈夫只能像敬神一般崇拜,像服侍长辈那般服侍丈夫,并要绝对的忠诚。

由上述可知,由于婚龄差距的规范,女性在年龄上就处于劣势,这种劣势使得女性对男性形成了很大的依赖和服从。

3. 性忠诚

有了性忠诚,婚姻才得以维持长久,在中国古代婚姻里,这首先表现为"从一而终"。当然,这里所说的"性忠诚"更多的是对

---

① 王文锦:《礼记译解》,北京:中华书局,2001 年,第 307 页。
② 王文锦:《礼记译解》,北京:中华书局,2001 年,第 398 ~ 399 页。

女性单方面的要求。《恒·象》说:"妇人贞洁,从一而终也。"①"从一而终"的观念影响至深,即使在今天,也依然有很多鲜活的例子。其次是"三从"之道。《仪礼·丧服》:"妇人有三从之义,……未嫁从父,既嫁从夫,夫死从子。"如果说"从一而终"主要表现在婚姻之两性关系中,那么,"三从"则贯穿在女性的整个生命历程之中。这严重束缚了女性,使其完全被男性控制。

性忠诚在古雅典、古印度中也是十分普遍的。在古雅典,妇女被当作未成年人一样看待,因此其一生都受到监护:未嫁时受父亲监护,父死则由同父兄弟或者祖父监护;婚后,由丈夫监护;当成了寡妇或离婚者,则又由最初的监护人监护,但如果已经有了身孕则可以留下,由丈夫的继承人监护,直到孩子出生。在古印度,从《摩奴法典》的规定可以看出,女性未嫁时服从其父,婚后应服从丈夫,其丈夫去世后则应服从其子,女子要从一而终而且永不得独立。

4. 生育

在婚姻关系中,生育也在很大程度上对女性社会地位起着制约作用。正如前面说的,婚姻的重要目的便是繁衍后代,延续香火,以事宗庙。受浓厚的祖先崇拜观念和严格的父系继承制度的影响,古代社会女性生男生女所带来的社会地位是截然不同的。如果没有生育出合法的子嗣以延续香火,女子就很有可能被"出"。《孟子·离娄上》曾言"不孝有三,无后为大",赵歧注说:"不娶无子,绝先祖祀,三不孝也"②。这里的"子"即长男。在这样的规定下,女子通常要承受很大的不幸,一旦不能生育男孩就随时要面临被逐出夫家的厄运。更甚的是,在宗法制度嫡长子继承规则下,女子的生育要求就又被提高了,即必须要生育长男。《公羊传》隐公元年说:"立嫡以长",后又接着说"母以子贵",即一旦儿子被立为太子或做了国君,他母亲的地位也会随之提高。虽然这

---

① 阮元:《十三经注疏》,北京:中华书局,1980年,第48页上。
② 杨伯峻:《孟子译注》,北京:中华书局,2005年,第182页。

些规定主要针对的是贵族,但统治者也将之作为一种社会制度推广开来,由此也对民间产生很大的约束力。在这样的情况下,民间形成了"重男轻女"的观念,并得到了畸形的发展,如杀害女婴。

实际上,在早期,生男生女并没有太大差别。从甲骨卜辞可以看到,人们给予子女的赏赐是相同的,男女均称"子"。《礼记》《公羊传》中多有"女子子"的称呼,尽管女子称子似乎还是较为常见,但已经出现了明显的男女分化。从文献来看,西周到春秋战国之际,"重男轻女"观念已经形成,并且渐趋严重,而一些文献则开始批评当时因为"重男轻女"导致女婴被杀害的现象,如《韩非子·六反》。可见,"重男轻女"在当时社会中对人们生活制约的严重性。

5. 离婚

离婚也是体现女性社会地位的一个因素。虽然礼法规定女子要对丈夫从一而终,但也因为各种缘由而被遗弃。《大戴礼·本命》就列举了妇女被"出""去"的七种缘由:"妇有七去:不顺父母去,无子去,淫去,妒去,有恶疾去,多言去,窃盗去。"其中的"不顺父母"特指公婆,公婆对儿媳的态度直接影响着婚姻的状态,甚至会对婚姻的幸福与否起着决定性作用。《礼记·内则》就说:"子甚宜其妻,父母不悦,出。子不宜其妻,父母曰:'是善事我',子行夫妇之礼,没身不衰。"[①]可见,当时的婚姻要完全依从于父母的态度,夫妇之间的感情退居其次,丈夫也没有什么发言权。受伦理观念的影响,女性也有"不去"的情况,在离婚中受到一定的保护。《大戴礼·本命》中就列举了"三不去":"有所取,无所归,不去;与更三年丧,不去;前贫贱,后富贵,不去。"[②]但是,这些保护是非常有限的,效果也微乎其微,女子在离婚中仍然是极其被动的,这也说明了女子的社会地位不高。

---

① 王文锦:《礼记译解》,北京:中华书局,2001 年,第 371 ~ 372 页。
② 王聘珍:《大戴礼记解诂》,北京:中华书局,1983 年,第 255 页。

6. 妇人祸国论

女子成婚后,其身份也就由"在室女"转变为"人妇",这在古代社会里,也标志着女子成年。从世界范围来看,女子即使成年,也很少有机会甚至没有权利参与社会事务,特别是政治活动。在中国古代社会里,有"妇无公事""女子不干政"的说法,女子不能广泛参与礼法所准予的公共活动,包括政治活动。产生这种现象可能是因为当时社会宣扬"女祸论"。《诗·大雅·瞻卬》就说:"妇无公事,休其蚕织。"朱熹注曰:"公事,朝廷之事……朝廷之事,非妇人之所宜与也。"① 《韩非子·亡徵》还多次说引发国家政治祸患的重要原因就是女性。从现存文献来看,《尚书·牧誓》中的"……今商王受,惟妇言是用"应该是古人第一次对妇人干涉政事的指责。《诗·大雅·瞻卬》还说:"哲夫成城,哲妇倾城","懿厥哲妇,为枭为鸱,妇有长舌,维厉之阶。"意思是说有智慧的男子建城,有智慧的妇女毁城,妇女好比恶鸟枭鸱,是丧门星,能够毁人城墙;妇人有长舌,是败坏的根源。《正月》:"赫赫宗周,褒姒灭之",认为西周之所以灭亡是因为周幽王的王后褒姒。这些主要是周人对自身历史经验的认识、反思,目的就在于委婉地规劝自己的君王不要被妇人迷惑。《韩非子·十过》就说:"耽于女乐,不顾国政,则亡国之祸也。"

不过,如果深究起来,"女祸论"应该是早期对禁忌期女性的隔离在军事、国家兴亡、朝代更替的延伸。这种种因素,都严重制约了女性参与社会活动的自由,严重影响了其社会地位。

三、女性主体意识

上述多种文化规范因素相互交错,相互作用,并构成了一种强大的"文化迫力"②,在其影响下,女子被动地实现了自我的性

---

① 王文锦:《礼记译解》,北京:中华书局,2001 年,第 40 页。
② [英]马林诺夫斯基著,费孝通译:《文化论》,北京:华夏出版社,2002 年,第 47 页。

别认同,被动地接受了以男性为主导的文化所赋予的性别特征。应该说,这种性别认同才是制约女子社会地位的最深刻的因素。

《列女传·贞顺篇》记载了齐姜女卫宣夫人对"妇德"的恪守,她的确堪称是将"从一而终"观念内化为自身行为规范的一个典型代表。"男主外、女主内"的观念在女性那里也是坚不可摧的。根据《鲁语》的记载,公父文伯之母(敬姜)也是一个恪守"妇道"的典型,她一生都将自己的行为限于寝门之内,连孔子都夸她"别于男女之礼"。在《吴语》里,也记载了越王勾践夫人对"内外之别"原则的严格遵守,即"夫人送王,不出屏"。春秋时期还有一个更为守"妇道"的典型——宋伯姬,《春秋》中记载了她恪守礼教而葬身火海的故事。可见,当时女性已经接受、认同了以男性为主导的社会文化所赋予的性别特征,已经接受、认同了社会文化传统赋予她合乎"礼法"的性别角色,已经接受、认同了与之相关的一套行为规范,并将之内化为自身的一种行为意识。在此过程中形成的一些文化观念对女性的影响是十分深刻的,以至于今天仍然能辨别出它的一些痕迹来。在这种情况下,女性主体意识根本无从发挥,甚至根本就没有存在的土壤。对此,法国学者波伏娃就曾说过:"女人并不是生就的,而宁可说是逐渐形成的。"①

第二节　先秦时期的贞节观念

从相关史料的记载来看,上古时代的两性关系还没有什么贞节观念,对女性也没有提出贞洁的要求。但是,随着社会经济的发展,女性主导社会地位的逐渐丧失,经济活动中由男子占有财产,出现了一夫一妻制的婚姻形式,两性关系也因此在本质上产生了变动,女性开始成为男性的附属品。此时,女性不再具有独立的人格,开始屈从于男性,被男性所支配,甚至成为私有财产的

---

① [法]西蒙娜·德·波伏娃著,陶铁柱译:《第二性》,北京:中国书籍出版社,1998年,第309页。

一部分。自此以后,女性的尊崇地位不复存在,贞节观念也逐渐成为阶级社会伦理教化的重要内容。

一、贞节观念的起源

贞节观念产生的思想根源是统治者宣扬的男尊女卑思想的形成。进入阶级社会后,社会对女性提出了各种各样的要求,也正是这些规范要求逐渐演变出对女性的贞节要求。可以说,早在春秋战国时期,贞节观念就已经基本形成。《礼记》就大致描写了先秦时代的社会情况,其中就有大量的对女子行为规范的要求,可以看出先秦统治阶级加在女子身上的束缚。

《礼记》对"妇人"的解释为"伏于人者",宣称"父者,子之天也,夫者,妻之天也"。《说文解字》注释说:"妇,服也,从女持帚洒扫也。"这种说法具有区分男女的功能,但也由此规定了男女的悬殊地位。《礼记》的许多篇幅都对男女尤其是夫妻之间的关系做了具有代表性的解释,而且明确规定了女子的义务。例如,《礼记·郊特牲》就说:

> 壹与之齐,终身不改。故夫死不嫁。男子新迎,男先于女,刚柔之义也……男女有别……出乎大门而先,男帅女,女从男,夫妇之义由此始也。妇人,从人者也:幼从父兄,嫁从夫,夫死从子。夫也者,以知帅人者也。

上述引文就明确阐述了"夫妇之义",其中明白无误地表露了男尊女卑、夫主妇从的思想。特别是"夫死不嫁"的说法几乎成了贞节观念的代名词,影响至今。它要求在婚姻关系中,男子处于尊崇地位,而女子则处于屈从的地位,不得居先,不得逾序。这和《易经·家人》中的"女正位乎内,男正位乎外,男女正,天地之义也"表达的意思是一致的。

先秦时期社会的重要亮点便是以男子为中心,男子占有财产,包括女子。在这样的情况下,两性关系是不可能平等的。社会依照男性的价值观塑造女性的社会形象,女性必须要唯男性之命是从。古人为了区分男女,提出很多男女有别的礼法规范,孔子就提出了"男女授受不亲"的命题,说妇女"无再醮①之端",要求女子保持贞节。孟子提出了明显带有女子贞节的观点,强调男女授受不亲,他认为男女之间"不待父母之命、媒妁之言,钻穴隙相窥,逾墙相从"的行为是非礼之举,"父母、国人皆贱之"。

从相关的资料记载来看,先秦社会主要的婚姻形式是一夫一妻制,但是这普遍见于民间,对贵族上层阶级没有什么约束作用。因此,弃妻、贞节等观念和行为在普通民众身上并不多见,它们主要活跃于上层社会。另外,因为贞节观念还只是萌芽状态,明确表述贞节的文献记载还比较稀少,而且此时的贞节对已婚女性才适用,再嫁、改嫁也时有发生,社会舆论氛围较为宽松,没有对女性的再嫁、改嫁进行一味指责。可以说,先秦时期的两性关系还算是比较自由的,这也就反映了初期的贞节观念对女子的束缚作用还没那么强烈。即使是在上层社会,改嫁、再嫁之事也较少受到谴责。春秋战国时期,许多国君都曾经娶寡妇为妻。而且,据《管子·入国篇》记载,许多诸侯国都设置有专门负责管理婚姻的机构,其重要职能之一就是帮助丧失妻子或者丈夫的人重新组建一个新的家庭。

即使如此,春秋战国时期还是出现了贞节的实例,最典型的莫过于后世屡屡褒扬的贞姜:

> 贞姜者,齐侯之女,楚昭王之夫人也。王出游,留夫人渐台上而去。王闻江水大至,使使者迎之,忘持其符。使者至,请夫人出,夫人曰:"……今使者不持符,妾不敢从。……妾闻之,贞女之义不犯约,勇者不畏死。"使者取符,则大水至,台崩,流而死,乃号贞姜。

---

① 再次结婚。古代男女婚嫁时,父母为他们举行酌酒祭神的仪式叫"醮",后专指妇女再嫁。

　　如果不仔细推敲,贞姜和"贞女""节妇"似乎没有太大的关联,而将她称为"烈女"也不太妥当。因为她的死并不是由破坏贞节带来的直接威胁,不过也正是因为这种无谓和无价值的殉节,才显示了贞节对女性的残害。而后生大力鼓吹与表扬贞姜,带有引导妇女走向愚昧、自我屈从与毁灭的嫌疑。前文说的贞女伯姬也是类似贞姜的事例。吴国的一位浣纱女,因为伍子胥逃亡时向她讨了点饭,就自认为失节,无脸存活于世,从而跳水自杀。贞女伯姬家中失火,她认为父母不在,"宵不堂",宁愿死于火中,也不毁灭自己的贞节。

　　各种迹象表明,先秦时期已经产生贞节观念,并开始逐渐渗透到妇女的社会生活中。但此时的贞节观念还没有对性贞进行明确的规定,与后世完善的贞节观念相差还很远。可以说,先秦时代更注重的是德性贞,对其他方面如肉体贞还没有明确要求。影响中国文化达两千余年之久的儒家哲学,其初期的全部宇宙观念建构以阴阳二元交合为基础,且其根本思想出发于"生殖崇拜"。儒家哲学是生的哲学。在儒家看来,两性交合而生育子女是十分伟大和神圣的,与天地的化生万物处于同样的地位。《礼记·郊特牲》说:"万物本乎天,人本乎祖。"郊祀天地和祭祀祖先是一样重要的。

　　古人希冀生命,对生殖之功持肯定态度,因此对男欢女爱之事也是支持、赞同、提倡的,婚姻的首要目的便是生殖。这样两性关系就应该包含敬妻成分。所以,郑玄在注《礼记·内则》时说:"妻之言,齐也,以礼见问,得与夫敌体也。"这才是夫妻关系的本义。设置种种障碍限制人身自由、抨击两性平等关系的观念在先秦时代并不是主流观点。所以,对贞的解说,只会注重德行,对其他方面并没有明确要求。

　　然而需要注意的是,由于先秦时期社会对生殖的伟大过分强调,一味讲求性的结合,且不强调男女两性本身的幸福、美好,特别是因为主张"不孝有三,无后为大",这使得"无子"成为"出妻"的借口。能否传宗接代,决定了女性社会地位能否确立。

二、先秦时期贞节观念的影响

先秦时期的贞节观念对妇女的社会生活产生了一定的影响。第一,它对青年男女的交往在一定程度上起到了约束作用,对女青年自由交往方面进行了较大的限制,特别是上层社会的女性活动范围通常只限于家庭,不能随便进出大门,不能随便和男子有任何接触,所谓"男女之别,国之大节也"。第二,人们开始看重已婚妇女的贞操。鲁国季康子的妹妹嫁给齐悼公后与叔父季魴侯私通。季康子得知后,不敢将妹妹送回齐国。可见,当时已婚女子私通已经被看作是一种不道德的行为,已婚女子必须要忠于丈夫。秦穆公送五女给晋公子重耳,其中包括怀嬴。怀嬴原为圉之妻,不能明媒正娶,只能充任媵妾。第三,贞节观念对再嫁也产生了一定的约束作用。楚文王的妻子息妫便是再嫁之妇,她自认为再嫁是不光彩的,整日沉默寡言,当文王询问原因时,她说:"吾一妇人,而事二人,纵弗能死,其又奚言?"可见,在息妫的思想观念里,自己本应该从一而终,不应该嫁两个丈夫。

三、女性对贞节观念的认同与屈从

正如前文所说的,在多种文化规范因素的相互作用下,女子被动地实现了自我的性别认同,当然也包括对贞节观念的认同和屈从。这种认同和屈从,也助长了男性的占有欲与权势欲,最终导致两性关系进入恶性循环。《韩非子·内储》记述了一则事例:

> 卫有夫妇祷而祝者,曰:"使我无故得有百束布。"
> 其夫曰:"何少也?"曰:"溢是,子将买妾。"

故事中的妇人为了阻止丈夫纳妾,在祈福时求平安,求得一百捆布,恐怕求多了,超出部分会使得丈夫拿去买妾。故事听来使人忍俊不禁,也反映了妇人的无奈,她阻止丈夫纳妾的办法是十分消极的,效果可以说是隔靴搔痒。

《孟子·离娄下》也记述了类似的事例：

> 齐人有一妻一妾而处室者。其良人出,则必餍酒肉
> 而后反。其妻问所与饮食者,则尽富贵也。其妻告其妾
> 曰:"良人出,则必餍酒肉而后反。问其与饮食者,尽富
> 贵也,而未尝有显者来。吾将瞯良人之所之也。"蚤起,
> 施从良人之所之,遍国中无与立谈者。卒之东郭墙间,
> 之祭者乞其余;不足,又顾而之他:此其为餍足之道也。
> 其妻归,告其妾曰:"良人者,所仰望而终身也。今若
> 此!"与其妾讪其良人,而相泣于中庭。而良人未之知
> 也,施施从外来,骄其妻妾。

故事中的两位女子在得知丈夫的不知廉耻、卑劣的行径后,只有无奈与无助,"相泣于中庭",而这样的结局多半是因为她们本身对丈夫"仰望而终身"的思想观念。对男子尊崇地位、男尊女卑的认同,必然导致女子屈从的行为,这两位女子不敢当着丈夫的面表达自己的愤怒之情,只能在背后怨詈其夫,这样的反应显然不会对男子的地位有任何动摇。

先秦时代的贞节事例还不多见,但也几乎都可以看出女性的"自觉"或"自愿"。因为当时尽管已经出现贞节观念,但并不流行,且强制力较弱,在这种情况下坚守贞节就更加令人叹息了。例如,春秋时期楚人白公胜的妻子,在丈夫死后"纺绩不嫁",甚至拒绝了吴王聘其为夫人的要求,誓死不从,"吴王贤其守节有义,号曰'贞姬'"。贞姬的故事反映了先秦时代对坚守贞节的褒奖态度和风尚,也透露了女性坚守贞节的自觉心态。

四、"郑风"中淡薄的性贞观念

先秦时期的贞节观念对女性的社会生活产生了一定的影响,以至于女性对之认同、屈从。但是,性贞观念还是相对淡薄的。

据《左传》定公十四年的记载,卫灵公有三个夫人,而且最宠爱南子。南子来自宋国,出嫁前已有相好,并与之同居,嫁给卫灵公后依然思念旧时相好,终日闷闷不乐。于是,卫灵公便把南子的旧相好召至卫国与南子相见。可见,卫灵公并不计较南子的贞操。在当时,公众评价女子的重要考量标准就是德行,而并不包括性贞,因此女子改嫁或再嫁是很平常的事情,不会受到什么非议。相反,人们还这样认为,如果一个女子能够很快改嫁、再嫁,说明这个女子是十分优秀和出色的,德行高尚。

另外,春秋时代还时常发生被后人称为"淫荡"之举的事例,《昭公二十五年》说"鲁季公之妻与飨人通",《哀公十一年》说"卫大叔出奔,卫人立其弟遗,使室其妻孔姞",《僖公二十四年》说"周狄后与夫弟叔带通",《桓公二十八年》说:"晋献燕其庶母齐姜"等。这些普遍存在的私通,一方面反映了当时社会礼崩乐坏局势下道德的沦丧,另一方面也反映了当时女子相对淡薄的性贞观念。而被后世视为"淫荡"的郑声就对先秦女性较为开放、自由的社会生活进行了集中而典型的展示。

据不完全统计,《诗经》中《国风》几乎有一半的篇幅涉及男女关系,且以女性为主,描写她们的七情六欲以及对理想的追求。在各国的"风"中,占比最高的是郑风的言情诗,也最为大胆热切,以至于《礼记·乐记》说:"郑声好滥淫志。"荀子都说:"郑卫之音,使人心淫。"孔子也说"放郑声""郑声淫"。实际上,孔子所说的"郑声淫",其本意并不是在申斥郑声为淫荡之词,也不像朱熹说的"淫奔之诗"。《论语·为政》说:

　　子曰:"《诗》三百,一言以蔽之,曰:思无邪。"

这里的"邪"指的是"骄奢淫泆"。孔子认为整部《诗经》思想纯正,并没有淫泆的成分,当然也包括郑声在内。孔子还严格要求自己的儿子要认真学习《周南》《召南》,否则就仿佛是面朝墙壁而无法行走。《论语·阳货》说:"子谓伯鱼曰:'女为《周南》、

《召南》矣乎？人而不为《周南》《召南》，其犹正墙面而立也与！'"
《周南》《召南》的言情诗虽然不如郑声那样热切、大胆，然而也不
乏情感炽烈的率真之作，如《摽有梅》：

> 摽有梅，其实七兮。求有庶士，迨其吉兮。
> 摽有梅，其实三兮。求有庶士，迨其今兮。
> 摽有梅，顷筐塈之。求我庶士，迨其谓兮。

　　这首诗将少女急待出嫁时如怨如慕、缠绵悱恻的心情形象贴
切地表现出来，可谓是情真意切，感人肺腑。从作者对这种渴望
爱情、表白坦率的做法的肯定中，可以看出作者认为青春少女迸
发出的热烈的情爱之欲是顺乎自然、顺乎人性的，不需要有任何
隐藏，提倡妙龄少女应当大胆地、主动地向自己喜欢的、值得托付
终身的男子表达爱慕之情。
　　《周南》《召南》还有不少感情真挚的恋诗，孔子不仅没有斥
责之为"淫荡"，反而赞之以思想纯正，对之进行极力推崇。显然，
孔子心目中的言情诗篇并不等同于"淫荡"，他所说的"郑声淫"
乃是指郑声的变化多端，过分奇巧，与其内容无关。
　　郑声生动而又形象地展现了先秦下层民众自由恋爱、对歌言
情的社会现实。朱熹说《郑风》"皆为女惑男之语"，这也从另一
个侧面说明郑声的情诗中女子更为主动。从内容来看，《郑风》
展示了多个不同系列的恋女形象群：或是大胆、坦率、泼辣的，或
是矜持、深沉、温柔的，或是天真、活泼、热情，或是胆怯、犹豫、幽
怨的。一般情况下，女性的大胆、奔放、爽快、热情通常反映了宽
松自由的社会环境，郑声就反映了先秦时期下层女性没有受礼教
过多的束缚的历史实际。宋玉《登徒子好色赋》说：

> 臣少曾远游，……从容郑、卫、溱、洧之间。是时向
> 春之末，迎夏之阳。鸧鹒喈喈，群女出桑。此邻之姝，华
> 色含光，体美容冶，不待饰装。臣观其丽者，因称诗曰：

"遵大路兮揽子祛，"赠以芳辞甚妙。于是处子恍若有望而不来，忽若有来而不见。意密体疏，俯仰异观，含喜微笑，窃视流眄。

上述引文形象贴切地刻画了郑国女子的风姿、美丽多情。据史料记载，自仲春三月桃花水直至春末夏初的采桑季节，是郑国青年男女聚会相欢、对歌言情的大好日子。《溱洧》向我们展示了一幅欢愉的图画：

> 溱与洧，方涣涣兮，士与女，方秉兰兮。女曰："观乎？"士曰："既且。""且往观乎？洧之外，洵訏且乐？"维士与女，伊其相谑，赠之以芍药。
>
> 溱与洧，浏其清兮，士与女，殷其盈矣。女曰："观乎？"士曰："既且。""且往观乎？洧之外，洵訏且乐？"维士与女，伊其相谑，赠之以芍药。

通过这首诗的生动描述，我们可以想象，在一个阳光灿烂的季节，郑国青年男女成群结队地手握兰花在有山有水的溱洧流域互相戏谑，馈赠芍药，永结盟好的情景。

应该说，《诗经》中许多热情奔放、感情真挚的言情诗在一定程度上反映了当时两性自由合理接触的社会现实生活。周代的"礼不下庶人"规范客观上也使得民间很少受到礼仪的约束，《周礼·地官·媒氏》还有一条制度规定："仲春之月，令会男女，于是时也，奔者不禁；若无故而不用令者罚之，司男女之无家者而会之。"可见，统治者并没有特别限制、废止民间的自由婚姻，而且还利用行政手段规定仲春之月未婚男女可以自由相会，以结两姓之好。这样统治者从宏观层面为民间的两性关系营造了较为宽松的制度环境，从而为民间较为自由的两性关系打下了坚实的基础。

从对郑声的分析可以看出，先秦时期两性关系的性贞观念还很淡薄,至少上层贵族与下层民众的两性关系及对待贞节的态度是相差很远的。

第三节　先秦时期的娼妓制度

史家研究早已有定论,宗教卖淫是世界各文明古国的娼妓的起源。早在殷商时代,中国就出现了宗教卖淫。由于古代女子相比男子的社会地位低下和统治阶级的荒淫无度,这种宗教卖淫呈现出欣欣向荣的发展势头,到了春秋战国时期逐渐演变成一种新兴的、流行的行业,国家也开始创设妓院,制定系统的娼妓制度,这对后世中国妓业的发展产生了重要作用,也对先秦时期的女性和整个社会历史的发展产生了非常深远的影响。

一、娼妓的起源

史学家通过对史料的研究与分析,普遍认为世界各国的娼妓都起源于“神圣卖淫”或“宗教卖淫”。宗教卖淫最初流行于古巴比伦,这是因为当时的人们对神具有一种虔诚的信仰。这种卖淫源于古代巴比伦女子到米利达神庙贡献贞操。古希腊历史学家希罗多德写的《历史》一书详细地描述了古巴比伦宗教献身的事迹,书中写道:古巴比伦不同社会地位的女子,不论高贵富有还是贫穷低贱,都必须在神庙里当一段时间庙妓。这些庙妓大多是豆蔻年华的女郎,她们用细绳子串成花冠戴在头上,在庙中一排排端正地坐着,中间空出一条条的路,让那些参拜神灵的人能够在中间走过。拜谒者进入庙里后,便可以在众多庙妓中挑选一个自己认为最好的。如果觉得哪个好,只要把一枚银币抛置在那位庙妓膝下的围裙中,这个庙妓就要立刻站起来,随着他走到女神前。那个男子便以米利达女神的名义要求和她发生性关系,庙妓没有反对和拒绝的权利。这是所有女子都必须尽到的义务,就算是最高贵、最富有的女子也不能例外。与男人性交后,这个女子就算完成庙妓的任务,可以摘除头上的花冠,恢复自由回家去。从中可以看出,最初的妓女,并不是为了满足男子的性需求而设的,只是借男女的性交,取悦司繁殖的神灵,从而获得保佑,祈求来年风调雨顺、粮食丰收、子孙后代人不断繁衍。

在殷商时期,中国也出现了和上述所说的类似的宗教卖淫,被称为巫娼。当时,所有的政教权力几乎全都由巫觋一人掌握。"巫"在当时具有很大的权力,有的主卜筮,有的掌祭祀,有的兼通医术。巫的社会地位也比较高,有"史巫二职,并重于世"的说法。在楚辞《九歌》中对女巫有具体的描写:"疏缓节兮安歌,陈竽瑟兮皓倡。灵偃蹇兮姣服,芬菲菲兮满堂。"(《九歌·东皇太一》)"浴兰汤兮沐芳,华彩衣兮若英。灵连蜷兮既留,烂昭昭兮未央。"(《九歌·云中君》)"不言兮出不辞,乘回风兮载云旗。悲莫悲兮生别离,乐莫乐兮新相知。"(《九歌·少司令》)

殷商时代的女巫尽管没有掌握近代娼妓的琴、棋、书、画等技艺,然而她们也是长相非常出众,能歌善舞,且舞姿十分迷人,她们或善于勾引男子,或善于言语。《尚书·伊训》曰:"汤制官刑,儆于有位。曰:敢有恒舞于宫,酣歌于室,时谓巫风;敢有殉于货色,恒于游畋,时谓淫风;敢有侮圣言,逆忠直,远耆德,比顽童,时谓乱风。惟兹三风十愆,卿士有一于身,家必丧。邦君有一于身,国必亡。臣不匡其刑墨,具训于蒙士。"从而可知,当时的巫风、淫风、乱风都十分流行。在当时,"酣歌恒舞""殉于货色"已经成为一种社会风气。

二、商周时代的奴隶妓女

夏商时期妓业最为显著的特征就是奴隶妓女。在这一时期,不仅作为最高统治者的天子拥有很多的"女乐""倡优",就连诸侯士大夫家中也蓄养有大批的"床上奴隶",这些都是中国妓女史中宫妓和家妓的前身。

夏商时期,尽管在文献资料中关于士大夫拥有奴隶妓女之事的记载非常少,然而通过甲骨文和考古资料,依旧可以知道一些情况。

在安阳殷墟出土的甲骨文中经常可以看到"奚""蝶""嬖"等文字。经过专家的分析与探究,这些文字与妓女有着不同寻常的关系。比如"姜"字在甲骨文中是女奴的意思。郭沫若先生解释说:"姜乃女奴,'自祖乙又姜',盖谓以女奴为牲。"再从奴隶主贵族为姜的分娩进行占卜的情况来看,"妾"属于家妓是无须怀疑的事了,其意义与后世姬妾之"妾"有很多地方是一样的。从而有学者将她们叫作"床上奴隶"。这种说法也不算错误。

在甲骨文中,"蝶"的意思也是指家妓。汉代赵岐《孟子注》云:"蝶为侍嬖,为爱幸小人。"

除此之外,商朝时期的女性俘虏和奴隶中的姜、郯、蝶、姬、蝶、娅、嬖等,也有很多人成为奴隶主贵族的"床上奴隶",或者又称为家妓。

三、春秋战国时期的娼妓行业

春秋战国时期,娼妓呈现出蓬勃发展的态势,出现了宫妓、家妓、私妓、营妓。

（一）宫妓和家妓

春秋战国时期,有很多以荒淫无度而著称于世的国君。他们不仅利用多妻的特权玩弄女性,而且还往往占有众多的宫妓,以供自己淫乐。而到了商朝最后一个皇帝纣王那里,宫妓则更是多如牛毛。

与此同时,家妓在这一时期得到了很充足的发展。诸侯士大夫家中妓女的数量与国王相比已经相差无几。比如,卫国大夫公良桓子家中就有"妇女衣文绣者数百人";赵国平原君家中的婢妾妓女也不下百人。

当时的一些富商大贾也已开始蓄养家妓,如《史记·吕不韦传》云:

吕不韦取邯郸诸姬绝好善舞者与居,知有身。子楚从不韦饮,见而说之,因起为寿,请之。吕不韦怒,念业已破家为子楚,欲以钓奇,乃遂献其姬。姬自匿其身,至大期时,生子政,子楚遂立姬为夫人。

从上述记载中可以得出这样的结论,秦始皇的生母就是阳翟大商人吕不韦在家中蓄养的美妓。

(二) 私妓

私妓也作为一个新兴行业在春秋战国时期开始崭露头角。《史记·货殖列传》记载:"赵女郑姬,设形容,揳鸣琴,揄长袂,蹑利屣,目挑心招,出不远千里,不择老少者,奔富厚也。"又说:"中山地薄人众,犹有沙丘。纣淫地余民,民俗儇急,仰机利而食。丈夫相聚游戏,悲歌慷慨,起则相随椎剽,休则掘冢作巧奸冶,多美物,为倡优女子,则鼓鸣瑟、跕屣,游媚贵富,入后宫,遍诸侯。"又《诗经·周南·汉广》曰:"汉有游女,不可求思。"从上述记载中我们可以看出,这些赵女郑姬十分擅长打扮自己,并且工于媚术,善于歌舞,真可谓是才色双全。她们为了金钱,不惜出卖自己的色相和肉体,甚至不惜辛劳,长途跋涉。从她们的经营方式来看,主要是上门服务。《诗经》用"游女"一词,就将春秋战国时期私妓的经营特点非常形象贴切地描述出来。

(三) 营妓

春秋战国时期营妓(或称"军妓")的最初形式也已经开始出现。据《越绝书》《吴越春秋》等书记载,公元前470年前后,"越王勾践输有过寡妇于山上,使士之忧思者游之,以娱其意"。越王勾践为了解决士气低落的问题,让有一定过错的寡妇集中于山上,以此来博取军士或游士的愉悦。这就是典型的"营妓"。尽管当时越王勾践让"有过寡妇"为军士提供性服务,可能是一种一时之举,并没有形成一种固定不变的制度,但我们完全可以把它看作是中国营妓制度的雏形。

另外,此时的营妓不仅向将士提供服务,而且还向商人、手工业者、农民等收取钱物,充作军用。

四、市妓和妓院的产生

春秋初期,中国妓女史上的一件大事就是市妓和妓院的产生。

春秋时期的齐桓公首创了市妓和妓院,其之所以设立妓院,有以下四个方面的原因:第一,为了从中收取税收以作经费,增加国家收入,充实国库,这是最主要的原因。例如清代褚人在《坚瓠续集》卷一所说:"管子治齐,置女闾七百,征其夜合之资,以充国用,此即教坊花粉钱之始也。"这里所说的"女闾"是辅佐齐桓公的管仲设置的。《周礼》中说"五家为比","五比为闾",所以一闾就是25家。如果管仲设女闾700,那就有17 500家之多。足以证明"女闾"制在当时发展势头很足。"女闾"制开国家经营娼妓业的先河。第二,为了缓和减少当时的社会矛盾,使社会矛盾降到最低点。第三,为了优待游士,并为网罗人才埋下伏笔。当时诸国争雄,竞争激烈,齐桓公为了能够称霸天下,通过美女来招引人才。第四,为了供齐桓公淫乐。齐桓公是一个好色之徒,这在文献中有所记载:"好内,多内宠,如夫人者六人",然而他依旧觉得不够,喜欢风花雪月。

齐桓公和管仲创立的市妓和妓院对后世中国妓业的发展产生了十分深远的影响。在他们的带动下,不仅当时的春秋各国纷纷模仿,甚至连后世的封建统治者也将此看作是标准,从而使娼妓制度千百年来始终维系不断,吞噬了千千万万女性的青春和生命。这也是作为春秋时期的大政治家、思想家、辅佐齐桓公的管子所难以预料的。因此有人开玩笑地说管仲是"世界官妓之父"。

参考文献

[1] 易中天 . 先秦诸子百家争鸣 . 上海：上海文艺出版社,2016

[2] 梁启超 . 先秦政治思想史 . 北京：中华书局,2015

[3] 任慧峰 . 先秦军礼研究 . 北京：商务印书馆,2015

[4] 金春峰 . 先秦思想史论 . 北京：东方出版社,2015

[5] 徐中舒 . 先秦史十讲 . 北京：中华书局,2015

[6] 裴亮亮 . 中华战争故事 . 成都：四川人民出版社,2014

[7] 廖名春 . 中国文化发展史（先秦卷）. 济南：山东教育出版社,2013

[8] 陈年福等 . 中国学术编年（先秦卷）. 上海：华东师范大学出版社,2013

[9] 肖发荣 . 先秦女性社会地位研究 . 银川：宁夏人民出版社,2013

[10] 齐丹青 . 先秦野史 . 北京：海潮出版社,2011

[11] 马秋丽 . 儒家思想导论 . 北京：首都经济贸易大学出版社,2010

[12] 孙开泰 . 先秦诸子精神 . 北京：凤凰出版社,2010

[13] 孙建民 . 中国古代军事 . 北京：中国国际广播出版社,2010

[14] 钱宗范,朱文涛 . 先秦史十二讲 . 北京：中国国际广播出版社,2009

[15] 左言东 . 中国政治制度史 . 杭州：浙江大学出版社,2009

[16] 张创新 . 中国政治制度史 . 北京：清华大学出版社,2009

[17] 李孔怀 . 中国古代行政制度史 . 上海：复旦大学出版社,2006

[18] 杨伯峻 . 孟子译注 . 北京：中华书局,2005

[19] 李衡眉 . 中国圣贤（下卷）. 济南：山东人民出版社,2005

[20] 吕思勉.先秦史.上海：上海古籍出版社,2005

[21] 徐旭生.中国古史的传说时代.桂林：广西师范大学出版社,2003

[22] 王文锦.礼记译解.北京：中华书局,2001

[23] 赵爽.中国近代婚姻观念的变迁.黑龙江史志,2015（7）

[24] 赵平安.《楚居》的性质、作者及写作年代.清华大学学报（哲学社会科学版）,2011（4）

[25] 施由明.论中原文化在赣鄱区域的早期传播与影响.黄河科技大学学报,2010（4）

[26] 黎小龙,徐难于."五方之民"格局与大一统国家民族地理观的形成.民族研究,2008（6）

[27] 杨善群.古文《尚书》与旧籍引语的比较研究.齐鲁学刊,2003（5）